从观念到制度：公民社会权利的实现

——以民政福利为例

胡文木 著

浙江工商大学出版社
ZHEJIANG GONGSHANG UNIVERSITY PRESS

图书在版编目(CIP)数据

从观念到制度：公民社会权利的实现：以民政福利为例 / 胡文木著. — 杭州：浙江工商大学出版社，2016.5

ISBN 978-7-5178-1659-1

Ⅰ. ①从… Ⅱ. ①胡… Ⅲ. ①社会福利制度－研究－中国 Ⅳ. ①D632.1

中国版本图书馆 CIP 数据核字(2016)第 118580 号

从观念到制度：公民社会权利的实现
——以民政福利为例

胡文木 著

责任编辑	黄静芬
封面设计	林朦朦
责任印制	包建辉
出版发行	浙江工商大学出版社
	(杭州市教工路 198 号　邮政编码 310012)
	(E-mail:zjgsupress@163.com)
	(网址:http://www.zjgsupress.com)
	电话:0571－88904980,88831806(传真)
排　　版	杭州朝曦图文设计有限公司
印　　刷	虎彩印艺股份有限公司
开　　本	710mm×1000mm　1/16
印　　张	13
字　　数	187 千
版 印 次	2016 年 5 月第 1 版　2016 年 5 月第 1 次印刷
书　　号	ISBN 978-7-5178-1659-1
定　　价	36.00 元

目　　录

导　言

一、国内外研究评述

(一)国外研究评述

公民社会权利是现代政治国家的一个核心概念,它标志着权利理论已经突破 19 世纪资产阶级以狭隘的财产权为核心的自然权利观,以及把人的权利仅仅理解为法律形式上的平等权观念。这意味着社会个体开始有资格和权利向国家要求获得人身保障,国家对公民提供的保障不再是王朝时代的慈善和恩惠,而是必须要承担的责任。公民社会权理论的诞生,为现代国家社会政策的合法性提供了理论支持,对于公民社会权的不同理解在一定程度上决定了不同的社会政策模式和体制,是每个社会思想家无法回避的基本问题。

在国外,对社会权利的研究大体集中在三个阶段,第一个阶段主要是以 T. H. 马歇尔为首的社会权利提出阶段(马歇尔,1973),其主要贡献在于为资本主义福利国家提供理论支撑。进入 20 世纪 80 年代之后,随着福利国家的失败,在反思国家与社会(市场)关系时社会权利再一次进入学者的视野(吉登斯,1983;特纳,1986;里奇,1987;巴巴利特,1988;特怀恩,1994;范·斯廷伯根,1994)。在全球化的背景下,一些学者重新思考公民社会权利的保障问题(多亚尔、高夫,1991;迪肯,1997;米什拉,1999;德朗特,2000;福克,2000)。与此同时,也有学者开始广泛进行欧盟和特定群体社会权利的研究(米汉,1993;里奇,1992;范布伦,1997;李斯特,1997;伍德,1999;斯蒂文森,2000)。

由于 T. H. 马歇尔对公民权,特别是公民社会权的研究极具开创性和影响力,因此公民权已成为社会政策制定首选的规范性范畴,而且不满现状的批评者们——无论来自左翼还是右翼——都以它为工具,要求国家或多或少采取措施，来促进平等、公正以及对市民社会、经济和政治组织的参与。[①] 随后所有有关公民资格或社会权利的研究都未能绕开其基本思路，只不过，有的是补充，有的是批评，虽然在全球化浪潮下，有关社会权利的研究已经突破了马歇尔的设想领域，但也没有脱离其基本思路。故此，本书的研究综述紧紧围绕马歇尔有关社会权利的思想逐步展开。

1. 马歇尔公民权理论及贡献

有关公民权（citizenship rights）的思想最早可以追溯到古希腊，一些古典社会学家，如马克思、韦伯、涂尔干、托克维尔等，也都不同程度地触及公民权问题。但是，第一次明确提出并系统论述"公民权"的却是马歇尔。在公民权论述中，他第一次引进社会权利。在他看来，公民权包括三个基本维度，即民事权（civil rights or legal rights）、政治权（political rights）和社会权（social rights）。民事权是指人身自由，言论、思想和信仰自由，占有财产和签署有效契约的权利，以及寻求正义的权利；政治权是指政治权威机构的成员或此种机构成员的选举者参与行使政治权的权利；社会权则是指从享受少量的经济和安全的福利到充分分享社会遗产并按照社会通行标准享受文明生活的权利等一系列权利。[②] 与此同时，马歇尔对社会公民资格权利的发展还做了乐观的预期，随着西方福利国家的兴起，其社会权利理论逐渐成为最具解释力的理论学说。本研究认为，马歇尔的公民社会权身份理论为社会政策奠定了理论基石。

第一，社会权确立了公平原则在社会政策中的价值地位。马歇尔提出社会权，本身就是为了缓和阶级矛盾，国家通过推行社会福利政策以消除市场经济背景下产生的贫困、失业、疾病等种种社会不公平现象。正如他自己所言，"社会将致力于实现更全面的平等"。其实，在马歇尔看来，公民权发展史就是一部平等权实现史。

在马歇尔公民权理论中，民事权、政治权和社会权都体现了平等性，但

---

① ［英］恩靳·F. 伊辛、布雷恩·S. 特纳著，王小章译：《公民权研究：导论》，《公民权研究手册》，浙江人民出版社 2007 年版，第 1—14 页。

② Marshall, T. H. and Bottonmore, T. *Citizenship and Class*. London: Pluto Press, 1992. 注：国内学者对"civil rights or legal rights"大致有三种翻译表述：公民权、法律权与民事权。本书采用"民事权"这一表述，一方面区别于"公民权"（citizenship rights）的概念，另一方面也避免造成"政治权与社会权"不是法律权利的误解。

是,只有社会权才能真正实现权利享有的平等性。马歇尔认为,公民权利经历了三个"浪潮式"历史发展阶段,民事权利主要是在 18 世纪发展起来的,政治权利发展于 19 世纪,社会权利形成最晚,直到 20 世纪初,才得以"嵌入"公民权结构中。公民权利的历史发展在一定意义上向我们展示了平等权一步步被实现的过程。

民事权利强调的是自由、平等的权利,它的兴起,意味着从此以后任何人在法律上都是平等的,国家也不能未经人民同意而任意侵犯公民的合法权利;政治权利的核心在于选举权与被选举权,强调政治决策参与的平等性,公民平等权开始从经济领域向政治领域扩展。但是,在 19 世纪,政治权利总体上从属于民事权利,是民事权利的附庸,所以政治权利的兴起实际上仍然是法律意义上的形式平等。到了 20 世纪,随着社会权开始"嵌入"公民权的结构之中,公民权对社会不平等的影响发生很大的变化,"从根本上不同于此前"。因为,社会权利涉及社会资源和财富再分配机制,是一种与市场经济截然不同的运作机制,通过"去商品化"的过程使人脱离市场力量,把人从市场力量中解放出来,使每个人都能享受有尊严的生活。这意味着,国家、政府在再分配资源过程中必须遵循公平原则,保障每个人在社会福利资源分配上享有平等权。

第二,社会权确立了国家、政府在社会福利供给中的责任地位。马歇尔社会权利的引进,不仅消除了资本主义市场运作带来的不平等,纠正了资本主义市场的不良后果,更重要的是,它开创了国家保护社会、保障公民权利的理论根基,使得公民权利保障摆脱了以往人道主义的色彩。马歇尔的社会权利观受到来自各方的批判,其中一个直接的批判就是,社会权利与民事权利、政治权利无法统一于一体,后者是个人自由的基础,是一种消极自由,而前者则是围绕着集体平等理念展开的,是一种积极自由,两者适用原则截然相反。[1] Barbalet 也认为,社会权利本质上不符合马歇尔普遍性的主要标准,社会服务普遍权利压根不存在,因为只有符合某种标准或遭遇某种意外损失时才可以主张所谓的"普遍"权利。[2] 其实,这些质疑混淆了权利的普遍享有与普遍的可能性,而关于社会权利的积极自由特质恰恰是马歇尔的独创,没有

---

[1]　Roche, M. "Citizenship, social theory, and social change", *Theory and Society*, 1987, Vol. 16, No. 3.

[2]　Barbalet, J. M. *Citizenship (Concepts in the Social Sciences)*. Milton Keynes: Open University Press, 1988.

理由认为,对于权利的认识一定要遵循特定的逻辑,更何况社会权利的国家责任逻辑,克服了以往公民权利行使的人道主义理念。在 20 世纪之前,社会权利还不是公民权利的一个组成部分,在社会实践中也被公然否定,例如,《济贫法》、斯宾汉姆兰体系等虽然提供了现代意义上的社会权利所包含的大多数服务种类,但是,它们却以放弃公民权为前提,以牺牲公民的人格和尊严为代价,说到底只是一种基于慈善和恩赐的救济行为。

马歇尔公民社会权利理论的最大特点在于阐明了公民权利的多样性及其历史生成的阶段性和连续性。"公民权利变成了集体谈判的基础。政治权利促进了公众舆论和国民意识。公民权利和政治权利的使用增强了争取社会权利的压力性。"①但是,我们一定不能误认为,所有国家和民族的权利发展都要遵循"公民权利—政治权利—社会权利"的逻辑②,事实上,"对于经济和社会权利的关注要么是在欧洲同时出现(英国和北欧国家),要么甚至早于(俾斯麦统治下的德国)政治权利的扩展"③。从国际上被接受的角度来看,社会权利是早于政治权利的。早在 1890 年,德国召开了主题为"在国家一级改善工作条件"的国际大会并且通过了国际协议,遗憾的是,该会议在实践中并未被有效地执行。1900 年,给予工人法律保护国际协会正式成立,并于 1905 年和 1906 年召开两次大会,通过了这个领域中的最早公约。随后,1919 年国际劳工组织建立,进一步推动了社会权利的国际广泛接受度。1941 年 4 月,罗斯福在发表国情咨文时提出了"四大自由",其中就有"免于恐惧的自由"和"免于匮乏的自由"。1944 年,罗斯福又提议通过《经济权利法案》。他说,没有经济安全和独立,就不会有真正的自由。"贫困的人不是自由的人",饥饿且没有工作的人是独裁得以形成的基础。受到罗斯福思想的影响,1948 年通过的《世界人权宣言》,就将公民政治权利、经济权利、社会权利和文化权利都纳入人权范围,认为它们相互依存、彼此促进。《世界人权宣言》中阐述道:"一个人人享有的言论和信仰自由并免于恐惧和匮乏的世界的来临,已被宣

---

① [英]丹尼斯·史密斯著,周辉荣、井建斌、赵怀英等译:《历史社会学的兴起》,上海人民出版社 2000 年版,第 39 页。

② 其实,马歇尔公民社会权利理论与其说是理论建构的产物,不如说是对英国权利发展的历史总结。

③ [挪]A.艾德:《作为人权的经济、社会和文化权利》,[挪]A.艾德、C.克洛斯、A.罗萨斯主编,中国人权研究会组织翻译:《经济、社会和文化权利教程(修订第二版)》,四川出版集团四川人民出版社 2004 年版,第 12 页。

布为普通人民的最高愿望。"

从这个角度来看,马歇尔关于权利的不同生成阶段的论断,不具有普遍意义,不同的国家和民族一方面要重视公民的每项权利,另一方面可以根据自己的经济社会结构和发展水平,优先发展某项权利,例如,发展中国家急需的是生活保障,所以完全可以考虑"公民权利—社会权利—政治权利"的发展逻辑。但是,马歇尔所确立的理论分析框架却成了关于公民权利的所有谈论绕不开的话题。

2.针对马歇尔公民身份权的不同声音

马歇尔的公民身份理论受到社会民主派的极大拥护,奠定了福利国家的理论基础。但是,由于意识形态的关系(大部分时候),它从诞生之日起就饱受诟病,既有来自左派的批判,也有来自右派的质疑,其中,新右派和新马克思主义者最具代表性。之所以介绍这些反对观点,是因为它们在一定意义上推动了福利国家社会政策的调整。

(1)新右派的批判

马歇尔的公民身份理论从它诞生之日起就开始受到各方质疑,尤其是新右派,他们秉承了自由主义的基本理念:人的尊严、个人自治、自我发展的权利。新右派认为,公民是独立、理性、有能力决定自己利益的最佳裁判,政府的职责就是保障个人自由和财产权利,政府要恪守最低限度原则。一般来说,新右派对马歇尔公民权利的反对,主要集中在四个层面:第一,道德层面。受古典自由主义的影响,他们认为,公民的权利源于"自然权利",国家在处理社会事务上,必须遵守最低限度,否则就会侵犯公民的自然权利,不具有道德合法性。[1] 第二,经济层面。与坚持个人自由的观点不同,以哈耶克和弗里德曼为代表的新右派,坚持自由市场资本主义,认为超越最低限度的国家权力是对现代国家的严重威胁,是一条"通向奴役之路",尤其会导致经济的停滞不前。[2] 第三,政治层面。福利国家在为公民提供社会资源时,也侵蚀了政治基础。因为政府的作用被降低到管理以自我利益为中心、相互竞争的不同利益群体,而不是以追求促进共同繁荣为首要责任。[3] 第四,社会层面。以默里

---

[1]　Nozick, R. *Anarchy, State and Utopia*. New York: Basic Books, 1974.

[2]　Hayek, F. *The Road of Serfdom*. London: Routledge, 2001. Friedman, M. and Friedman, R. *Free to Choose: A Personal Statement*. London: Mariner Books, 1990.

[3]　George and Wilding, P. *Welfare and Ideology*. London: Harvester and Wheatsheaf, 1994.

和米德为代表的另外一部分学者则认为,福利国家对社会也具有一定的破坏力。广泛的社会福利和社会权利在一定程度上创造并繁衍出依赖福利的"下层阶级",他们并不是真正的贫困阶层,他们是一个独特的人群,其特征表现为:非婚生子的比例增长,犯罪活动高发及具备劳动能力的男子无业。①

(2)新马克思主义者的批判

新马克思主义关注的主要问题是社会不平等和阶级对立。因为经济基础决定上层建筑,所以只有消除不平等的经济地位和经济结构才能彻底消除社会不平等。博特莫尔认为,马歇尔主张的以社会权利为基础的福利制度,只是提供了一套社会改良的方法,它无法在保存资本主义经济制度的基础上根除社会不平等。② 持相同观点的还有费尔格和高夫,他们认为,为了真正保障公民的平等身份,必须重建资本主义经济结构和社会结构。③ 奥费在总结新马克思主义者的诸多批评时指出,虽然一个多世纪以来,由工人领导的保护劳工立法、扩大社会服务、进行社会保障、承认工会等斗争已大大改善了工薪阶层的生活条件,但是社会主义者对福利国家的批判是根本性的,福利国家的确效率不高,有压迫性,令工人阶级对社会和政治现实有一种错误的意识形态理解。总之,它只是稳定形势的工具,而不是通向社会转变的步骤。④

新右派和新马克思主义者对马歇尔公民权理论的质疑一方面反映了不同意识形态的国家在对公民权的接受程度上是不一致的,或者说实现路径是不一致的,相应地,在福利体制的选择上就有了"自由主义"福利体制、"保守主义"福利体制和"社会民主主义"福利体制等不同模式;另一方面也反映了借此建立的福利国家在调整社会政策时必须寻找新的理论支撑——要么有新的替代理论,要么重新解释公民权理论。

3.来自左翼的回应

面对新右派的攻击,作为左翼代表的雷蒙·普兰特对社会权利观念进行

---

① Murray, C. "The emerging British underclass", in Lister, R. (ed). *Charles Murray and the Underclass: The Developing Debate.* London: Institute of Economic Affairs Health and Welfare Unit, 1986.

② Bottomore, T. "Citizenship and social class forty years on", in Marshall, T. H. and Bottomore, T. (eds). *Citizenship and Social Class.* London: Pluto Press, 1987.

③ Ferge, Z. *A Society in the Making: Hungarian Social and Societal Policy 1945—75.* London: Routledge, 1980.

④ Offe, C. "Some contradictions of the modern welfare state", *Critical Social Policy*, 1982, Vol. 2, No. 2.

了有力的辩护。首先,针对新右派基于"积极自由"与"消极自由"的区别对社会权利的批评,普兰特从"基本需要"出发,否认社会权利与公民权利、政治权利之间存在绝对的差异;其次,普兰特坚持认为,社会权利绝不是一种摆设,而是通过公民个人完全能够得以实施的;再次,为了适应不同的服务和不同的环境,社会权利可以通过一系列的机制得以引入;最后,可实施的社会权利并不意味着其对市场和民主授权方法的超越,相反,它可能提供一种选择或者一种补充方法。他坚决捍卫马歇尔的社会权利思想,在西方被视为重构"左翼工程"的主要代表者。

"好几位作者最近致力于社会公民资格观念的研究,其明确的目的在于反驳哈耶克和另外一些反对'社会权利'概念的人——他们被批评者们认定为属于所谓的'新右派'——的观点。并且,近期的一些出版物给了人们这样一种印象:公民资格观念在一种针对社会主义思想重构的反思中有足够的理由居于中心地位。在他们看来,'左翼工程正陷入危机,这在今天已成了一种广泛的共识'。由此,新的现实'要求通过一种扩展和深化民主的方式对社会主义观念进行重构'。在重构的过程中,公民资格,特别是社会公民资格观念,似乎占据了一个中心位置。普兰特教授在这一流派纷杂的学者群中毫无疑问是最具代表性的作者,他们的目的是以公民资格观念为基础重构社会主义①工程。"②

4. 重塑公民身份理论

公民权身份理论虽然在当前既遭到不同意识形态领域的继续"攻击",又得面对全球化浪潮的冲击。但是,在完全找到替代理论之前,多数人选择了重新解释公民身份理论。

(1)新自由主义的贡献

以诺齐克、弗里德曼、哈耶克为代表的新自由主义者大多数反对公民的社会权,他们认为公民身份只应该包括民事权利和政治权利。如前文所述,他们担心政府对个人自由的侵蚀,相信个人在自由市场体系中的能力和努力,相信市场回报是唯一公平的结果。与此相对应,他们建议政府取消福利

---

①　这里的社会主义,不是马克思主义的社会主义,而是有时被称为平等主义的自由主义的一个特殊版本。

②　Espada and Joao, C. *Social Citizenship Rights*: *A Critique of F. A. Hayek and Raymond Plant*. London: Macmillan Press LTD, 1996, p. 99.

项目。"我们提出的方案,最彻底、最大胆的实验包括砍掉所有工作年龄的人的全部联邦福利项目和相关的收入,包括将子女抚养至成人的家庭补助、医疗补助、食物券、失业保险、工人补偿、住房补充、残疾人保险及其他。这将让工作年龄的人除了工作市场、家庭成员、朋友、地方资助的服务之外,没有任何其他求援机会。这是亚历山大式的解决办法:解不开绳结,就砍掉它。"①当然,不是每个新自由主义者都走得那么远,罗尔斯就明确表示,自由主义应该注重公平分配理念,充分考虑每个人在基本需要和如何满足这些需要方面的平等。"所有基本的社会产品——自由与机会、收入与财富及自尊的基础都应该平等分配,除非不平等分配某一或全部产品对弱势群体有益。"②罗尔斯的观点虽然没有给公民社会权增加新的内涵,但是其对制度正义的诉求,在一定程度上承认了马歇尔公民社会权的努力方向。

(2)重新认识权利和责任的关系

马歇尔公民身份理论也强调公民责任的重要性,但是,总体而言,权利高于责任。很多不同质疑都是围绕这个问题展开的。于是,有学者提出"责任高于权利""有限社会公民身份"和"没有责任就没有权利"等观点,来重新解释公民社会理论。塞尔伯恩认为,马歇尔的公民社会权总体上是一种"无责任的权利",其直接后果是破坏社会凝聚力,危及社会秩序。遏制这种状况的最好办法就是确立"责任原则",重新审视责任之于权利的重要性。"要求公民履行一般性的及特定的责任——对他自己,对同伴,对作为一个整体的公民秩序——同理,公民秩序的一般性的及特定的责任以及它的工具——国家对于其成员亦然……这样的责任……道德高于公民作为此公民秩序一员被赋予之权利、利益与特权;一旦担当起这样的责任,就意味着担当责任的个人发挥了他的作用。"③相比之下,埃齐奥尼的观点相对温和,他认为,权利和责任同等重要,任何一方都不应该优越于另一方,我们的责任就是要在权利和责任之间找到"正确的"平衡点,主张"有限社会公民身份","可以通过简化而不是取消安全网来减少社会成本、公共开支和依赖性。如果处于失业、残疾或疾病之中,其心理安全感并不取决于可以获得资助达到某种特定水平,而是取决于一种坚定的信念,即他们自己和子女将获得某些基本的帮助;他们

---

① Murray, C. *Loosing Ground* (tenth anniversary edition). New York: Basic Books, 1994, p. 80.

② Rawls, J. *A Theory of Justice*. Oxford: Oxford University Press, 1999, p. 303.

③ Selbourne, D. *The Principle of Duty*. London: Sinclair Stevenson, 1994, p. 147.

不会被扔到大街上,缺乏医疗救助和基本供给"①。吉登斯在阐释"第三条道路"时也重新调整了对权利和义务关系的认识,认为"没有责任就没有权利"。"政府对公民和他人有着一系列责任,包括保护弱者。不过旧式的社会民主倾向于认为权利可以无条件地获取。随着个人主义的扩张,个人义务也应随之扩张。例如,失业补助应当包含积极寻找工作的义务,并且政府应当保证福利系统不助长消极等待。作为一项道德原则,'没有责任就没有权利'必须对所有人适用,而不仅仅是福利接收者。社会民主派应高度重视这一点,否则这项原则可能只用来约束贫穷或者有需要的人——往往与政治权利问题类似。"②

(3)引进公民参与权

布赖恩·特纳是社会权利的坚定拥护者,但是,他在研究马歇尔公民权理论时认为,对于公民身份的理解既要有"自上而下"的视角,也应该包括"自下而上"的视角。马歇尔没有意识到这个问题,一些批评者也缺乏认识,如迈克尔·曼。"曼所想象的只是自上而下的公民身份,这些权利因而是消极的。这样,公民身份就成为一个某种程度上改善社会冲突的策略,对社会整合有着重大的贡献。这种自上而下的公民身份观阻止或限制了对自下而上的公民身份——为争取资源而进行社会斗争的结果——的分析。由于曼集中于分析来自上层的策略,他就无法对权利的对抗性特征所具有的革命意义做出恰如其分的分析"③。在这里,"自下而上"的视角指的就是公民的参与权,"正像政治权利是公共行动权一样,参与权利是国家保证的私人行动权。它包括个人和群体通过他们对市场、组织和资本的某种监控措施,参与私方决策的权利"④。公民参与权的引进,弥补了马歇尔公民身份理论的不足,不仅使得福利国家、劳动者阶级对社会经济权利的要求和国家干预合法化,而且使得"去商品化"的空间开始从公共生活延伸到私人生活。

主张重新认识公民权、重视公民参与权的学者还有阿尔科克、刘易斯和

① Etzioni, A. *The New Golden Rule*: *Community and Morality in a Democratic Society*. London: Profile Books, 1997, p. 83.

② Giddens, A. *The Third Way*: *The Renewal of Social Democracy*. Cambridge: Polity Press, 1999, pp. 65—66.

③ Turner. B. S. "Outline of a theory citizenship", *Society*, 1990, Vol. 24, No. 2.

④ [美]托马斯·雅诺斯基著,柯雄译:《公民与文明社会——自由主义政体、传统政体和社会民主政体下的权利与义务框架》,辽宁教育出版社 2000 年版,第 41 页。

贝雷斯福特,前两位立足于被排斥群体,着眼福利对象的"普遍性",后者主张用福利"使用者"概念代替福利"消费者"概念。

公民社会权理论的重新解释在很大程度上说明了其自身的影响力和持久性。面对福利国家在社会政策方面所做出的种种调整,重塑的公民权理论继续保持其强大的解释力。例如,强调公民责任意识,就很好地说明了社会政策在调整时为什么鼓励就业,而让公民融入社会的政策努力或许是受到了公民参与权的启发。

(二)国内研究评述

如果说,"'正义'是(20世纪)70年代的行话,'共同体'是80年代的行话,'公民身份'则是90年代的行话"(威尔·金里卡)。然而,在我国,对公民身份的研究大部分集中在传统自由权范畴(民事权利、政治权利),只是到了最近十年才有了公民社会权利的系统研究,且主要在以下几个方面展开:

1. 对包括西方公民社会权利在内的公民身份理论的介绍

我国学者翻译引进了很多介绍公民身份理论的著作,如《公民身份与社会阶级》([英]T. H. 马歇尔、安东尼·吉登斯等著,郭忠华、刘训练编,2008)、《理解社会公民身份:政策与实践的主题和视角》([英]彼得·德怀尔著,蒋晓阳译,2011)、《重构公民社会权》([美]彼得·泰勒-顾柏著,郭烁译,2010)、《重新思考公民身份——现代社会中的福利、意识形态和变迁》([英]莫里斯·罗奇著,郭忠华、黄冬娅、郭韵等译,2010)、《经济、社会和文化权利教程(修订第二版)》([挪]A. 艾德、C. 克洛斯、A. 罗萨斯主编,中国人权研究会组织翻译,2004)、《公民身份》([美]基思·福克斯著,郭忠华译,2009)、《公民身份——世界史、政治学与教育学中的公民理想》([英]德里克·希特著,郭台辉、余慧元译,2010)、《何谓公民身份》([英]德里克·希特著,郭忠华译,2007)、《公民身份与社会理论》([英]布莱恩·特纳编,郭忠华、蒋红军译,2007)等。

2. 围绕"公民社会权利"的理论研究

社会权利理论包括很多内容或视角,我国学者的研究大部分集中在以下几个方面:(1)社会权概念。从概念入手是任何社会理论研究的基础,社会权理论研究也不例外,很多学者通过其概念研究,明确社会权利性质、外延和内涵(潘荣伟,2003;徐振东,2006;王元华,2006;夏正林,2006;龚向和,2007;欧阳景根,2007;肖滨等,2010;吕海英,2010;吴德帅,2014;秦燕,2015)。(2)社会权历史发展。科学的概念离不开历史发展。为了进一步了解社会权利,部分学者开始将社会权利转向历史的视角(龚向和,2005;王元华,2006;吴德帅,2014;邓炜辉,2015)。例如,龚向和认为,作为应有人权和法定人权,社会权经历了三个历史阶段:社会权观念萌芽阶段(前近代社会)、社会权初步形成阶段(近代社会)和社会权全面发展阶段(现代社会)。(3)社会权价值属性。价值属性是社会权利理论研究无法回避的重要论题,我国大部分学者从自由平等、公平正义出发论证了社会权利自身价值(杨华,2007;钱宁,2007;宋建丽,2010),有学者将社会权利的不同价值论进行归类,大致包括"以人的尊严为核心的人性说""社会连带理论""对自由的保障说""对民主机制的限制与纠正""阶级斗争和妥协说"等(夏正林,2006)。(4)社会权实现的法治方式。认识社会权利最终是为了实现社会权利,其中法治是最主要的实现方式,因此,如何从法治角度实现社会权利成了法学界研究的重要议题。总体而言,现有的研究主要集中在社会权的可诉性或效力方面(龚向和,2005,2008;夏正林,2006;秦前红、涂云新,2013)。(5)社会权的经济视角。由于社会权的要义主要是通过"再分配"的方式实现社会正义,因此,在很多时候,它被视为经济发展的压力。但是,龚向和等的研究表明,"社会权作为一种特殊的生产性制度资源或资本必然具有经济发展价值,包括内在价值和外在价值"(龚向和,2013;龚向和、董宏伟,2015)。

3.对我国公民社会权总体现状的研究

在我国,潘荣伟(2003)是比较早系统论述社会权的学者。他认为,公民社会权不同于传统的政治权和自由权利,它需要国家积极介入方能实现。现行宪法虽然对公民社会权做了较为细密的规定,但公民社会权的实现仍然不尽如人意,例如,宪法中缺乏公民社会权实现的程序规定,公民社会权的范围不明确,社会权的平等实现问题尤为严重(劳动权的不平等、受教育权的不平等、社会保障权利的不平等),等等。因此,我们必须从制度上解决公民社会权问题。首先,修改现行宪法,增加社会权保障的程序规范,吸纳新兴的权利;其次,设立宪法法院,建立宪法诉讼制度,确定社会权的直接效力;再次,制定、修改与公民社会权有关的法律法规,完善社会权法律体系;最后,发展经济,消灭城乡差别,努力实现社会权的平等。① 如果说,潘荣伟侧重于从静态制度层面考察我国公民权现状,那么,郁建兴、楼苏萍(2008)则从发展的维度分析了我国公民社会权的历史演变。在他们看来,改革开放标志着我国公民社会权进入了一个大转型时代,福利体制正从一个"受意识形态和文化限制的体制转变为一个由经济和人口趋势驱动并力求与之相适应的制度"②。在前一个阶段,与城乡分割的经济体制和高度的社会控制相适应,我国实行了城乡分割的二元福利体制,城市主要实行"单位制"福利和"三无"(无法定扶养人、无劳动能力、无可靠生活来源的老年人)救助,农村社会保障则主要以集体供给福利体制和五保救助为主。与此相对应,当时的社会权利结构主要表现为"社会权利与参与经济权利相交织""社会权等级身份明显""城乡权利结构失衡"。改革开放以后,我国公民的社会权利虽然取得了显著进步,但在很大程度上保留了原有的特征,城乡福利差距仍然较大,在城市中这一差距集中表现在农民工群体身上。但是,"我国公民社会权利的发展并不能依靠单项的农民养老保险制度、教育制度、社会保险制度等制度的建设来实现,而应该涉及更大范围的公共管理体制"③。因此,必须双管齐下,同时推进户籍制度改革和实现基本公共服务均衡化。肖滨(2014)则从"公民资格"出发勾勒出我国整个公民权利发展的轨迹,他认为,公民权利发展呈现出三副相互交织的面孔,第一副面孔表现为"公民权利以三路并进的交叉式进路成长",第二副面孔是"有先有后的选择性演进","社会权利发展不均衡"则构成了我国权利发展的第三副面孔,其中,社会权利发展不均衡主要表现为不同人群享有权利的差异性。④

4. 以公民社会权为视角对特定群体或制度的研究

在我国,对社会保障的研究,正经历从社会控制范式到权利范式的转换。王小章(2007)认为,公民权利的理念是现代社会保障制度的价值基础。社会保障制度虽然直接对应和满足的是公民的社会权利,实际上却支持着包括民

---

① 潘荣伟:《论公民社会权》,《法学》2003 年第 4 期,第 26—32 页。

② Saunders, P. and Shang, X. "Social security reform in China's transition to a market economy", *Social Policy & Administration*, 2001, Vol.35, No.3.

③ 郁建兴、楼苏萍:《公民社会权利在中国:回顾、现状与政策建议》,《教学与研究》2008 年第 12 期,第 28 页。

④ 肖滨:《改革开放以来中国公民权利成长的历史轨迹与结构形态》,《广东社会科学》2014 年第 1 期,第 74,76 页。

事权利、政治权利和社会权利在内的整个公民权利体系。民事权利、政治权利既为公民享有社会保障提供了正当性基础，同时也为公民争取更多的"应然"权利提供了手段意义上的可能性。[①] 但是，更多的时候，学者并不从社会权利视角来研究整个或宏观的社会保障制度，而是将其集中在某个特定群体或某项社会制度的权利保障现状上。

研究最多的是农民的社会权利。刘华珍、雷洪（2007）认为，当前社会权利的保障很不平衡，尤其是失地农民，社会权利贫困严重，具体表现为：（1）社会权利的贫困，如就业权流失、土地补偿报酬权益流失、财产权流失、基本生活保障权丧失、子女平等受教育权缺失、发展权缺失等；（2）社会权利获取机会和渠道的贫困，如在制定政策过程中丧失话语权、没有建立再就业机制、城市的排斥歧视等；（3）社会权利制度保障的贫困，主要包括农地制度的缺陷、征地制度的缺陷、社会保障制度的缺陷等；（4）社会权利认知的贫困，很多身处其中的农民对权利缺乏认知，没有权利意识，有的不知道这些权利是自己应得的。[②] 在我国，土地一直是农民安身立命之本，兼具生产和保障功能。但是，随着市场经济的进一步发展，土地为什么无力担当起农民的社会保障，农民社会权利缺乏为什么越来越成为普遍现象？周湘斌（2004）认为，社会排斥是造成这些现象的罪魁祸首。只有消除政策性排斥，才能赋予这个群体应有的社会权利，才能使他们得以共享改革成果，从而保证公平的经济增长和社会发展。[③] 楚成亚（2011）在分析当前农民社会权发展现状之后指出，当代中国农民的权利发展轨迹并没有遵循"民事权利—政治权利—社会权利"这个经典序列。与此同时，农民社会权利的获得也没有经过"自下而上"的权利抗争，相反，"自上而下"的"给予"是农民社会权利实现的主要路径。作者认为，这种有别于西方的权利实现方式虽然有助于强化中央权威，但是其对于基层社会的"维稳"作用却十分有限。决策者应利用中央权威得到强化这一"时间窗口"，适时推动公民政治权利的发展，从而以"法律权利—社会权利—政治权利"的独特发展序列，建立起完整、复合的公民权体系，这才是公民权发展

---

① 王小章：《公民权视野下的社会保障》，《浙江社会科学》2007 年第 3 期，第 92—96,107 页。

② 刘华珍、雷洪：《失地农民的社会权利贫困》，《经济与社会发展》2006 年第 2 期，第 158—160 页。

③ 周湘斌：《我国社会转型时期农民群体的社会权利与政策性排斥》，《北京科技大学学报》（社科版）2004 年第 3 期，第 14—17,22 页。

的"中国模式"的真意。① 农民社会权利的缺失还体现在农民工上。洪朝辉（2007）认为,"中国的农民工在迁徙、居住、工作和求学四大社会权利方面受到长期的制度性歧视,他们自由和平等地离开农村、定居城市、获得就业、接受教育的权利和机会遭到排斥和剥夺"②。龚向和、刘耀辉（2011）从权利的宪法角度也支持了这一观点,他认为,在过去,我国权利制度设计是建立在"相对正当性观念"价值取向上的,从而导致农民宪法权利在制度和实践层面双重不平等。新的历史时期,只有确立"人的尊严"这一绝对正当性标准,才能保障制度正当性,消除制度设计中的不平等因素,进而确立农民的主体地位。③ 但是,有学者认为,新生代农民工作为中国当下的第三方群体显示了其强烈的异质性。他们复合了前现代性与现代性两种因素,既要实现农民的"市民化意愿",又要满足农民的"公民化诉求"。④ 为了进一步了解新生代农民工的社会权利保障现状,汪国华（2011）将新生代农民工与第一代农民工和城市市民社会权进行了实证对比,发现他们在社会保障权、工作权和公共设施获取权等方面存在明显差异。究其原因,现有的社会政策催生了新生代农民工的群体意识、社会认同和文化认同,而新生代农民工的不断抗争在一定程度上也有助于社会权利的回归。⑤

在具体权利领域,我们也会经常看到社会权利的分析视角。余南平（2006）认为,住房权属于基本的社会权利,在市场经济条件下,应该积极发展和保护这个权利。但是,实践中,对有效住房政策的取舍则取决于是否具有"以人为本"的公共治理价值取向,以及对其认同的程度。⑥ 张震（2015）则进一步认为,住宅社会权不只是一个具体的权利问题,更是深层次的宪法问题。国家有义务保障公民适足的住宅权,一方面,要充分利用住宅社会权

① 楚成亚:《农民社会权利的发展及其政治意蕴》,《当代世界与社会主义》（双月刊）2011年第5期,第153—156页。

② 洪朝辉:《论中国农民工的社会权利贫困》,《当代中国研究》2007年第4期。

③ 龚向和、刘耀辉:《农民宪法权利平等保护的正当性》,《东南大学学报》（哲学社会科学版）2011年第1期,第54—61页。

④ 张健:《从"农民"走向"公民":农民工符号的内涵及农民工问题的本质》,《社会科学辑刊》2008年第2期,第25—30页。

⑤ 汪国华:《调适社会权利与社会政策张力系统:新生代农民工社会权利研究》,《中国青年研究》2011年第6期,第70—75页。

⑥ 余南平:《市场经济制度与住房社会权利保护》,《毛泽东邓小平理论研究》2006年第5期,第64—67页。

保障的宪法文本资源;另一方面,要积极通过宪法解释,提供住宅社会权保障的技术方案,与此同时,强化住宅立法,充分保障住宅社会权。[①] 龚向和(2005)从人权出发论证了我国教育权的实现路径。他认为,《经济、社会和文化权利国际公约》为国际社会确立了包括教育目的、教育平等、教育种类与质量、教育机构设立与管理、司法救济等方面在内的受教育权保障的十大标准。虽然以此为标准,我国在义务教育和教育种类方面取得了一定的成就,但是,在教育平等和教育免费方面却明显不足。因此,我国立法机关当前的迫切任务是将《经济、社会和文化权利国际公约》中的受教育权条款通过立法转换为国内法律以保障其实施,同时,加强教育平等和教育免费制度的立法。[②]

也有学者运用社会权利理论分析我国现有的社会保障制度。朱浩(2010)认为,我国社会救助制度虽然从法律上明确了公民的社会权地位,但是,实践中,权利被制度合理型和制度缺位型剥夺,弱势群体的权利失衡严重,而且救助内容单一,无法满足公民社会权利的全面需求(物质、精神和能力)。[③] 汪国华(2011)在分析我国医疗保险制度发展模式时指出,新中国成立以来,我国医疗保险制度大概可以划分为三个阶段,即普享社会权利阶段、削弱社会权利阶段和重赋社会权利阶段。与此同时,他还将医疗保险制度划分为社会权利均等型、社会权利分层型、社会权利差序型和社会权利公正型四种发展模式,其中,第四种模式是我们追求的理想模式。为此,必须制定相应的社会政策,积极处理差别化医疗保险制度,努力探寻社会权利本土化路径,避免社会权利内卷化。[④]

二、研究思路及主要内容

上述研究总体上厘清了社会权利的理论内涵,也在很大程度上涉及社会

① 张震:《宪法上住宅社会权的意义及其实现》,《法学评论》(双月刊)2015 年第 1 期,第 31—38 页。

② 龚向和:《〈经济、社会和文化权利国际公约〉中受教育权在中国的实现——兼论中国公民受教育权的立法保障》,《湖南大学学报》(社会科学版)2005 年第 4 期,第 108—112 页。

③ 朱浩:《我国救助工作中社会权利的发展困境》,《甘肃理论学刊》2010 年第 1 期,第 85—89 页。

④ 汪国华:《社会权利视野中我国医疗保险制度发展模式研究》,《南京社会科学》2011 年第 11 期,第 72—77,99 页。

权利的实现方式和路径；对社会权利法律属性或可诉性的研究，旨在通过法律、制度保障其实现；对社会权利与社会福利（社会保障）关系的研究，旨在为社会福利提供理念基础，说明社会权利的实现离不开社会政策的保障。

但是，对"如何实现社会权利"这一课题本身缺乏系统研究。笔者认为，社会权利作为公平正义的重要之维，其实现程度一方面离不开特定的意识形态，另一方面也离不开社会政策和福利制度，其中，社会意识为社会政策和福利制度提供理念基础和价值选择，而社会政策和福利制度则为社会权利提供具体的实现方式和法律保障。在此基础上，本书确立了"意识形态、社会政策和社会福利制度"三位一体的研究框架。

本书之所以"以民政福利为例"①，主要基于以下考虑：一是我国现有的社会福利制度不仅体系庞大，而且"碎片化"严重，选择其中一种或某部门福利制度有利于操作；另一方面，随着"社会建设""社会治理"的提出，民政部门经常被赋予牵头挂帅的角色，地方民政系统更是致力于民政福利体制改革，如最近几年陆续出现的"现代民政"（上海）、"大民政"（北京）和"现代大民政"（浙江）改革试点。但是，综观这些改革实践，更多是体现一种口号或决心，具体措施往往是以往经验和思路的简单整合，这不仅影响了民政救助福利自身的改革，也不利于我国社会福利制度改革的整体推进，就此而言，选择民政福利为例，或许可以为当下如火如荼的民政改革提供一些理论探索。

本书除了导言，共有八章内容，第一章到第四章主要是理论部分，第五章到第八章主要是实证部分。各章内容和观点如下：

第一章，公民社会权利概念。当前，国内外学界关于社会权利的称谓、概念五花八门，莫衷一是，这在一定程度上影响了"社会权利"理论的深入研究和学术交流，同时也阻碍了社会权利在实践层面的实现。本章通过对公民社会权逻辑和历史的考察，揭示公民社会权的基本内涵和本质特征。

第二章，福利意识形态：社会权利实现的价值选择。公民社会权利为现代福利国家奠定了理论基石，但是，实践毕竟不同于理论，公民社会权在实现过程中会有不同的实现方式和实现程度的差异，究其原因，实现"社会权利就不是无条件的，而是有条件的"（艾斯平-安德森），其中，意识形态"是对社会福利制度构建和实施、社会福利对象的确定和帮助等具有直接影响的价值观和

---

① 这里的民政福利主要包括由民政部门主管的社会福利和社会救助。

理念，是社会政策制定的指导思想"（周沛），直接影响和制约着社会政策和福利制度的建构。在西方资本主义发达国家，除了"福利资本主义三个世界"——"自由主义"福利体制、"保守主义"福利体制和"社会民主主义"福利体制——直接体现了不同意识形态对福利体制的影响，还有乔治和威尔定关于"反集体主义、牵强的集体主义、费边社会主义和马克思主义"的四种划分，这更加全面地体现了福利意识形态中不同流派——右派、左派和中间派与社会福利政策的关联性。

第三章，社会政策：从再分配到社会投资。不管是补缺型福利模式，还是制度型福利模式，都不关注社会福利资源的生成方式，也不关注经济萧条下出现的财政问题，"未能从现实角度应对经济逆境，并且忽视了经济萧条、结构性失业问题，以及其他变化中的现实经济状况"（詹姆斯·米奇利）。换言之，传统福利政策虽然都着眼于解决民生问题，但是它常常被视为经济政策的附属品——用来收拾经济发展导致的"残局"。不仅如此，社会资源从生产性领域向非生产性领域转移，这必然影响生产性投资，对经济发展产生不利影响，而发展型社会政策的生产主义倾向恰恰弥补了这一不足。

第四章，社会权利的法制保障。不管是社会权利的法律属性，还是社会政策的法律诉求，社会权利的实现都离不开法治建设。为了保障公民社会权利的实现，早在 1948 年，《世界人权宣言》就已经明确了社会权利的地位，从第二十二条到第二十七条都是关于社会权利的内容。就国内而言，社会权利的法制保障主要取决于立法、执法和司法三个环节，其中宪法保护是基本前提。

第五章，民政救助福利与社会主义公平正义观。新中国成立以来，我国民政救助福利经历一个从临时、分散救济向以最低生活保障为核心的新型综合救助体系，从"单位办福利""集体办福利"向"国家、社会、家庭"共同参与的社会化福利的发展转型。就价值选择而言，这一转型与"效率与公平并重，更加注重公平"的公平正义观密不可分。与平均主义相对应，改革开放前的民政救助福利呈现出"单位—公社"下的补缺型模式。进入 20 世纪 80 年代后，随着对"效率与公平"关系认识的不断深入，传统的"单位—集体"保障模式逐渐解体，新型的"国家—社会"保障模式日趋形成和完善。一方面，传统社会救助开始从部分特殊救济对象向以家庭经济状况为主要标准的普遍的社会救助制度转变；另一方面，随着"单位办社会""公社办社会"理念的终结，单一的社会福利格局开始向"国家、社会、家庭"共同参与的社会化福利转变。

第六章,民政救助福利的政策转型。新中国成立以来,民政救助福利总体上实现了由"补缺型"向"制度型"的转型。但是,现有的民政救助福利制度还存在诸多问题,一方面可能与"制度型"社会政策建构不足有关,另一方面,更多地与现在的政策选择模式有关。因此,构建"发展型社会政策"不仅有助于解决民政救助福利制度中存在的各种问题,更重要的是,它符合我国当下经济社会发展的战略选择。

第七章,民政救助福利的法制建设。新中国成立以来,特别是改革开放以来,民政法制发展突飞猛进,已经基本形成以社会救助为核心,上有宪法保护,下有法规支撑,包括各类社会福利的法律法规体系,为社会权利的实现提供了良好的制度环境。但是,法制数量规模偏小、缺少基本法律、民政法制整体层次偏低、法律滞后现象严重等问题依然严峻。除此之外,民政法制化建设必须标准化,"法律是宏观的标准,标准是微观的法律",只有做好标准化工作才能使得法律真正落到实处,从而推进民政救助福利工作向专业化、精细化发展。

第八章,民政事业经费支出:政府社会福利责任的实证检验。就制度建设而言,民政救助福利已经实现了从"补缺型"向"制度型"转型,然而,实践中,制度型福利政策实现的程度却是一个有待检验的课题。本章检验的结果是:一方面,我国当下民政救助福利水平基本停留在政府"最小职能"阶段,距离适度普惠型福利目标还存在着一定的差距;另一方面,随着"社会政策时代"到来,我国政府职能正进一步向公共服务、社会服务转移。

第一章 公民社会权利概念

随着公民身份理论被广泛讨论,社会权利开始进入我国学术视野,但是,学者们对究竟什么是社会权利却存在不同的认识。[①] 本章的主要任务就是通过对社会权利定义、内容、历史发展及基本属性的讨论,正确认识、把握社会权利的理论内涵。

第一节 社会权利定义及起源

一、社会权利定义

由于受不同学科和研究视角的影响,学术界对社会权利的定义纷繁复杂,总体上可以概括为几种类型。

第一种,从法学角度定义社会权利。童之伟认为,社会权利是从法学角度认知的、由法律承认和保护的社会整体利益,具体表现为各种形式的权利和权力,也可以说,是指一定社会一切权利与权力之总和,从外部特征看,"社会权利"就是中外法学界早已意识到的"广义的权利"。本质上,它以社会物质财富为存在的现实基础,是社会经济过程的产物,其发展演变的根本动力是物质资料的生产活动。[②] 张永和认为,社会权利是人在社会中的国家形态下所享有的权利,是通过国家的法律予以规定和保障的权利,相对的是自然状态下的人所享有的自然权利。[③] 显然,这两种定义都过于宽泛,它们只强调

① 社会权利在本书中也称公民社会权利或公民社会权。
② 童之伟:《用社会权利分析方法重构宪法学体系》,《法学研究》1994 年第 5 期,第 18—24 页。
③ 张永和:《权利的由来——人类迁徙自由的研究报告》,中国检察出版社 2001 年版,第 164 页。

了社会权利的国家属性和法律属性,忽视了其作为具体的权利形态的本质属性,甚至在第一种定义中,将权力也纳入权利体系之中。第二种定义,虽然有别于权力,也区别于自然权利,但是无法与民事权利和政治权利相区别。

第二种,从国家和社会二分法上定义社会权利。该观点认为,社会权利概念是建立在国家和社会二分法基础上的,"政府权力与社会权利(社会自由)构成一对范畴,从某种意义上讲,它们形成此消彼长的对应关系"[①]。只有规范、限定国家权力边界才能有限保障社会权利。从逻辑上看,这种权利应该属于消极的自由权利,只有当权利处于"消极"地位,才能与"国家"此消彼长,而社会权的生产和保障恰恰需要国家主动"出击",为公民积极提供基本的生存需求。因此,这种定义实际上是以"社会权利"之名而行"自由权"(公民权利、政治权利)之实。当然,也有学者进一步将其分为"自下而上的社会权"和"自上而下的社会权"两种类型,前者是指利害关系者为了保障其权益并争取改善其地位,而经过自身的努力抗争所获得权利,此时国家权力并不是主导力量,只是起到辅助的作用,如劳动权、罢工权和集体交涉权等。后者指的是国家积极介入保障的权利,如生存权、教育权。[②]

第三种,从权利属性二分法上定义社会权利。该定义是目前学界对社会权最普遍的认识,是从基本权利二分法上定义社会权利的。许志雄认为,社会权作为一种"借由国家权力而获得的自由",其核心理念在于强调国家必须建立起某种社会福利制度,使人民能享有符合人性尊严的最起码生活条件,并可以追求其人生的幸福快乐。[③] 俞可平也认为,积极权利,就是个人要求国家加以积极行为的权利,这类权利主要是指各种社会福利权利或各种受益权利,如公民的工作权、受教育权、社会救济权、保健权、休假权、娱乐权,等等[④]。林喆持相同观点,他认为,社会权利又称生存权或收益权,是指公民依法从社会获得基本生活条件的自由度,它主要包括两层含义:一是公民有依法从社会获得其基本生活条件的权利;二是在这些条件不具备的情况下,公民有依法向国家要求提供这些生活条件的权利。[⑤] 在此基础上,龚向和还对社会权利的内涵和外延都做了详细分析。在他看来,社会权是"指公民依法享有的,

① 肖金明:《政府权力重构论》,《文史哲》1994年第6期,第57页。
② 许志雄、陈铭祥、蔡茂寅等:《现代宪法论》,元照出版公司2000年版,第54页。
③ 同上,第179页。
④ 俞可平:《社群主义》,中国社会科学出版社2005年版,第100—108页。
⑤ 林喆:《公民基本人权法律制度研究》,北京大学出版社2006年版,第73页。

主要是要求国家对其物质和文化生活积极促成以及提供相应服务的权利",相对于传统公民权和法律权利,它是一种"被动的要求权",是"促成和提供的权利",是"主要由国家积极义务保障实现的权利",是"公民社会人格和精神人格形成和维护所必需的物质和文化生活方面的权利"。[①] 其属于人权与基本自由范畴的各类体现社会正义的经济、社会、文化权利,既包括《经济、社会和文化权利国际公约》中列举的 10 项权利,也包括其他具有经济与社会权利特点的权利,如吃饭权、消费者权利、环境权和发展权。[②]

很显然,这里的社会权利,在价值立意、社会基础、国家权力的作用方式及实在化方面都不同于传统的自由权。传统或古典的自由权,"主要是要求国家权力不予干预,对国家权力划定不能介入的范围","实际是一种旨在保障委任于个人自治的领域而使其不受国家权力侵害的权利,是要求国家权力在所有的国民自由领域中不作为的权利"。[③] 它以国家与社会分离为基础,体现了自由资本主义时期的自由价值或以自由为核心的形式正义。自由权核心是公民权利和政治权利,具体包括生命、自由、人身安全、隐私和财产的权利;婚姻和建立家庭的权利;接受公正审判的权利;免做奴隶、免受酷刑和任意逮捕的权利;自由迁徙和寻求庇护的权利;拥有国籍的权利;思想、良知和宗教自由的权利;言论自由的权利;自由集会和结社的权利以及自由选举、普选和参与公共事务的权利。[④] 相反,社会权是平等价值的集中体现,是形式正义向实质正义拓展的体现,是国家与社会融合与渗透的产物,客观上要求国家以积极能动身份促成这类权利的实现,具体包括工作权、享受公正和良好的工作条件权、组织和参加工会权、社会保障权(包括社会保险、家庭、母亲、儿童和少年受广泛保护和协助权)、获得相当的生活水准权、达到最高的体质和心理健康的标准权、受教育权、参加文化生活权、享受科学进步及其应用所产生的利益等各种经济、社会、文化权利。[⑤]

---

① 龚向和:《社会权的概念》,《河北法学》2007 年第 9 期,第 51—52 页。

② 刘俊海:《论社会权的保护及〈经社文公约〉在中国的未来实施》,刘海年:《〈经济、社会和文化权利国际公约〉研究——中国挪威经社文权利国际公约研讨会文集》,中国法制出版社 2000 年版,第 60—62 页。

③ [日]大须贺明著,林浩译:《生存权论》,法律出版社 2001 年版,第 16 页。

④ 韩大元:《比较宪法学》,高等教育出版社 2003 年版,第 157 页。

⑤ 郑贤君:《全球化对公民社会权保障趋势的影响——国家中心责任向非国家行为体过渡的社会权保障》,《首都师范大学学报》(社会科学版)2002 年第 2 期,第 102—109 页。

第四种，与经济和文化权利相对应的社会权利。多数情况下，社会权利是一个笼统的概念，它只是区别于传统自由权利的"权利群"，很多时候又称"经济、社会、文化权利""经济和社会权利"或"社会经济人权"。可见，社会权利往往包括社会权利（狭义）、经济权利和文化权利。在这里，经济权利是一种与市场和劳动有关的权利，有时被称为"经济公民权"（吉登斯），主要包括集体谈判权、劳资联席会、劳动权、劳动者的休息权、罢工权。文化权利是一种涉及身份认同的权利，"指的是共同体成员，尤其是少数人共同体成员保存其特定文化的权利"①。国际人权宪章一般将其分为：参与文化生活的权利，享受科学进步及其应用产生的福利的权利，作者对其本人的任何科学、文学或艺术作品所产生的精神上或物质上的利益，有享受保护的权利。这些是科学研究和创造性活动不可缺少的自由。显然，这里的社会权利是在狭义上使用的，它与经济权和文化权相并列，是最早政治社会中的形式自由向私人社会中实质平等延伸的表现，其核心是获得适当的生活水准的权利，这种权利要求每个人至少享有必需的生存权——适当的食物和营养的权利，衣着、住房和必要的照顾。主要内容包括：获得救济的权利、达到合理生活水准的权利、受教育的权利、母亲和儿童受国家保护的权利等。

第五种，以举例的方式定义社会权利。社会权指的是我国宪法第四十二条至第四十九条所规定的诸如劳动权、受教育权、获得物质帮助权、社会保障权、文化活动权等具有共通性特征的一个"权利群"。② 这种定义的优点在于帮助我们清晰地把握社会权利的内容。实际上，它本质上仍然属于"二分法"定义，为什么健康权、受教育权、文化活动权、适足生活水准权、适当住房权能成为一个"社会权"权利群，以区别于"公民权利和政治权利"？因为它们存在一系列的共性和相似的法律特征，即它们侧重于要求国家承担积极的义务。

很显然，第一种社会权利定义，是从宪法学和法律学层面对"法权"进行一种高度概括，对我们整体上认识法律的本质有一定的帮助，但是，却不利于区别社会和国家的不同法权要求。第二种社会权利，虽然将"国家权力"剔除在社会权利之外，但是，"社会与国家"分析框架只能说明社会与国家的分离，

---

① ［美］杰克·唐纳利著，王浦劬、张文成、燕继荣等译：《普遍人权的理论与实践》，中国社会科学出版社2001年版，第183页。

② 秦前红、涂云新：《经济、社会、文化权利的保障路径及其选择——在立法裁量与司法救济之间》，《交大法学》2013年第1期，第112—129页。

却无法进一步解释社会在与国家分离过程中不同性质权利的历史演变,第三种、第四种和第五种社会权利定义,都已经有意识地将其与传统自由权或消极自由区别开来。本书采用的基本是第三种定义。

二、社会权利内容

社会权利内容的划分就像其本身在人权中的地位一样,一直争议不断,不管是在理论界还是立法实践上莫不如此。

(一)学界观点

社会权利不仅在权利属性上分歧很大,在内容划分上也有很多观点,其中最具影响力的当推荷兰学者范得文的"五分法"。他认为社会权利应该包括:(1)工作权。这种权利包括了涉及工作权的社会及经济层面的很多附属权利,如自由选择工作的权利、国家充分就业政策、适当的工作环境及工作条件(如妥当的薪俸、休假及退休制度等)、罢工权、个人因工作而获得的财产保障,等等。(2)经济参与权。员工有参与公司决策的"参决权"以及争取改善工作待遇及环境的劳动"结社权"。(3)生活保障权。该权利是指社会保险权利,当人民遭到疾病、死亡、年老、失业等而失去工作能力时,可获得社会扶助的权利。这种权利也包括上述工作的"充分就业"政策。(4)社会保健权。该权利是关于人民生理及心理健康的权利,主要在于保障每个人可以获得充分的医疗照顾,儿童也可以享受国家特殊的保健措施。(5)社会文化发展权。该权利主要是"文化精神"层面的权利,如缔结婚姻组成家庭的自由、家庭扶助的请求权、教育权以及参与学术研究的权利等。[①]

除此之外,有影响的划分还有德国的 G. Brunner 和奥地利的 T. Tomandl "三分法":(1)工作权。与范氏工作权相比,该权利还包括工人失业救济权、女工及童工待遇的保障权及参与权,显然,范氏中部分"经济参与权"被归到工作权范围之内。(2)社会安全(保险)权。凡是关于"最起码生活要求"的权利,如生、老、病、死及抚恤照顾、儿童保健,甚至房屋住宅的拥有都包括在该权利范围之内,该权利实际上是对范氏生活保障权和社会保健权的一种合并。(3)文化教育权。较其他权利内容而言,该权利内容与范氏"社会文化发

---

① 陈新民:《宪法基本权利之基本理论(上册)》,元照出版公司 1999 年版,第 102—103 页。

展权"一致程度最高。

我国台湾学者许庆雄则认为,社会权利应该以生存权为核心,同时包括环境权、学习权、工作权和劳工基本权。① (1)生存权。广义的生存权是为使任何人过得合乎人类尊严而必须保障一切权利的总称。狭义的生存权仅仅指特殊群体(孤儿、失养老人、残疾人等)的生活保障、一般国民的生活保障(失业保险、退休保险等)与社会生活安全保障(公共卫生与医疗设施、住宅规划等)。(2)环境权。环境权既包括自然环境(空气、阳光、水等)、人文环境(文化古迹和博物馆等),也包括社会环境(道路和港湾等)。(3)学习权。学习权是指人民获得社会生存所需要的基础知识与技能以及身为国民所应该具备的运作政治的能力,大致与传统的受教育权相当。(4)工作权。该权利主要内容包括了要求国家"消解失业"的权利、要求国家制定保障尊严生活的劳动条件标准、要求国家制定失业等生活保障的相关制度。(5)劳工基本权。劳工基本权旨在保护经济社会处于弱势地位的劳动工人的契约平等权(实质性的契约平等),主要包括劳工团结、集体交涉和集体行动等(又称"劳工三权")。

(二)立法实践

虽然社会权自诞生以来就备受争议,但是,不管在国际人权体系还是国内人权体系中,社会权都占有非常重要的地位,只不过由于对社会权的不同理解及其保障环境的差异,不同的法律体系对其规定也有所不同②(见表1-1)。

表 1-1　社会权在不同法律体系中的规定

	魏玛宪法	经济、社会和文化权利国际公约	南非共和国宪法	中华人民共和国宪法
工作权(劳动权)	第一百五十七、一百五十九条国家应该特别保障劳工之权利 第一百六十三条国民有获得工作及失业救济的权利	第六条工作权 第七条报酬权、休息权、适当工作条件权 第八条工会权、罢工权	第二十二条职业自由权 第二十三条工会、结社自由、罢工权、工会自主权、工会集体谈判权	第四十二条劳动权 第四十三条劳动者的休息权

① 许庆雄:《宪法入门》,元照出版公司 2000 年版,第 150—198 页。
② 据统计,截至 1976 年 3 月 31 日,世界 142 部国家宪法里,规定国家救济和社会保险的占 66.9%,规定组织或参加工会权的占 59.1%,规定劳动权的占 55.0%,规定受教育权的占 51.4%,规定休息和休假权利的占 32.4%,规定享受宽裕或合理生活标准权利的占 23.2%。([荷]亨利·范·马尔赛文、格尔·范·德·唐著,陈云生译:《成文宪法比较研究》,华夏出版社 1987 年版,第 154—160 页。)

	魏玛宪法	经济、社会和文化权利国际公约	南非共和国宪法	中华人民共和国宪法
社会保障权		第九条社会保障权	第二十七条社会保障权	第十四条（四）社会保障制度 第四十四条退休人员权利 第四十五条弱者获得社会帮助
家庭权利	第一百十九条保障婚姻、家庭和母性 第一百二十一条非婚生子女应视同婚生子女来保障	第十条家庭权利、母亲权利、儿童权利	第二十八条儿童权利（一系列）	第四十八条妇女权利、妇女平等权、妇女权益特别保护 第四十九条婚姻家庭权利
适足生活水准权		第十一条适足生活水准权、食物权、住房权、饮水权	第二十六条住房权免于驱逐权 第二十七条食物权、适足住房权、饮水权	
健康权		第十二条健康权、受教育权	第二十四条环境权 第二十七条健康权	第二十一条医疗、卫生、体育事业
受教育权	第一百四十六条国家应资助中下收入者就读中等以上的学校	第十三、十四条受教育权平等和无歧视接受教育、自由选择权	第二十九条受教育权、普遍基础教育权、母语教育权、创办教育机构权	第十九条教育事业宪法制度、义务教育、教育设施创设 第四十六条受教育权
文化权		第十五条文化权利、参与权、受益权、文化活动自由权	第三十条语言权利、文化活动权 第三十一条文化、宗教、语言共同体参与权利 第三十二条信息获得权	第二十条科技事业 第二十二条文化事业 第二十三条知识分子 第二十四条精神文明 第四十七条文化活动

综上可见，社会权内容不管在学理层面还是立法实践层面都存在较大的差异，但是，这并不妨碍我们对社会权内涵的理解。

首先，社会权利内容具有开放性和过程性。社会权与传统自由权一个显著的差别就是发展的过程性和体系的开放性。众所周知，1919 年魏玛宪法的颁布被视为社会权利正式进入人权体系的开端①,其在一百五十一条和一百五十五条明确规定"国家经济制度应该保障每个人皆能获得合乎人类尊严之生活"以及"国家及每个家族能获得合乎人类尊严之生活",确立了社会权在人权中的地位,但是就具体社会权利内容而言,它涉及的主要是工作权、婚姻家庭权和受教育权。但是,其后的国际条约和国家宪法都拓展了魏玛宪法意义上的社会权外延,例如,《经济、社会和文化权利国际公约》社会权内容就已经发展到工作权(劳动权)、社会保障权、家庭权利、适足生活水准权、健康权、受教育权和文化权等诸项,一些国家也是如此。从 20 世纪 70 年代开始,一些国家进一步将新的社会权纳入宪法,如希腊宪法(1975 年)、葡萄牙宪法(1975年)和西班牙宪法(1978)陆续承认"居住权或国家提供住房的义务""环境保护""促进科学和艺术""照顾残疾人""适当的资产积累"和"建立社会保险"等权利的"基本法"地位。所以,不同学者对社会权内容的不同理解就在情理之中了。"对其所做之分类,亦不能完全一成不变,是为学界之定论。"②

其次,社会权利的目的具有明确性。综观上述社会权的不同分类,虽然其内容存在一定的差异,但是却始终围绕着社会权利背后的一个核心理念——保障一个人有尊严地生存。不论是工作权、健康权、文化权,还是社会保障权,其目的都是让一个人有尊严地生活。社会权论者之所以对社会权利内容进行分类,并不是为了穷尽社会权的内容,而是为了方便国家积极作为的方向。不同国家在宪法中对社会权的不同规定,除了对社会权认识的差异,更多地源于社会权在一个国家中实现的可行性。不过,有一点毋庸置疑,既然是有尊严的生活,社会权利内容就不局限于最低层次的物质保障,还应该包括精神需求的满足。

三、社会权利观念起源

马克思主义权利观认为,权利的观念并非自古有之,它是历史发展的产物,是"人们的权利要求和权利积累不断增长的结果"③。在古代和中世纪,并

① 社会权最早进入宪法的是 1793 年的《雅各宾宪法》,其二十一条规定:"每个社会都有给予其人民工作的权利,人民不能工作时,也有给予其生活之资的义务。"但是,该法在法国昙花一现,未能落实到国家的法律领域。

② 陈新民:《宪法基本权利之基本理论(上册)》,元照出版公司 1999 年版,第 105 页。

③ 夏勇:《人权概念起源——权利的历史哲学》(修订版),中国政法大学出版社 2001 年版,第61 页。

没有明确的"人权"概念和系统的人权体系，"直至中世纪临近结束之时，在任何古代或中世纪的语言里，都没有可以用我们的词语'权利'来准确翻译的词语。在1400多年以前，这一概念在希伯来语、希腊语、拉丁语、古典阿拉伯语或中世纪阿拉伯语中缺少任何表现手段，且不论在英语或晚至19世纪的日语中"①。但是，在这个时期人权观念已经形成并出现了社会权萌芽。

(一)前近代社会：公民社会权的萌芽

在古代，由于权利概念还没有形成，其观念主要以其他形式表现出来。

在古希腊，其表现形式主要是正义概念。不过，早期的正义属于道德范畴，主要与个人美德有关，个人行为的正当品德被称为美德。德谟克利特在谈到正义时指出，"正义要人尽自己的义务"，"正义的力量在于坚决和无畏"。② 柏拉图则把正义与智慧、勇敢、节制一起并称为四种德行，其中，正义是统帅其他三德的首要美德。③ 但是，随后的正义更多地与政治问题相联系，成为追求政治之善的政治伦理话题。例如，柏拉图认为，"一个人之正义的前提是其灵魂的三个部分（即欲望、激情或愤怒、理性三种情感——引者注）各司其职且只各司其职"④，对于一个正义的城邦，就是要求依据其秉性而自然形成的统治者、武士和工匠等不同阶层各司其职、和睦相处。

到了亚里士多德那里，正义的政治德行更加明显且更加系统。他认为，正义有很多含义，其中，平等意义上的公正尤其重要。"所谓公正，它的真实意义，主要在于平等。"⑤不仅如此，亚里士多德还将平等正义划分为三种类型。一是分配正义。社会财富的分配必须遵循正义的原则，正义的政治共同体就是要根据一定标准或比例分配其财物、名位等。具体包括"一类为数量相等，另一类为比值相等。'数量相等'的意义是你所得的相同事物在数目和容量上与他人所得者相等；'比值相等'的意义是根据各人的真价值，按比例

① 转引自［英］A. J. M. 米尔恩著，王先恒、施青林、孔德元等译：《人权哲学》，东方出版社1991年版，第7—8页。

② 吕世伦、文正邦：《法哲学论》，中国人民大学出版社1999年版，第467页。

③ ［美］梯利著，葛力译：《西方哲学史》（增补修订版），商务印书馆1999年版，第73页。

④ ［美］列奥·施特劳斯、约瑟夫·克罗波西主编，李天然等译：《政治哲学史（上）》，河北人民出版社1993年版，第45页。

⑤ ［古希腊］亚里士多德著，吴寿彭译：《政治学》，商务印书馆1997年版，第153页。

分配与之相称的事物。"①二是矫正正义。它是人与人之间经济上的交往和制定契约所应遵循的原则,即矫正人们交往过程可能出现的违约、犯罪等行为以实现社会正义。三是交换正义。它是指人们在经济交往中能够平等互惠、等值交换。需要指出的是,亚里士多德的交换正义一方面强调交换的等值性,另一方面又突出了主体的需求性。也就是说,等值的标准不是依据市场价格,而是共同体成员的"需要"。如果共同体成员对鞋的需要指数是1,对房子的需要指数是5,那么5双鞋交换1栋房子就符合了交换正义原则。若这个交换以金钱为媒介,则房子的价格(如5元)必须是鞋子(1元)的5倍,否则就违反了等值要求,不符合交换正义原则。②

亚里士多德的正义思想里,虽然没有明确提到权利,却同时蕴含着消极自由权和积极社会权,特别是其分配正义,实际上确立了社会资源和财富分配的标准。当然,在亚氏那里,正义标准遵守的不是普遍的平等原则,相反,重要的社会财货的分配状态,必须符合他的"差等"标准,也就是与每个人的道德功绩呈比例关系。由于他的正义标准以城邦为本位,所以道德功绩实际上就是其对城邦贡献的大小。功绩或德行愈高(低)者,应分到的也就愈多(少);功绩或德行等量者,则必须平等对待之。在亚氏的思想世界里,贵族最为有德,而得道者理应享有更多的荣誉、公职和财富。"政治权利的分配必须以人们对于构成城邦各要素的贡献的大小为依据。所以,只有人们具有门望(优良血统)、自由身份或财富,才可要求官职和荣誉(名位)。受任官职的人必须是自由人和纳税人,除了财产和自由之外,正义的品德和军人的习性(勇毅)也是不可缺少的要素;人们倘使要共处于一个城邦之中,就应该具有这些要素。前两个要素是城邦存在的条件,后两个要素则为城邦企求并获至优良生活的条件。如果城邦需要大家贡献的只以有助于城邦的存在为限,则上述各要素,或其中的某些要素,就确实可认为是分配职司和荣誉的正当依据;但……城邦还应该计及优良的生活而要求大家都具有文化和善德,那么这两者才应该是最正当的依据。"③

另外,亚氏的"交换正义"也蕴含了社会立法的可能性。既然交换应遵循

① [古希腊]亚里士多德著,吴寿彭译:《政治学》,商务印书馆1997年版,第234页。
② 陈宜中:《社会正义VS市场正义:论自由主义思想里的两种正义观点》,张世雄、古允文、陈宜中等:《社会正义与全球化:福利与自由主义的反思》,桂冠出版社2004年版。
③ [古希腊]亚里士多德著,吴寿彭译:《政治学》,商务印书馆1997年版,第151页。

一定的正义标准,就必然存在某些不正义的交换现象,对于这种现象,即使符合"双方志愿性"也应该予以一定的规范和制约。"在 20 世纪,诸如禁止剥削童工和雏妓、劳动安全、最低工资、禁止贩卖器官、消费者保护等社会立法,皆旨在对志愿性经济交换进行规制,而使用'交换正义'来诠释这类法规并无不妥之处。"①

早期的权利观念还往往以宗教教义形式表现出来。古埃及的宗教文献《死亡之书》中就有如下"神谕":"我给所有的饥饿者以面包,我给裸露者以衣裳。"在这里,神主张给予和施舍,接受者以需求为条件,一方面体现了抽象的道德规范;另一方面,也体现了具体的利益和责任关系,即在古埃及的宗教观念中,神和人是相互需求、相互依存的。神需要人为他修建庙宇、安排住所、穿戴衣饰、供奉食物,而人则需要神为他们赏赐恩福,庇佑他们无灾无难、生活快乐、健康长寿。②

犹太教中关于权利的观念更加明显。首先,明确"给予即责任"观念,承认需求者的"权利",人有义务去满足他们的基本生存权。在《旧约全书》中就有类似"严禁让穷人空手而走"和向不幸者(老、病、残、穷)行善的说教。据犹太法和传统汇集称,假如有人感到饥饿,他就应该得到食物,如果他需要衣服,他也应该得到衣服,如果他缺少家具用品,他就应该得到家庭用具。应该根据每个人的需求向他们提供帮助。③ 其次,"人的尊严"的提出为人权思想奠定了基础。社会权强调的人性基础是,人不仅活着,而且应该有尊严地活着。《旧约全书》中明确写道,"人是神圣和尊严的",人人生而平等。人既然生而平等,而且又拥有"尊严"生存的权利,那么,寻求公正的社会经济权就在情理之中了。据约翰内斯·阿图修斯研究,"十诫"中所阐明的自然权利包括"灵魂的权利"和"社会的权利",其中,后者又可分为"自然的生命权"和"身体自由和被保护权"、"纯净和纯洁权"、财产权、名誉权、"家庭权"等多种子类型。④

中世纪神学家托马斯·阿奎那正是从人的尊严出发提出并论证了社会

---

① 陈宜中:《社会正义 VS 市场正义:论自由主义思想里的两种正义观点》,张世雄、古允文、陈宜中等:《社会正义与全球化:福利与自由主义的反思》,桂冠出版社 2004 年版。

② 黄心川:《世界十大宗教》,东方出版社 1988 年版,第 6 页。

③ 周弘:《福利的解析——来自欧美的启示》,上海远东出版社 1988 年版,第 30 页。

④ 邓炜辉:《作为人权的社会权是如何炼成的——自由主义脉络下社会权理念的历史演进》,《山东科技大学学报》2015 年第 3 期。

权思想。他呼吁救助一切需要救助的人。不能见死不救,应该给将死于饥饿的人饭吃,否则就是杀死这些饥饿者的凶手。① 其目的就在于说明,施舍与救济是基于受助者的生存需要,而不仅仅是善行之举。

简而言之,在古代和中世纪社会,虽然早已存在权利观念,包括社会权,但是,总体而言还是处于萌芽期,和现代意义上的权利观念相去甚远。第一,缺乏独立的权利概念和体系。上述有关权利的观点,要么以正义的要求出现,要么体现在宗教的教义中,侧重于从道德、宗教层面关注社会弱者的社会经济利益,显然,这种"淹没于道德及宗教义务之中"的权利观念,不但导致国家缺乏主动采取措施保护弱势群体利益的义务和要求,而且也致使所谓的个人"权利"很难直接转化为法律制度;第二,在国家和社会关系上,古代权利观念建立在(国家)权力本位之上。例如,古希腊的正义观,对个人道德和政治伦理的要求是为了促进政治共同体的善,而并不是为了实现个人的幸福生活。尽管如此,上述有关正义、人的尊严等观念的兴起,对社会权作为人权的最终形成无疑产生了深远的影响。

(二)近代社会:公民社会权利的形成

传统观点认为,近代权利的发展主要侧重于对公民权利的保护和尊重,旨在通过自然法思想、天赋人权和社会契约理论确保公民权利神圣不可侵犯,政府只有尊重和保护公民财产、人生、自由等权利才具有合法性基础。例如,霍布斯一方面强调国家的重要性,"人类的事情绝不可能没有一点毛病,而任何政府形式可能对全体人民普遍发生的最大不利跟伴随内战而来的惨状和可怕的灾难相比起来或跟那种无人的统治,没有服从法律与强制力量以约束其人民的掠夺与复仇之手的紊乱状况比较起来,简直是小巫见大巫了"②;另一方面,又将国家权力仅局限在保护社会成员自然权利方面,"利维坦是一个警察,而不是一个导师。它尽管凶悍无比,尽显专制,却又能让人民拥有公平合理的机会去完善自我,而不是让权力之剑又披上自以为是文明的外衣,或是打着其他的招牌来改造人民"③。换言之,国家的主要任务不是为公民积极谋取福利或公共福祉,相反,是保护政治共同体成员的人身

---

① 李世安:《美国人权政策的历史考察》,河北人民出版社 2001 年版,第 20 页。

② Brown, I. *English Political Theory*, London: Methuen & Co, Ltd, 1920, pp. 49—50.

③ Ibid, p. 50.

安全、人身自由和私有财产，抵御来自政治共同体内部和外部的任何暴力侵犯和侵略。"除了保障他们对付自身和对付外敌所需的安全外，不再向前迈一步。"①但是，在自由权利大行其道时，现代社会权理念也开始悄然形成，甚至被视为第二代人权，并最终被很多国家的法律和宪法所认可。对此，唐纳利曾经有过详细的论述，在自由主义传统中，关于权利本质的消极的自由主义观点，一开始就是个人权利的自由概念的内在组成部分。从左翼的 C. B. 麦克弗森到右翼的列奥·施特劳斯，无不存在这种"习惯性或最低限度主义"的看法。但是，我们也不能忘记，在自由传统中还存在另一流派，它所依据的是另一种更为广泛、更加精细、更加清晰，而且也更加可辩护的社会观——"激进的或社会民主的"自由观。如果仅仅认为"他们拥有财产权和消极的公民权利及政治权利，这种看法可能意味着这种自由的传统与国际承认的人权的要求是根本不相容的，但是，我却坚持认为，这种看法是对于自由传统的片面的和严重歪曲的描述"②。弗里德里希在论及社会权利时也指出，这些在 20 世纪变得十分突出的权利，事实上有些在早些时候已出现在其他"自然"权利中。③ 显然，按照唐纳利所言，我们完全可以在自由主义传统中找到社会权利观念的某些真知灼见。我们认为，近代自由主义传统里，确实包含了很多作为人权的社会权理念，其中，即使以自由主义著称的主要代表者洛克和潘恩，其自然权利观念中也都包含了丰富的社会权思想。

洛克认为，"生命权、自由权和财产权"奠定了现代自然自由权的基石，但是，在这一核心思想体系里同样包含了一系列积极权利观点。

第一，自然权利中蕴含着社会权的可能性。自然权利是洛克思想体系中的核心概念。其在《政府论（下）》开篇就强调，人自然地处于"一种完备无缺的自由状态"，每个人都有自由和平等的自然权利。据此，很多人将其视为个人自由主义的传统，事实上，对平等的强调本身就包含了社会权利生成的可能性，而且这恰恰是理解洛克自由思想的精要之处。"我认为，对于平等、自主和自然权利的这三重信奉——而不是强调激进的个人主义、私有财产和消

① ［德］威廉·冯·洪堡著，林荣远、冯兴元译：《论国家的作用》，中国社会科学出版社 1998 年版，第 54 页。
② ［美］杰克·唐纳利著，王浦劬、张文成、燕继荣等译：《普遍人权的理论与实践》，中国社会科学出版社 2001 年版，第 100 页。
③ ［美］卡尔·J. 弗里德里希著，周勇、王丽芝等译：《超验正义——宪政的宗教之维》，生活·读书·新知三联书店 1997 年版，第 97 页。

极的公民和政治权利的习惯观念——是从洛克到今天研究人权的自由途径的本质。"①

第二，社会的生存是根本的自然法。诚然，洛克一再强调，"人一出生即享有生存权利"，"根本的、神圣的和不可变更的自卫法，他们为了自卫才加入社会的"，但是，按照唐纳利所言，个人的自我生存并不是洛克理论的核心。因为自我生存不可能单独出现，相反，它是在与使全人类生存的权利和责任的联系中出现的。对社会的强调一直是洛克思想体系的重要组成部分。"在《政府论》下篇中，涉及全人类生存的内容至少与涉及个人自我生存的内容一样多"②，而且，在他看来，全人类或社会的生存才是根本的自然法。"使大家遵守旨在维护和平和保卫人类的自然法"，"根本的自然法既然要尽可能保护一切人类，那么如果没有足够的东西可以满足双方的要求，即赔偿征服者的损失和照顾儿女们的生活所需时，富足有余的人应该减少他获得充分满足的要求，让那些不是如此就会受到死亡威胁的人取得他们迫切和优先的权利"③。显然，洛克认为，对自我的保护虽然被赋予了很高的地位，但是，对全体社会的保护同样被赋予了重要地位。因为对他来说，个人也是人类自然共同体的组成部分，除了自然状态以外，个人也是一名社会成员、一个公民。正因如此，洛克并不主张牺牲社会以服从个人，而是希望在其中找到合适的平衡点。

第三，否认财产积累的无限性。一般认为，自由主义者支持激进的、以财产为基础的个人主义，他们不仅主张个人财产积累权不受限制，还赋予其特殊的地位。在洛克的思想中，财产权不仅是基本的自然权利，而且"政治权利就是为了规定和保护财产而制定的法律的权利"④，"政治社会的首要目的是保护财产"⑤，"人们联合成为国家和置身于政府之下的重大的和主要的目的，是保护他们的财产"⑥，但是，在财产权的积累问题上却并不主张"不受限制"（即使有的时候洛克的确主张过无限积累，那也是建立在资源丰富的基础上

---

① ［美］杰克·唐纳利著，王浦劬、张文成、燕继荣等译：《普遍人权的理论与实践》，中国社会科学出版社 2001 年版，第 101 页。

② 同上，第 102 页。

③ ［英］洛克著，叶启芳、瞿菊农译：《政府论（下篇）》，商务印书馆 1996 年版，第 113—114 页。

④ 同上，第 4 页。

⑤ 同上，第 53 页。

⑥ 同上，第 77 页。

的）。因为一旦财产权的积累侵犯了自然法限度内的自由和平等，威胁到无产者的实际存在，即使其符合损害的限度，利用足够的限度，也必须加以限制。"当无限积累威胁到其他人的实际生活时——如同工业化初期的英国那样，如同今天富裕的西方在没有国家干预的情况下再次出现的那样，也如同17世纪的英国极贫阶层曾经遭受的那样，洛克看来不仅主张允许而且实际要求采取针对性的政治行动（即限制积累），即使这种积累符合利用和损害的限度。"①而且，洛克的这一自由主义传统经过潘恩到诸如罗尔斯和德沃金这样的理论家，体现在当代社会民主福利国家中。

第四，承认权利实现的"积极性"。"消极权利"和"积极权利"一直被认为是划分自由权和社会权的主要依据之一。事实上，很多古典自由主义者的确在很大程度上是在消极意义角度理解自由的，例如，霍布斯基本上在完全否定的意义上把自由定义为没有限制。相对霍布斯而言，洛克对自由的看法要全面得多，它一方面强调自由的消极意义——政府不能毁灭、奴役或掠夺公民，而且除了特殊情况之外，也不能干预公民的生命、自由和财产；另一方面，又在一定程度上赋予自由"积极"的内涵。在他看来，自然法和民法的限制是自由的构成内容，而不是对于自由的限制。他在《政府论》的"论奴役"篇一开始就说："自由并非像罗伯特·菲尔麦爵士所告诉我们的那样：'各人乐意怎么样做就怎么样做，高兴怎么样生活就怎么样生活，而不受任何法律束缚的那种自由。'处在政府之下的人们的自由，应有长期有效的规则作为生活的准则，这种规则为社会一切成员所共同遵守，并由社会所建立的立法机关所制定。"②当论及法律的意义时他也有类似的观点："单单为了使我们不至于堕下泥坑和悬崖而做的防范，就不应称为限制。"法律按其真正的含义而言，与其说是限制还不如说是指导自由而有智慧的人去追求他的正当利益，它并不在受法律约束的人们的一般福利之外做出规定。法律的目的不是废除或限制自由，而是保护和扩大自由。③

实际上，洛克虽然非常重视生命权、自由权和财产权，但是，他自始至终都没有将"经济和社会的权利"排除在人权范围之外。没有任何理论依据表

---

① ［美］杰克·唐纳利著，王浦劬、张文成、燕继荣等译：《普遍人权的理论与实践》，中国社会科学出版社2001年版，第107页。

② ［英］洛克著，叶启芳、瞿菊农译：《政府论（下篇）》，商务印书馆1996年版，第16页。

③ 同上，第35—36页。

明洛克对自由和平等的理解局限在"公民和政治权利"的范围之内，相反，当他将财产权置于自然权利范畴时，就意味着不可能再把其他经济和社会权利关在人权的大门之外。正如唐纳利论述的那样，"如果我们承认自由具有重要的积极内容，也就是说，自由不仅没有限制，而且是选择一种生活方式的真正机会，那么，就建立真正的自由的物质前提而言，经济和社会权利可能是至关重要的，对于无产者来说，尤其是如此。同样，如果平等被理解为具有实质性的积极内容，经济和社会权利可能也同样如此"①。以工作权为例，保护好生命权和自由权免受威胁的最好方式可能是工作权，因为工作权至少可以确保某些最低限度的经济自主和平等。

潘恩是对美国和法国革命时期的政治思想产生深刻影响的思想家，其主要代表作主要有《常识》《人权论》和《理性时代》，其中，《人权论》最具影响力，一度被英国宣布为禁书。《人权论》一方面驳斥了英国的埃德蒙·伯克对法国革命的攻击和诬蔑，高度肯定了《人权宣言》中的天赋人权思想："人人生而平等，每一代人同前一代人在权利上也是平等的；自由是不可让与的权利；个人喜欢持有的见解是天赋的权利，国家无权对他迫害或处罚。"②另一方面，该书又超越了当时大部分启蒙思想家将权利局限在自由权范围内的理解，呼吁普及公费教育，设立儿童津贴和养老金，采取为失业者安排有工资的工作的公共措施，以及通过征收累进税为这些措施筹集资金。为此，他专门提出社会改革的方案，方案内容主要包括：第一，废除两百万济贫税；第二，为二十五万贫苦家庭提供赡养金；第三，使一百零三万儿童受教育；第四，为十四万老年人提供保障舒适生活的赡养金；第五，给五万婴儿每人赠送二十先令；第六，给两万对新婚夫妇每对赠送二十先令；第七，以两万英镑作为外出谋生、在远离亲友的地方死去的人的安葬费；第八，为伦敦和威斯敏斯特等大城市的无业游民随时提供就业机会。③ 而且，潘恩在不同场合下一再强调，自己呼吁的这些改革，不是政府的施舍，而是公民应得的权利，是正义使然。

由此可见，潘恩的人权思想既是古典自由主义思想的继续，也标志着作

---

① ［美］杰克·唐纳利著，王浦劬、张文成、燕继荣等译：《普遍人权的理论与实践》，中国社会科学出版社2001年版，第115页。

② ［法］托马斯·潘恩著，马清槐等译：《潘恩选集》，商务印书馆1982年版，"出版说明"，第2页。

③ 同上，第313页。

为"第二代人权"的社会权利开始正式进入主流自由主义理论讨论范畴。虽然"直到一个世纪以后,在自由主义实践的主流中才牢固确立了积极的经济和社会权利,但是,早在18世纪中叶革命的社会主义政党问世之前,争取这些权利的斗争就已经成了激进自由主义的组成部分"①。

第二节 社会权利的基本属性

社会权利的基本属性是社会权利固有的规定性,是其区别于自由权的本质特征。准确理解、把握社会权利的基本属性,不仅有利于把握社会权利的内涵,而且还能正确认识它在人权体系中的地位。

一、社会权利的积极属性

就单个概念形成而言,消极自由最早源于霍布斯,积极自由为格林所提出。但是,真正将两者放在一起并加以区分的则是英国人伯林。② 在他看来,消极自由是"免于……的自由",旨在回答"主体(一个人或人的群体)被允许或必须被允许不受别人干涉地做他有能力做的事、成为他愿意成为的人的那个领域是什么"。积极自由是"去做……的自由",为了回应"什么东西或什么人,是决定某人做这个、成为这样而不是做那个、成为那样的那种控制或干涉的根源"。③ 在这里,消极自由与积极自由是相对于消极权利与积极权利而言的,其实质就是消极权利与积极权利。可见,积极权利与消极权利不管是在实现主体上,还是价值取向上,都存在显著的差异。"消极权利禁止政府行为,并将它拒之门外;积极权利需要并盛情邀请政府。前者需要公职人员踊跃而行,而后者需要公职人员雷厉风行。消极权利的特点是保护自由,积极权利的特点是促进平等。"④

按照这一标准,社会权利应该属于积极权利的范畴,离不开国家的主动

---

① [美]杰克·唐纳利著,王浦劬、张文成、燕继荣等译:《普遍人权的理论与实践》,中国社会科学出版社2001年版,第31页。
② 也有人认为贡斯当的"古代人自由"与"现代人自由"对应的就是积极自由与消极自由。
③ [英]以赛亚·伯林著,胡传胜译:《自由论》,译林出版社2003年版,第189页。
④ [美]史蒂芬·霍尔姆斯、凯斯·R.桑斯坦著,毕竞悦译:《权利的成本——为什么自由依赖于税》,北京大学出版社2004年版,第26页。

"干预"。例如,李步云教授在划分权利时明确指出,权利可以分为两种,第一种我们称之为"消极"的权利,即要求国家与社会消极"不作为",以保障包括生命权、人身自由权、选举与被选举权、言论自由权在内的人身人格权利及政治权利不被剥夺或受侵害;第二种我们称之为"积极"的权利,即要求国家和社会积极"作为",主动干预,以推动包括就业权、休息权和社会福利权在内的经济、文化、社会权利的实现。①

可见,划分积极权利和消极权利的主要标准是义务相对人的行为方式。②那么,如何理解国家在社会权利中的义务呢?③ 经济、社会和文化权利委员会在《第 19 号一般性意见:社会保障的权利》中明确指出,缔约国在社会保障中有三种义务:尊重的义务、保护的义务以及实现的义务。尊重的义务要求缔约国不得直接或间接地干预社会保障权利的享有。除其他外,这项义务还包括不得参与以下的做法或活动:限制或者不准平等享有适当的社会保障;任意或无理干预用于社会保障的互助性的或习俗的或传统的安排;任意或无理干预个人或法人团体为提供社会保障而设立的机构。④ 也就是说,国家必须尊重个人拥有的资源、个人寻找喜欢的工作的自由、采取必要行动和利用必要资源的自由——单独或与他人一起——以满足个人的需要。这就意味着国家必须尊重公民通过个人、家庭、社会等方式来获得资源的权利,公民有权利选择获得社会资源的方式和路径。国家尊重的义务,不仅对个人适用,对集体或群体更加适用。保护的义务要求缔约国防止第三方以任何方式干预社会保障权利的享有。第三方包括:个人、团体、公司和其他实体以及属于其管辖的代理人。除其他外,这项义务包括:制定必要的和有效的立法和其他措施,以便禁止第三方阻碍有关人员享有同等机会参加由他们或他人经管的社会保障计划,以及规定不合理的参加条件;禁止第三方任意或无理干预符合社会保障权利的互助性的或习俗的或传统的安排;监督第三方将法律规定

---

① 李步云:《论个人人权与集体人权》,《中国社会科学院研究生院学报》1994 年第 6 期。

② 我国学界还有一种划分,即以权利主体的行为方式为依据,将权利主体本人以作为方式行使的权利称为"积极权利",而将权利主体以不作为方式行使的权利称为"消极权利"。(董保华等:《社会法原论》,中国政法大学出版社 2001 年版,第 176 页。)

③ 除了国家是社会权利的义务主体外,还应该包括第三人和权利主体自身。对于第三人而言,积极义务主要是纳税义务和忍受财产的公益征收义务。对于自身而言,我们可以在国际条约中窥见一斑。《发展权利宣言》第 2 条规定,"个人是一切经济和社会发展的积极参与者和受益者",联合国大会 41/128 号决议(1984 年 12 月 4 日)也规定,人是发展的主体,一切人对个别或集体发展负责。

④ 参见经济、社会及文化权利委员会:《第 19 号一般性意见:社会保障的权利》,第 44 段。

为雇员或其他受益者交纳的保费转入社会保障制度的账户。如果社会保障计划(无论是缴费性还是非缴费性的)是由第三方经管和控制的,缔约国必须负责管理国家社会保障制度并且确保私人行为者不会损害平等的、适当的、可负担的和可及的社会保障。为了防止这种滥用职权的行为,必须建立一种有效的监管制度,其中应当包括:框架立法、独立监测、真正的公众参与以及对于违规行为的惩罚措施。换言之,国家主要保护行动自由和自己使用资源的自由,以防止更强大、更具扩张性的主体——更强大的经济利益团体——妨碍这种自由,确保免受欺诈、在贸易和契约关系中免于不道德行为的影响、免受有害或危险产品的交易和倾斜的影响。在这里,国家的保护义务不仅体现在制度保障上,更重要的是当社会权利受到侵害时,它为权利救济提供了法律路径。① 实现的义务要求缔约国采取必要的措施,其中包括实施旨在完全实现社会保障权利的社会保障计划。实现的义务可细分为促进、推动和提供三方面。促进的义务要求缔约国采取积极措施,帮助个人和社区享有社会保障权利。除其他外,这项义务还包括:在国家政治和法律制度内充分承认这项权利,最好是通过立法实现这项权利;采用国家社会保障战略和行动计划以实现这项权利;确保为所有人提供适当的和可及的社会保障制度,为社会风险和突发事件提供保障。如《经济、社会和文化权利国际公约》第十一条规定:"充分利用科技知识、传播营养原则的知识和发展或改革土地制度,以使天然资源得到最有效的开发和利用,改进粮食的生产、保存及分配方法。"推动的义务要求缔约国采取措施,以便确保在参加社会保障计划方面进行适当的教育和宣传,特别是在农村地区和城市贫困地区以及对在语言和其他方面处于少数地位的人进行教育和宣传。在个人和群体因为合理超出其控制的原因而无法依靠本身力量在现有的社会保障制度中实现自己的权利时,缔约国有义务提供社会保障权利。缔约国需要制订非缴费性计划或采取其他社会援助措施,以便为那些没有能力交纳足够保费的个人和群体提供帮助。应该特别注意确保:在发生自然灾害、武装冲突和农作物歉收等紧急状况之时以及之后,社会保障制度能够做出反应。即使在来自税收和/或受益人保费的社会保障经费十分有限的情况下,社会保障计划也必须顾及处于不利地

① [挪]A.艾德:《作为人权的经济、社会和文化权利》,[挪]A.艾德、C.克洛斯、A.罗萨斯主编,中国人权研究会组织译:《经济、社会和文化权利教程教程(修订第二版)》,四川出版集团四川人民出版社2004年版,第8—24页。

位的和被边缘化的群体。可以发展低成本和替代性计划，以便立即帮助无法享受社会保障的人，虽然目标应该是将这些人纳入正常的社会保障计划。可以制定政策和立法框架，以便逐步吸收在非正规经济部门中或通常被排除在社会保障体系以外的人。如《世界人权宣言》第二十五条规定："人人有权享受维持他本人和家属的健康和福利所需的生活水准，包括食物、衣着、住房、医疗和必要的社会服务；在遭到失业、疾病、残疾、守寡、衰老或在其他不能控制的情况下丧失谋生能力时，有权享受保障。"

但是，社会权利的积极权利属性一直受到来自两个方面的质疑。一个是对社会权法律地位进行质疑。正如荷兰学者费尔多格所言，非常遗憾，《经济、社会和文化权利国际公约》中使用的权利标题是不当的，因为社会、经济权利和文化权利与传统国际法和实践中的个人权利概念分属两个不同的权利类别，通常只在道德和政治意义上使用，不能被视为国际法中真正的权利。① 另一个是不承认积极权利与消极权利的划分。唐纳利在论述积极权利时指出，积极自由和消极自由的划分是一种严重的误导。首先，消极权利离不开积极自由。不受虐待的权利通常被看成原型的消极权利：它所要求的不过是国家不要侵犯个人的自由和身体完整。但是，要确保这种侵犯不会发生（以及把这种消极权利作为一种政治实践予以保证），在几乎所有情况下都要求重要的"积极"计划，它包括训练、监督和控制警察及安全部队。在许多国家，这不仅花费极其昂贵，而且如果不改变政权，在政治上是不可能的。在任何情况下，要使人民免受虐待，都要国家做出重要的积极努力。"从法律的救济角度而言，所有的权利都是积极的权利，所有的权利都需要政府给予积极的回应，也都有赖于政府承担积极的保护义务。"② 其次，积极自由里也包含了消极成分。一项权利相对积极还是相对消极，通常取决于特定历史环境。比如，在堪萨斯的麦地里，食物权完全是一项消极权利，但是，在瓦兹或东洛杉矶，它则是相当积极的权利。在斯德哥尔摩，不受虐待的权利基本上是一项消极权利，但是，在南布朗上，它则多少是比较积极的权利；在阿根廷，20 世纪 70 年代后期，它是非常积极的权利，而在今天，它更接近于是

---

① Vierdag, E. *The Legal Nature of the Rights Granted by the International Covenant on Economic, Social and Political Rights*, IX Nether-ands Yearbook of International Law, 1978(67), p.103.

② [美]史蒂芬·霍尔姆斯、凯斯·R.桑斯坦著，毕竞悦译：《权利的成本——为什么自由依赖于税》，北京大学出版社 2004 年版，第 64 页。

一项消极权利。① 艾德也认为,社会权利的国家积极作为性质实际上只有站在第三种义务类型上才成立。我国学者也持相同观点:"积极权利和消极权利之间的界线并不是绝对的。任何一种权利,都可能同时具备消极和积极两个面向,均可要求国家及政府一定的作为或不作为。将积极作为救济权的主要面向,也并不一定意味着其不具有某些消极面向。在多数情况下,救济权要求国家积极的给付行为,但从消极的面向而言,救济权也意味着禁止国家有意地侵犯公民已经获得的救济权益。"②

实际上,积极权利有广义和狭义之分,狭义的社会权利主要指国家对个人负有直接的、实体的积极作为的义务,是指社会保障方面的作为义务。广义的积极权利除了包括狭义的积极权利,还包括获得国家保护的权利,也称为派生的受益权或间接受益权。③ 质疑积极权利是社会权利区别于自由权利的内在属性的观点,本质上混淆了两种不同积极权利的外延。我国台湾学者陈宜中在回应积极权利属性时指出,有些学者混淆了"消极权利"和"消极权利保障"两个概念,在概念上,消极权利"要求他人在某些方面无所作为"(如不杀、不偷、不抢),并未施加任何积极义务。然而,当吾人要求国家公权力对某项消极权利(如不被抢、不被杀)进行保护或保障时,此项"消极权利之保障"(如建立治安体系)则非吾人之消极权利。换句话说,"消极权利"与"积极权利"的概念区分是可以成立的,"消极权利之保障"必须被理解成一种施加于国家及第三人某些积极义务之积极权利,而不是一种要求国家及第三人无所作为的消极权利。④

二、社会权利道德属性

(一)对公民社会权利人权属性的否定之否定

"不是所有的权利都来自这种明确的法律和规定的规章。有许多情况

---

① [美]杰克·唐纳利著,王浦劬、张文成、燕继荣等译:《普遍人权的理论与实践》,中国社会科学出版社 2001 年版,第 32—33 页。

② 龚向和:《论社会经济权利的可诉性——国际法与宪法视角透析》,《环球法律评论》2008 年第 3 期。

③ Robert Alexy. *A Theory of Constitutional Rights*, translated by Julian Rivers, Oxford: Oxford University Press, 2002, p.335.

④ 陈宜中:《国家应维护社会权吗?——评当代反社会权论者的几项看法》,《人文与社会科学集刊》第 15 卷第 2 期。

下,我们虽然知道没有赋予此种权利的法律或规章,我们却肯定,某人对某物拥有权利。很明显,这种说法言之有理,因而任何不能说明权利本质的理论,从根本上说是有缺陷的。"①

这里的权利"是一种先于或独立于任何法规或规章而存在的权利","是指一定社会道德体系所确认的人们道德行为的选择权和道德对待的要求权。如道德信念自由、道德行为选择自主、人格被尊重、良心不被亵渎、行为不被欺诈等权利"②,属于人权或道德权范畴。③ 那么,公民社会权利也是一种道德权利吗? 总体而言,大多数学者都认可公民社会权利的道德属性,但是,也有少数人持否定态度,克莱斯顿就是最典型的代表。他认为,生命、自由和财产是"普遍的、最高的和绝对的道德权利",但是经济和社会权利就没有这种普遍性和实践性,也没有最高的重要性,它属于不同的逻辑范畴,并不是真正的人权。

其实克莱斯顿的观点是经不起推敲的。他认为经济和社会权利涉及特定群体,并不是全人类,所以不具有人权的普遍性基础。事实上,有的政治权利也需要对特定群体进行限制,比如,选举权,只有达到一定的年龄,完成一定形式的注册公民,才具有投票权。

就最高性来说,经济、社会权利并不意味着没有公民和政治权利重要,相反,"否定经济、社会权利是对人性最严重对抗"。正如唐纳利所言,工作权可能与大多数的公民和政治权利同样重要,长期被迫失业的心理、生理和道德影响与剥夺一个人的言论自由同样严重。教育权与言论和信仰自由一样,对于有尊严的人来说同样重要。对于保护生命来说,食物权和健康权与公民和政治权利同样至关重要。④

就实践性而言,克莱斯顿同样否定经济社会的人权地位。他认为,一方面,"'政治权利'可以通过立法得到保障,经济和社会权利基本上不能仅仅通

---

① [美]J. 范伯格著,王守昌、戴栩译:《自由、权利和社会正义——现代社会哲学》,贵州人民出版社 1998 年版,第 91 页。

② 罗能生:《道德权利的存在依据及其在现代伦理学中的意义》,载《中国伦理学三十年——中国伦理学会第七次全国会员代表大会暨学术讨论会论文汇编》,2009 年。

③ 这里的人权主要是在道德权意义上使用的。"在人们共同称之为一般意义的道德权利中(即不依赖于法律或其他规定承认的权利),也有人称之为人权。"([美]J. 范伯格著,王守昌、戴栩译:《自由、权利和社会正义——现代社会哲学》,贵州人民出版社 1998 年版,第 92 页。)

④ [美]杰克·唐纳利著,王浦劬、张文成、燕继荣等译:《普遍人权的理论与实践》,中国社会科学出版社 2001 年版,第 31 页。

过立法来予以保护";另一方面,"把政治和公民权利转变为积极的权利并没有什么特殊的困难,而实现经济社会权利在大多数国家是绝对不可能的"。其实,正如唐纳利所言,无论公民权利和政治权利,还是经济权利和社会权利,仅仅通过立法都无法实现,如果离开了执法任何权利都将形同虚设。而事实证明,经济和社会权利的困境往往来自政治问题而不是物质问题。"饥饿和营养不良的广泛存在,不是由于物质匮乏,而是分配食物的政治决策造成的。"①

克莱斯顿对经济和社会权利的否定还在于其对两种权利不同属性的判断。在他看来,公民权利和政治权利是一种消极权利,而经济和社会权利则属于积极权利,对前者权利的伤害构成道德不正当,而对后者权利的伤害则与道德无关。对此,唐纳利予以一一驳斥,首先,"消极权利"和"积极权利"的划分是不准确的。所谓的消极权利,要求国家不要侵犯个人的自由和身体的完整,但是所有的消极权利都离不开国家的"积极"保护,如训练、监督和控制警察和安全部队。"在许多国家,这不仅费用极其昂贵,如果不改变政权,在政治上也是不可能的。在任何情况下,要使人民免受虐待,都要求国家做出重要的积极努力。相反,非常积极的食物权在许多情况下只要政府不作为就可以实现,例如,促进生产出口创汇粮食,政府如果不干预农业积极性,食物权就可以得到较好的实现。"②其次,公民权利和政治权利不存在实质性道德区别。唐纳利认为,我们不能将"作为"与"不作为"作为判断权利优先性的依据。为了说明这个问题,他做了一个形象的比喻,假如一个人不幸在荒岛上搁浅,而且既没有水也没有食物。一个路过的船只(船员)完全有能力救济他脱离死亡却视而不见,任其死去,这种"不作为"的杀害与直接杀死他并没有本质差别,都是对人权的严重侵犯。"杀害就是杀害,不管它是由直接伤害造成的,还是由没有提供一种好处造成的。"③

当然,否定克莱斯顿观点并不意味着公民社会权利具有道德属性或它就是道德权利,要想证明其道德属性还应该从权利本身出发。

(二)社会权利道德属性(人权属性)的证明

"人权常常被认为是不可剥夺的,这并不是说人们不能否定某些人对这

①②③ 〔美〕杰克·唐纳利著,王浦劬、张文成、燕继荣等译:《普遍人权的理论与实践》,中国社会科学出版社 2001 年版,第 32 页。

些权利的享用,因为每个压迫性政权都使人们疏离其人权,而是说如果丧失了这些权利,在道德上是不可能的:一个人不可能失去这些权利而过一种称得上是人的生活。"①关于什么是人权的道德属性有很多不同视角或证明方式(如直觉主义方式、制度主义视角、利益论视角、社会生物学视角),其中,直觉主义方式极具代表性,它把人拥有某些权利看成与生俱来的自然权利,它是不证自明的,它可以被人的直觉所把握和认可。例如,1776 年发表的美国《独立宣言》就昭示人们:"我们认为下面这些真理是不言而喻的:人人生而平等,造物主赋予他们若干不可剥夺的权利,其中包括生命权、自由权和追求幸福的权利。"②法国的《人权宣言》第一条也有明确的表述,"在权利方面,人们生来是而且始终是自由平等的",它们包括自由、财产、安全和反抗压迫。我们认为,权利的道德属性源自人性本身。

人性是什么? 有人说,"人是没有羽毛的两腿动物"(柏拉图),"人不过是一根芦苇"(帕斯卡尔),"人是一架机器"(拉美特利)。也有人从其他角度来解释和理解人与人性,如"政治人"(亚里士多德等)、"理性人"(康德、黑格尔等)、"神性人"(宗教神学)、"经济人"(自由主义经济学)、"道德人"(我国儒家思想)、"文化人"(卡西尔等)。上述人性观犯了一个共同的错误,即对人性的某一方面进行放大而无视人性的客观需要,加上他们没有充分认识到需要的内在"自由"本质,从而使得他们无法解释人性的道德内涵。唐纳利援引需求理论代表人物克里斯琴·贝的话说:"超越生存和安全来谈论任何经验上既定的需要,都是不成熟的。"如果我们转向别处,"需要"就获得一种隐喻或道德的意义。

首先,"需要"就是人的本性。马克思说:"他们的需要即他们的本性。""人们奋斗所争取的一切,都同他们的利益有关。"对于主体的权利要求来说,利益是最关键的,主体的外在行为虽然是主体意志自由的结果和表现,但最终是其利益需要决定的,利益是主体自由的内在驱动力。离开特定的利益追求的主体行为自由,只不过是空气震荡而已。可以这么说,在经济交往中,当事人所有权利的运用和行使无不与其一定的利益追求相联系,进而言之,所有的经济主体活动都是为了满足和实现自身的内在需要。

---

① [美]杰克·唐纳利著,王浦劬、张文成、燕继荣等译:《普遍人权的理论与实践》,中国社会科学出版社 2001 年版,第 15 页。

② 董云虎:《人权大宪章》,中共中央党校出版社 2010 年版,第 3 页。

其次,"需要"体现了主体的道德自律。人性需要,在社会关系中,通常表现为主体对客体的利益关系。而在社会主体的心理结构中,利益又常常表现为动机,表现为支配和调节主体外在行为的意识冲动和意志自由。因此,利益实际上意味着特定的主体在认识、分辨需要的基础上符合自我意志、自我追求的活动。而分辨需要过程,本身也是善恶选择的过程,是主体道德自律的过程。对此,唐纳利也有过精彩的论述:"人权并不是上帝、自然或者生活中的有形存在赋予的。人权代表着一种社会选择,它所选择的是有关人的潜能的一种特定的道德观,这种道德观的基础是关于有尊严的生活的最低限度要求的一种特定的本质性看法。人的潜能极具可变性,而且包含着善和恶;潜在的强奸犯和杀人犯与潜在的圣徒至少数量相当。在决定哪一种潜能将得以实现和如何实现方面,社会充当着关键角色。人权很大程度上阐明了这种选择将如何做出。"唐纳利的这段话隐含了两层意思,第一层意思在于说明"社会"在主体道德选择过程的制约作用,第二层意思则表明了道德权利的"自由"本质。在这里,所谓的"潜能"实际上体现了主体选择的可能性,体现了权利的道德自律,是"绝对自由意志"的产物。

最后,"需要"体现了人的自我价值。人作为社会主体,与动物的区别不仅在于自己的价值需要和利益追求是无限的,更在于人可以通过自己的实践活动来满足自己的需要和利益。而社会主体的需要和利益得到满足的过程,则是主体能动性、积极性和创造性充分发挥的过程。就在这一过程中,人开始认识到自身的价值和自身存在的意义,也正是在这一过程中,为了确认自身的价值,为了完善和发展自我,主体逐渐将需要和利益凝结为一定的权利意识。比如,当人类生产实践发展到一定阶段,主体首先萌发了人格和身份的需要。这一需要的重要性在人们生产活动中逐渐得到认同和强化,于是,它就开始演变成健康、姓名、肖像、名誉和荣誉等主体权利意识和要求(这一演变过程实质是对人性需要的进一步肯定以及对自身价值的充分认可)。总之,那种体现人的自我实现、自我完善,体现人的价值和尊严的需要是最为根本的,对这种需要的确证和满足是道德权利的应有之义,更确切地说,这种需要本身就属道德上应有的权利。[1]

"对马克思来说,进步意味着人的需要的满足。如果人是具有多种需要

---

[1] 余涌:《道德权利研究》,中央编译出版社 2001 年版。

的自然存在,那么人的完善(人的自由的实现)不能被认为是对于这些需要的一种克制或征服,而仅仅要被视为它们恰好构成了人的满足。"①在这里,人的需要既有生物性需要,更有非生物性需要,如精神需要、文化需要和道德需要等。"人不是为了生活而需要人权,而是为了一种有尊严的生活而需要人权。"②社会权利之所以属于道德权利范畴,不仅在于它对需要的满足,而在于它对有尊严需要的满足。

需要指出的是,马克思证明道德权利的方式之所以不同于以往的人性论或生物学视角,主要是因为他超越了"生物个体",将人的本质视为一切社会关系的总和,"权利永远不能超出社会的经济结构以及由经济结构所制约的社会的文化发展"。这也意味着,所有的道德权利的正当性绝不仅仅源于"绝对命令",同时还必须关照到他人和社会的需要,换言之,个人的需要要获得社会的"普遍承认","有道德的社会里,个人对行动自由的要求要根据普遍的社会利益,要负责地进行自我限制,而社会本身也支持他的要求"③。

(三)确立社会权利道德属性的价值

法律权利的价值地位是毋庸置疑的。但是,法律天然公平吗? 法律上规定的权利一定合理吗? 除了像边沁等极少数人赞同之外,大多数人都持否定态度,只不过在不同标准上存在分歧。自然法学派认为,理性是自然法的基础,理性的法则就是自然法,"人定法"来源于自然法,国家应当根据自然法的原则制定法律。良好的国家法律是遵守自然法的结果,违背自然法的法律是不配叫法律的,即"恶法非法"。由此可见,他们在法律之外设定一个自然法,并将其当作国家法律的渊源和价值评判标准,换言之,他们为实在法的存在找了一个形而上的根据和合理的基础。神学法学派认为,上帝既是宇宙的创造者,也是人类社会的创造者,它不仅是万能的,同时也是至善的,因此,上帝的意志是最高的善,人类的法律理应与其相一致,否则,只能是恶法而归于无效。哲理法学派则抬高人的自由意志,例如,在黑格尔看来,"法的基地一般

① [德]马克思、恩格斯著,中共中央马克思恩格斯列宁斯大林著作编译局译:《马克思恩格斯全集(第一卷)》,人民出版社 1995 年版,第 18 页。
② [美]杰克·唐纳利著,王浦劬、张文成、燕继荣等译:《普遍人权的理论与实践》,中国社会科学出版社 2001 年版,第 13 页。
③ [美]乔治·霍兰·萨拜因著,盛葵阳、崔妙因译:《政治学说史(下册)》,商务印书馆 1986 年版,第 801 页。

说来是精神的东西,所以自由就构成法的实体和规定性。至于法的体系是实现了自由的王国"。康德认为,法是以自由为依据的普遍法则,是一个人的自由可以和其他人的自由相共存的条件的总和。"法是这些条件的总和,在其中各个个体的意志根据自由的普遍法则能与他人的意志相协调。"可见,在哲理法学派看来,自由意志是其原则和开端。另外,还有人认为,法是民族精神的体现(萨维尼),法是社会连带关系(狄骥)以及社会利益关系(庞德),等等。

由此可见,道德权利旨在为法律权利提供正当性基础,它超越了存在的现实状况;它们甚少涉及人在已经实现意义上的状况,而更多地关注人可能怎么样生活,是一种被视为更深刻达到现实的可能性。① 密尔曾经明确指出,法律不是公正的最终标准,它有时候也会做公正所不容许的事情,从而侵害个人权利,在这种情况下,它侵害的主要是个人在道德上应得的东西——人的道德权利,而不是个人的法律权利。关于这一点,早在 2000 多年前亚里士多德就有论述:"法治应包含两重意义:已成立的法律获得普遍的服从,而大家所服从的法律又应该本身是制定得良好的法律。"②

现实中,一旦拒绝道德权利观念就会陷入严重的困境。当我们发现自己所珍惜的法律权利被从法律条款中取消时,即使这是通过有效的立法程序或政治程序进行的,我们也会强烈地加以反对。其理由可能就是,我们认为这些权利是"基本的",但这并不意味着它们"在法律上是基本的",因为从法律条款中被合法取消的权利就不再是法律权利,它们意味着存在独立的、非法律的权利。③

诚然,确立公民社会权的法律属性有利于为社会权提供制度保障,也是公民权实现的最直接的方式。问题是,由于社会权本身的复杂性加上人们的认知差异,很多时候公民的社会权无法完全通过法律路径来实现,这时候就需要确立起道德权观念。一方面,它能以非制度化方式发挥其调整社会关系的功能。诚如苏力所言,"我们即使承认制定法及与其相伴的国家机构活动是现代社会所必需的,我们也不能因此而误以为现代法治必定或总是要以制定法为中心。社会中的习惯、道德、惯例、风俗等社会规范,从来都是一个社

① [美]杰克·唐纳利著,王浦劬、张文成、燕继荣等译:《普遍人权的理论与实践》,中国社会科学出版社 2001 年版,第 14 页。
② [古希腊]亚里士多德著,吴寿彭译:《政治学》,商务印书馆 1997 年版,第 199 页。
③ [美]汤姆·L.彼彻姆著,雷克勤、郭夏娟、李兰芬等译:《哲学的伦理学——道德哲学引论》,中国社会科学出版社 1990 年版,第 279—280 页。

会的秩序和制度的一部分,因此也是其法治的构成部分,并且是不可缺少的部分"①;另一方面,它可以为社会权利的法律化提供价值理念。就制度经济学而言,"非正式制度是指人们在长期交往中自发形成并被人们无意识接受的价值道德规范、风俗文化习惯以及意识形态等内在行为规范"②。它往往为国家正式制度提供合法性基础,为国家制度提供信仰保障。从民间法来说,非制定法的规则体系往往为国家制定法提供了立法资源,因为任何立法一旦无视现实生活中生长出的法权要求和自觉规范,就可能导致权力任性或滋生一厢情愿的法律理想主义者。正如恩格斯在《论住宅问题》中所说:"在社会发展某个很早的阶段,产生了这样一种需要:把每天重复着的产品生产、分配和交换用一个共同规则约束起来,借以使个人服从生产和交换的共同条件。这个规则首先表现为习惯,后来便成了法律。"③

---

① 苏力:《道路通向城市——转型中国的法治》,法律出版社 2004 年版,第 27 页。
② 黄毅:《对我国地方政府社会管理创新的理论考察》,《武汉科技大学学报》(社会科学版)2012 年第 6 期。
③ [德]马克思、恩格斯著,中共中央马克思恩格斯列宁斯大林著作编译局译:《马克思恩格斯全集(第三卷)》,人民出版社 1995 年版,第 57 页。

第二章　福利意识形态:社会权利 实现的价值选择

　　社会权理论为现代社会保障理论和实践提供了理论根据和正当性标准，但是，"社会权利不是无条件的，而是有条件的"，不同国家的社会保障制度模式和特点，往往与它们对待社会权利的态度和立场有关。可以说，社会保障及其不同模式是由追求正义的道德情感、市场制度的变迁、社会心理和政治权力等现实因素共同塑造的。[①]　其中，意识形态"是对社会福利制度构建和实施、社会福利对象的确定和帮助等具有直接影响的价值观和理念，是社会政策制定的指导思想"[②]。

第一节　意识形态和福利意识形态

一、意识形态的基本用法

　　"意识形态"一直是近代西方哲学中一个重要的概念，同时也是一个颇受争议的概念。因此，有必要对意识形态的基本用法进行简单的梳理。

　　有学者研究认为，弗兰西斯·培根的"四假相说"是意识形态概念的先导。[③]　但是，最早提出"意识形态"一词的则是法国人特拉西。他认为，意识形态是一个肯定性概念，意指一门研究观念的科学，目的是将其与宗教神学、经院哲学的种种谬误区分开，以便于研究认识的起源、认识的界限及认识的可

---

① 汪行福:《分配正义与社会保障》,上海财经大学出版社 2003 年版,第 203 页。
② 周沛:《社会福利体系研究》,中国劳动社会保障出版社 2007 年版,第 13 页。
③ 俞吾金:《意识形态论》,上海人民出版社 1993 年版,第 15 页。

靠性。"我宁愿采用'意识形态'的名字，或者应该用意识科学。它是一个恰当的名字，因为它没有隐藏任何怀疑未知的东西；它的确没有给思想带来任何原因意识。它的含义对所有的人都是非常明晰的，只要认识法语'观念'一词，每个人都知道'意识'的含义，尽管很少有人知道它的真实含义到底是什么。这是一个恰当的名字，因为'意识形态'是意识科学的文字转变。"①

显然，在当时的社会环境下，意识形态带有浓厚的理性进步主义色彩，然而，作为一门学科，它的发展却远非特拉西所想。拿破仑在总结兵败俄国②时就把矛头指向意识形态，认为其脱离了真实的实践经验，是模糊不清的形而上学。"我们美好的法国所遭受的病患应归罪于 Ideology，那种虚幻的形而上学，它晦涩地寻求民众立法基础的初始推动力，而不是去利用人类心灵和历史教训所知晓的规律。这些错误不可避免地，而且在事实上，导致了嗜血人物的统治。……如果有人得到召唤来重振一个国家，他必须采取绝对相反的原则。"③

意识形态的批判性内涵到了马克思那里得到进一步发展。在他看来，任何统治阶级为了掩饰真实的阶级剥削关系，维护自己的统治地位，往往借助意识形态来宣传将自己的利益说成普遍的利益来。"每一个力图取得统治的阶级，即使它的统治要求消灭整个旧的社会形式和一切统治，就像无产阶级那样，都必须首先夺取政权，以便把自己的利益说成是普遍的利益，而这是它在初期不得不如此做的。"④实际上，马克思一方面在"虚假的意识"上使用意识形态，另一方面也在"观念的上层建筑"使用意识形态。⑤ 在他看来，意识形态不仅是现有经济关系观念的表现，而且其本身就是现存统治关系的组成部分。"支配着物质生产资料的阶级，同时也支配着精神生产资料，因此，那些没有精神生产资料的人的思想，一般是隶属于这个阶级的。占统治地位的思想不过是占统治地位的物质关系在观念上的表现，只不过是以思想的形式表现出来的占统治地位的物质关系；这就是那些使某一阶级成为统治阶级的关

---

① 张秀琴：《马克思意识形态理论的当代阐释》，中国社会科学出版社 2005 年版，第 2 页。

② 俄国，今俄罗斯。

③ ［美］约翰·B.汤普森著，高铦、文湟、高戈译：《意识形态与现代文化》，译林出版社 2005 年版，第 34 页。

④ ［德］马克思、恩格斯著，中共中央马克思恩格斯列宁斯大林著作编译局译：《马克思恩格斯全集（第一卷）》，人民出版社 1995 年版，第 84—85 页。

⑤ 杨生平：《关于意识形态概念的理解问题》，《哲学研究》1997 年第 9 期。

系在观念上的表现，因而这也就是这个阶级的统治的思想。"①马克思对意识形态的不同使用，对后世的影响非常深远，直接导致了到现在为止一直存在的两种价值体系并存的现状。从此以后，意识形态基本沿着这两个维度展开，继而还延伸出褒义的意识形态。"大体说来，'意识形态'这个词在使用时主要有三种含义：描述性的、贬义的和褒义的。用它进行描述时，意识形态是一个中性的概念，它不对现实做误导性描述，而且反映社会群体通过它们在社会结构中所处的地位了解到的客观现实。因此，每个群体都有用于指导其成员在现实世界中思考和行动的意识形态。把'意识形态'作为贬义词处理时，认为它曲解了社会行为者同现实世界的关系，令人产生错觉，从而掩盖了统治体系所产生的矛盾。而把'意识形态'作为褒义词对待时，认为它是为实现某一目标而采取集体行动的'驱动力'。"②

"中性化"的意识形态意指"社会哲学或政治哲学的一种形式。其中实践的因素与理论的因素具有同等重要的地位；它是一种观念体系，旨在解释世界并改造世界"③。一般认为，曼海姆是中性意识形态的代表者，他的《意识形态与乌托邦》一书不但使得意识形态概念重新被学者所重视，也使意识形态在"中性"意义的使用上获得了前所未有的发展。曼海姆认为，意识形态有两个不同含义，一个是特殊的概念，一个是总体的概念。前者主要指某个特定阶级或群体所有的意识形态，是某特定群体对社会生活或政治经济问题所持有的观念、主张，而基于其特定群体的特殊利益，其观念主张不免歪曲真实的情况，包含有意识的欺骗到半意识到无意识的掩饰。后者则属于所有社会群体共有的意识形态，它反映的是一个时代的世界观或某一社会的历史情境。它们两者虽然有别，却都是社会环境的产物，都是人类社会群体在现实生活环境中，面对有威胁性的各种生活风险事件时，为降低其威胁性或环境的不确定性而产生的世界观或特殊的价值信念体系。"随着意识形态总体概念一般结构的出现，意识形态的简单理论就发展成了知识社会学。"④知识社会学把所有知识看作意识形态，继而将其与党派和阶级相分离，从而实现价值的

---

① ［德］马克思、恩格斯著，中共中央马克思恩格斯列宁斯大林著作编译局译：《马克思恩格斯全集(第一卷)》，人民出版社1995年版，第98页。

② ［美］丹尼斯·K.姆贝著，陈德民、陶庆、薛梅译：《组织中的传播和权力：话语、意识形态和统治》，中国社会科学出版社2000年版，第82页。

③ 《简明大不列颠百科全书》(第9卷)，中国大百科全书出版社1986年版，第101—102页。

④ Karl Mannheim. *Ideology and Utopia*, London: Routledge & Kegan Paul, 1936, p.69.

中立化。显然，曼海姆对意识形态的探讨虽然并未能摆脱马克思赋予"意识形态"的贬义，但是，总体上，他倾向于试图发展中性"意识形态"概念。

第二代马克思主义者主要是从褒义或肯定意义上使用意识形态的。从列宁到卢卡奇、柯尔施和葛兰西都没有简单地对意识形态持批判的态度，或将其简单归结为虚假意识。相反，他们对意识形态概念的理解和使用大多带有肯定含义。在他们看来，意识形态不管在阶级社会还是在发展时期都发挥着重要的作用，它通过发挥其激励、整合功能为社会提供共同的精神家园。只不过他们关注的方式各有不同。例如，卢卡奇从物化和物化意识入手，认为无产阶级革命离不开无产阶级意识；柯尔施从马克思主义与哲学的关系入手，论证了意识形态在革命中的重要地位；葛兰西从市民社会出发，强调无产阶级夺取意识形态领导权的重要意义。

作为第三代马克思主义阵营的法兰克福学派则主要继承了意识形态批判研究。他们反对实证主义社会学，认为它受资本主义意识形态的支配，以致仅强调经验的科学，以及仅发展成一描述性社会学。以哈贝马斯为例，他认为，随着社会的发展，科学技术"今天具有了双重职能，不仅是生产力，而且也是意识形态"[1]，它虽然不同于传统的政治意识形态，但同样具有辩护的功能。"毫无疑问，无论新的意识形态，还是旧的意识形态，都是用来阻挠人们议论社会基本问题的。从前，社会暴力直接为资本家和雇佣工人之间的关系奠定了基础。今天，是结构的条件确定了维护社会制度的任务，即确定私有经济的资本价值增值形式和确保群众忠诚的，分配社会补偿的政治形式。"[2]由于科学技术作为意识形态为不自由提供了合理性从而极具迷惑性，因此，对人类本身和整个社会的危害更大。为此，必须用科学技术的批判代替马克思的政治经济学批判。

对意识形态持批评研究态度的还有"意识形态终结论"者，主要代表人物有冷战时期的雷蒙·阿隆与丹尼尔·贝尔，以及20世纪后期的弗朗西斯·福山、塞缪尔·亨廷顿。综观他们的"意识形态终结论"思想，虽然他们所处的社会时代背景和具体着眼点不一样，但一个共同的特点是，他们并不是真正要终结意识形态，其真正目的在于彻底消解马克思主义意识形态，在世界范

---

[1] 魏宏森、曾国屏：《系统论——系统科学哲学》，清华大学出版社1995年版，第339页。

[2] ［德］哈贝马斯著，李黎、郭官义译：《作为"意识形态"的技术与科学》，学林出版社1994年版，第69—70页。

围内确立西方民主、自由的普适价值，是"资本主义意识形态向社会主义意识形态进攻的新的表现形式"①。"我想我们正生活在一个比以往任何时候都更意识形态化的世界上，只是在这个世界上有人试图把资本主义思想、帝国主义思想、新自由主义思想强加于人，恰恰是试图把一切与这种思想不同的思想从政治地图上抹掉。"②"意识形态终结论"的欺骗性在于不直接批判马克思主义，而是从极权主义入手，企图使马克思主义终结在道德上，从而获得认同，同时能在实践上得到证实。"只有政治上缺乏素养的和天真幼稚的人才会看不出'极权主义'一词与反社会主义意识形态斗争的联系。西方实在想不出比'极权主义'一词更好的用来对付苏联③的'心理战'工具了。"④

通过对意识形态用法的简要回顾和梳理，我们不难发现，社会意识形态从创用以来，一直没有形成统一的认识和看法，不同的学者和流派，总是根据自己的需要使用它。但是，作为社会科学中的一个核心范畴，意识形态却一直是分析社会问题或现象的有效工具。作为分析社会政策或社会权利的一种研究视角，社会意识形态一般都是在褒义和中性上被使用的，本书也不例外。"意识形态是具有符号意义的信仰观点的表达形式，它以表现、解释和评价现实世界的方法来形成、动员、指导、组织和证明一定行为模式和方式，并否定其他的一些行为模式和方式。"⑤

二、福利意识形态

在现有的文献中，至今为止尚未有对福利意识形态的统一概念。但是，有一点是可以肯定的，"社会福利意识形态，既和一般意义上的意识形态有关联，是社会福利思想观点体系中不可或缺的有机组成部分，又不简单等同于一般意义上的意识形态。"⑥而且，大部分学者主要取意识形态的中性概念，例

① 俞吾金：《意识形态论》，上海人民出版社 1993 年版，第 269 页。

② ［古巴］菲德尔·卡斯特罗著，王玫、邓兰珍、王洪勋等译：《全球化与现代资本主义》，社会科学文献出版社 2000 年版，第 144 页。

③ 苏联，今俄罗斯。

④ ［俄］科洛米采夫著、李国海译："'苏联极权主义'——反共的意识形态花招"，《国外社会科学文摘》1999 年第 7 期。

⑤ ［英］戴维·米勒、韦农·波格丹诺编，中国问题研究所、南亚发展研究中心、中国农村发展信托投资公司组织翻译：《布莱维尔政治学百科全书》，中国政法大学出版社 1992 年版。

⑥ 周沛：《社会福利体系研究》，中国劳动社会保障出版社 2007 年版，第 12—13 页。

如，英国学者汤姆·伯顿认为，福利意识形态观是一种关于需要、福利、国家和政策之间关系的相对系统的理论，它把诸如需要、正义、平等和自由等福利概念的抽象分析与具体的福利改革的政治措施有机联系起来了。[①] 麦克罗夫认为，意识形态应该是一些比价值更加持久而稳定的信念，比如利他主义与人道主义，个人主义与集体主义，平等与公平，信任和道德，等等。[②] 乔治和威尔定在其《意识形态与社会福利》中虽然并没有对意识形态一词的用法做任何说明，但是，从字里行间我们不难发现，他们将意识形态视为以若干核心的社会价值为表征的一套有组织的信仰或价值体系。[③] 我国台湾学者李明政在《意识形态与社会政策》一书中也是大体在"认知方式和价值偏好"含义上使用福利意识形态的，并且认为这种"认知方式和价值偏好是人类群体在生存过程中不断形成的一套象征体系"，具体表现为"能反映该群体社会生活的理想"以及"能抒发该群体现实生活的感受"。熊跃根在界定福利意识形态时，也将其视为"观念、思想与理论观点的集合"，是一个国家或社会中，有关政府、市场、社会组织及其个人等不同行动者在社会福利方面扮演的角色和应承担的责任、社会福利在社会中的位置与功用等各种观念、思想与理论观点的集合，它既是一种抽象理论，也是一种指导社会政策的具体行动准则。[④]

第二节　福利意识形态与社会福利

一、福利意识形态视角

福利意识形态作为一个概念最早出现于 20 世纪 70 年代，它与社会权利的实现或福利体系的形成休戚相关。按照科尔的说法，当代的各种社会政策主张，基本上可以视为资本主义或社会主义意识形态的衍生物。[⑤] 著名福利

①　Tom Burdon. *Social Policy and Welfare*: *A Clear Guide*, London: Pluto Press,1998.

②　大卫·麦克罗夫：《社会福利：结构与实施》，双叶书廊有限公司 2000 年版。

③　George Victor and Paul Wilding. *Ideology and Social Welfare*, London: Routledge & Kegan Paul plc, 1985.

④　熊跃根：《社会政策：理论与分析方法》，中国人民大学出版社 2009 年版，第 62 页。

⑤　李明政：《意识形态与社会政策》，鸿业实业文化有限公司 1998 年版，第 36 页。

研究者品克也认为，各种福利意识形态对于国家福利体系有着模塑作用[1]，其实，早在福利意识形态出现之前，社会政策的鼻祖蒂特马斯就已经指出，"在社会福利体系之内，人们无法逃避各种价值选择"，"以中立的价值立场讨论社会政策是没有意义的事情"。[2] 可见，意识形态直接影响、制约着社会福利制度的构建和实施，同时，它也为研究社会权利或社会福利提供了政治视角和社会哲学视角。但是，很多时候，意识形态在社会福利中的地位和作用并没有引起学界的普遍关注。

在现有的研究中，大致可以分为宏观类型法、基本价值法以及个案分析法几种类型。[3] 其中，宏观类型法是目前意识形态研究视角的主流。所谓的宏观类型法，主要是根据理想的规范、标准对社会福利类型进行横向或纵向归类，有的是将社会理论中各自的福利主张、观点进行归类，有的则将不同国家的福利体制进行归类（见表 2-1），如艾斯平-安德森的资本主义"三个世界"的划分。在众多的类型学研究中，虽然表面上存在很大的差异，但是，却有一个共同的特征，那就是他们总体上以意识形态为其划分标准，有的甚至直接以意识形态命名，例如，乔治和威尔定划分的反集体主义、牵强的集体主义、费边社会主义和马克思主义本身就是意识形态，有的则内含了意识形态的理念或其基本价值，例如，威伦斯基和勒博以及提特姆斯的划分，则主要体现了市场经济价值和社会价值之间的选择。正如品克评价提特姆斯的划分一样，提特姆斯关于社会政策的探讨都须在冲突的价值和目标之间做出选择，只不过这种划分过度简化了选择的困境，真实的困境不仅仅是自由经济市场价值与社会市场价值之间的问题，还包括混合经济市场价值。

表 2-1　几种主要的社会福利类型划分[4]

年　代	作　者	类　　型
1965	威伦斯基和勒博	1. 残补型；2. 制度型

[1]　Pinker, R. *The Idea of Welfare*, London: Heinemann, 1979.

[2]　[英]理查德·蒂特马斯著，江绍廉译：《蒂特马斯社会政策十讲》，吉林出版集团、北京汉阅传播 2011 年版，第 12 页。

[3]　基本价值法并不属于严格意义上的福利意识形态研究，只是抽取了意识形态中的价值理念。但是，由于价值理念是意识形态系统最为稳定和核心的要素，所以很多时候被归为福利意识形态研究范畴。个案分析法则着眼于某种福利制度或一段时期内政府某些政策或举措的分析，揭示其背后隐含的福利理念。

[4]　本表参考李明政：《意识形态与社会政策》，鸿业实业文化有限公司 1998 年版，第 52 页。

续　表

年　代	作　者	类　　型
1972	提特姆斯	1.残补型;2.工业成就表现型;3.制度化再分配
1975	帕克	1.放任主义型;2.自由主义型;3.社会主义型
1976 (1985 修订)	乔治和威尔定	1.反集体主义型;2.牵强的集体主义型;3.费边社会主义型;4.马克思主义型
1979	品克	1.古典经济型;2.新重商主义型;3.马克思主义型
1984 1990	密叙拉	1.新右派型;2.凯恩斯及贝弗里奇福利国家型;3.组合主义型;4.社会民主型;5.马克思主义型
1985	哈贝马斯	1.新保守主义型;2.社会国家主义型;3.反生产主义型
1989	威廉斯	1.反集体主义型;2.社会改良主义型(a.非社会主义之福利集体主义型;b.费边社会主义型;c.激进的社会行政型);3.福利的政治经济学型
1990	艾斯平-安德森	1.法团模式;2.社会民主模式;3.自由主义模式
1998	李明政	1.保守的资本主义;2.革新的资本主义;3.渐进的社会主义;4.激进的社会主义

　　如表 2-1 所示,迄今为止关于福利意识形态的类型划分虽然数量众多,种类各异,但总体上大同小异。这一方面反映了当下资本主义和社会主义两大现有意识形态格局,另一方面又在一定程度上将两大意识形态分解为相对具体的价值观念或思潮、观点。例如,在赞同资本主义意识形态下,又可以进一步将提特姆斯的"残补型"、帕克的"放任主义型"、乔治和威尔定的"反集体主义型"、品克的"古典经济型"、密叙拉的"新右派型"以及哈贝马斯的"新保守主义型"归结到自由的资本主义,而提特姆斯的"工业成就表现型"、帕克的"自由主义型"、乔治和威尔定的"牵强的集体主义型"、密叙拉的"凯恩斯及贝弗里奇福利国家型"、威廉斯的"非社会主义之福利集体主义型"大致可以被视为干预的资本主义。

　　我们认为,在众多的理论中,乔治和威尔定的划分更具有全面性和代表性,除了其类型涵盖了西方一贯政治谱系的划分,即右派、左派和中间派,其主要思想和代表人物大部分具有代表性(见表 2-2)。正因为如此,泰勒古比将其《意识形态与社会福利》一书视为该领域中最具影响力的作品,所以我们将以他们的分类详细阐释福利意识形态及其与社会福利的关联性。

表 2-2　乔治和威尔定的福利意识形态类型

意识形态类别	政治类别	代 表 人 物
反集体主义	极右派	哈耶克、弗里德曼
牵强的集体主义	中间偏右派	凯恩斯、贝弗里奇、加尔布雷思
费边社会主义	中间偏左派	托尼、提特姆斯、米契尔
马克思主义	极左派	密利班德、史崔奇、拉斯基

二、福利意识形态的四种类型

(一)反集体主义[①]

反集体主义作为意识形态属于资本主义意识形态的一种，也可称自由资本主义或保守资本主义意识形态，其代表人物主要有哈耶克、弗里德曼等，其大致思想如下：

1. 在价值观上，反集体主义认为，自由和个人主义以及不平等构成了社会的基本价值体系。其中，自由位居各个价值之首，有时候甚至可以与反集体主义交替使用，是判断一个社会安排的最终目标，也是免受政府或其他人干预的主要依据。[②] 即使一个人由于不利的工作导致饥饿，任何人也没有理由强迫其他人或机构(通过征税)来资助他。在反集体主义看来，提倡自由价值不仅仅因为它是每个人与生俱来的自然权利，也是人类不断积累知识、扩张视野以及进行市场交换的需要。反集体主义同样重视个人主义，在他们看来，个人主义与自由价值相互依存、相互补充，只有个人主义才能使个人免受国家和社会的干预或强迫。对个人主义的强调还在于，社会是由个人组成的，理解社会必须从理解个人开始，社会进步和经济发展不是源于自然的力量和社会自然演化，而是个人的力量，尤其是少数精英。[③] 与此同时，个人主义有利于个体在社会交往中更好地承担责任，是社会保持自发秩序与和谐发展的保证，作为政治信条，个人主义较国家更容易发现社会问题和解决社会

---

①　George Victor and Paul Wilding. *Ideology and Social Welfare*, London：Routledge & Kegan Paul plc, 1985, pp. 19—43.

②　M. Friedman. *Capitalism and Freedom*, Chicago, 1962, p. 12.

③　Hayek, F. A. *Individualism and Economic Order*, London：Routledge & Kegan Paul, 1949, p. 6.

问题。在反集体主义的价值体系当中,不平等也占有重要的地位。在反集体主义者看来,平等主义与自由主义是不相容的。弗里德曼曾经明确指出,一个人不可能同时是自由主义者和平等主义者。反集体主义者认为,经济的发展和财富的积累,不能没有"不平等",相反,对平等的过度强调会导致"集体的贫穷"和社会效率的低下,由于反集体主义反对的主要是结果平等,所以,"法律上平等""政治平等"和"机会平等"依然是他们信奉的政治信条。

2.在社会与国家关系上,反集体主义首先承认冲突:一方面,他们认为,在社会目标上达成一致是不可能的;另一方面,他们相信个体之间的冲突不会影响到社会的正常运行机制,相反,它恰恰是社会运行的内在机理。其次,反集体主义特别重视法律对社会组织的维系作用,他们认为这是自由的"法律支配社会"与没有自由的"目的社会"的明显差别。再次,反集体主义将经济体制视为自己全部哲学的基础,在他们看来,(市场)经济体制可以最大程度地利用个体的知识和技术,而且只有市场竞争才能使得复杂的经济秩序成为可能,同时也有助于调整不同个体之间的利益关系。与此同时,反集体主义者从来不承认在市场经济体制下富人奴役穷人,恰恰相反,正是有了市场才能使得穷人有机会在市场中获取利益,从而摆脱物质上的不利地位。在反集体主义眼里,健康的市场往往与公共开支的标准密不可分,因为税收是增加公共开支的保障,过高的税率不仅使得市场主体丧失动力,而且还会损害产业资本。最后,反集体主义特别重视民主在政治体制中的重要性,按照哈耶克的说法,民主是和平解决社会问题的唯一手段和方式,还可以让每个人享有决定权,保证自由的实现。[1] 关于经济与政治、社会之间的关系,反集体主义者毫不避讳地指出,前者是后面两者的基础和保障,而且,在现有的民主国家中,政府市场化的倾向正在侵蚀社会肌体,破坏自由市场的自发秩序。需要指出的是,集体主义从不否定国家的作用,相反"自由经济需要强大的国家"[2],对国家的不信任不是其权力的强大而是权力边界的无限放大。

3.在政府角色方面,反集体主义虽然在一定程度上承认政府干预的必要性,但是,总体而言,他们对政府的角色一直持有怀疑的态度。究其原因,一

① Hayek. *The Constitution of Liberty*, London: Routledge & Kegan Paul, 1960, pp. 107 – 108.

② Gamble, A. "That cherism and conservative politics", in S. Hall and M. Jacques(eds). *The Politics of Thatcherism*, Lawrence & Wishart, 1983, p. 34.

是政府行动威胁了反集体主义的自由价值。弗里德曼直截了当地指出，政府的每一个干预都是对个人自由空间的直接限制，也间接影响了个人对自由的坚持。[①] 二是政府依赖的人类智慧是无法超越市场自发秩序的，因此政府行为往往事与愿违，达不到理想的目标。三是政府的干预往往因为社会过高的期望值以及最终权威的失落而破坏了社会的组织。当然，"政府之手"失灵并不意味着政府在市场面前无所作为，只要没有逾越法律允许的范围，它可以在保障自由市场自发功能发挥方面、垄断性经营方面及与社会合作方面充分发挥自己的作用。

4. 在福利国家态度上，与对市场的信奉、对政府的怀疑相比，反集体主义对福利国家充满了敌意。第一，福利国家对个体自由是一种威胁。"在英国和其他工业国家，福利国家正从同情沦为政治镇压的工具。"[②]一方面，由于高税收，大部分人实际负担不起对个人的救助；另一方面，福利国家往往为了多数人的福利而强迫少数人纳税。与此同时，政府提供的福利项目往往一厢情愿，违背了福利的"需求导向"。第二，福利效果值得怀疑。反集体主义者认为，在民主体制下，政府对福利的投入未必能真正帮助有需要的群体，相反，可能为了政治选举的需要倾向自己的政治支持者，"一旦政府为了某个群体的利益而拥有干预市场自发秩序的合法权利，它就有权在福利政策上倾向支持自己的任何一个群体"[③]。同时，政治忙于福利事务而无力或疏于制定市场规则和履行市场的裁判职能，从而最终导致自由自发机制的丧失。第三，福利政策不利于经济和社会的稳定。反集体主义者认为，福利政策对经济和社会的危害源于资源利用和再分配的政治化倾向。很多福利政策的制定过程往往容易受到外界干扰。"社会冲突正在由于福利政策而被激化，因为它正在利用政治程序来决定资源再分配，虽然它是由代表机构做出的。事实上，这些代表很可能受到政治资助。"[④]第四，福利规定无法回应福利主体的真正需要。在福利供给过程中，决定福利需求的不是实际需要者，相反，它们往往由代表一定利益群体的政府官员、专家和学者决定。实际上，只有市场最了解消费者需要什么，"实物和服务供给，包括医疗服务应该满足个体的实

① Friedman, M. *Capitalism and Freedom*, Chicago: University of Chicago Press, 1962, p.32.

② Harris, R. and Seldon, A. *Overruled o Welfare*, London: Institute of Economic Affairs, 1979, p.204.

③ Hayek. *The Constitution of Liberty*, London: Routledge & Kegan Paul, 1960, p.40.

④ Seldon, A. *Wither the Welfare State*, London: Institute of Economic Affairs, 1981, p.40.

际偏好"①。第五,福利供给缺乏效率。反集体主义认为,由于国家在提供福利时缺乏像自由市场一样的回应机制,不考虑供给成本和需求偏好,势必导致福利供给模式的僵化。"个体自由选择、私人企业相互竞争将有助于提高契约的效率,满足福利主体多元化的需求。"②第六,福利国家容易导致其他社会资源在福利供给中的失败。在反集体主义者看来,家庭、志愿者和市场这些传统福利渠道和路径在福利国家正趋于没落。"在过去,子女赡养父母既是亲情也是责任,而现在他们帮助别人父母则是缘于强迫和害怕。前者有利于维护家庭关系,而后者则削弱了家庭纽带。"③最后,福利国家也不利于个体的成长。反集体主义者认为,福利国家不仅弱化了家庭功能和责任,同时也会让个体丧失独立性、责任感、进取心和创造力等宝贵的个体品质。所有这些正在腐蚀整个社会向往体面生活的道德组织体系。④

(二)牵强的集体主义

牵强的集体主义是一个比较难以界定的概念。一方面,它由于缺乏对市场的绝对信任而有别于反集体主义;另一方面,也由于其主张私有企业,拒绝接受平等又与费边社会主义划清界限。其主要代表人物有凯恩斯、贝弗里奇等。他们的核心思想大致如下:

1.在社会价值观上,牵强的集体主义与反集体主义一样,崇尚自由、个人主义和不平等,其中,自由是他们的基本价值理念。他们认为自由有很多种类,既包括财产自由、言论自由、教育自由和学习自由以及政治、集会自由,还包括职业选择和个人收入选择的自由。由于个体创新和改革离不开个人主义,所以,牵强的集体主义者同样视其为重要的价值。"所有新的观念和模式都源于个体的智慧。"⑤在对待不平等的态度上,牵强的集体主义者明显有别于费边社会主义和马克思主义,他们一方面承认不平等的价值,另一方面又主张采取各种措施来减少不平等现象。与反集体主义不同的是,牵强的集体主义还坚持实用主义原则。在基本价值观上,他们从来不是无条件地接受,相反,他们特别重视环境和条件的变化,并且认为,限制国家的理由不能建立

---

① Lees, D. S. *Health Through Choice*, London: Institute of Economic Affairs, 1961, p. 14.

② Friedman, M. *Capitalism and Freedom*, Chicago: University of Chicago Press, 1962, p. 186.

③ Ibid, p. 135.

④ Ibid, p. 149.

⑤ Harris, S. E. "John Maynard Keynes", *Scribners*, 1995, p. 75.

在抽象的原则上，而应该立足于具体事例，"这里不可能存在政府干预程度和方法的不变规则，所有这些主要取决于环境"①。正是受实用主义的影响，他们在论及自由优先性上，承认一部分自由可能较另一部分自由更具有优越性。同时，为了追求其他目标，对一些自由的限制也是可以接受的。牵强的集体主义的实用主义态度与他们的人道主义是分不开的。从凯恩斯到贝弗里奇，他们一直关注市场对个人所带来的伤害。"社会的最高任务是追求幸福、和谐以及驱逐痛苦、紧张、悲痛和无所不在的无知。"②

2.在社会与国家关系上，牵强的集体主义认为，资本主义体制或自由市场经济体制总体上是最好的体制，但是，它也存在内在的缺陷，如无法自我调节、浪费和无效、错误的配置资源、无法自行消除社会不公和贫困以及可能会滋生威胁政治稳定的因素等。③ 凯恩斯明确表示，古典经济学中的"萨伊定律"是不可靠的，市场经济存在经济危机的可能，因此，政府必须采取强有力的措施对市场进行干预、规制。

3.政府角色方面，牵强的集体主义相信，政府有能力作为一个独立的共同体来维护社会共同的利益，他们可以有计划地消除威胁体制的各种因素。至于干预的广度和深度，则取决于现实需要，它没有一个一成不变的边界。但是，牵强的集体主义者从来不认为国家的权力是无限的，甚至对国家权力保持高度的警惕。"作为激进派，我害怕国家控制公有制，虽然它们对于治愈各种'丑陋'是必不可少的，有时我宁愿反对它而不是支持它。"④贝弗里奇的这种态度，在他论及就业时更加明显，"政府行为只有在它比其他公共机构或私人组织做得更好时才是必要的"⑤。很显然，牵强的集体主义在对待国家（中央政府）态度上面与其实用主义哲学有关。

4.在对待福利国家的态度上，牵强的集体主义对福利国家持肯定的态度。但是，他们并不把国家的福利行为看作改善社会生活水平和提高人们福祉的工具，只是将其作为纠正"市场失灵"的补偿机制。与此相关，他们认为国家的福利行为必须限制在矫正自由经济缺陷范围之内。总之，他们认为，

---

① Beveridge, W. H. "The pillars of security", *Macmillan*, 1943, p. 118.

② Galbraith, J. K. *The Affluent Society*, Penguin, 2nd edn, 1970, p. 280.

③ George Victor and Paul Wilding. *Ideology and Social Welfare*, London: Routledge & Kegan Paul plc, 1985, p. 50.

④ Beveridge, W. H. *Why I am a Liberal*, Jenkins, 1945, p. 8.

⑤ Beveridge, W. H. *Full Employment in a Free Society*, Allen & Unwin, 1944, p. 36.

国家福利行为主要是为了净化市场的无效和不公，在他们眼里，资本主义有潜力成为最有效的经济体制而不是现在所呈现出的颓废状态。

(三)费边社会主义

所谓的费边社会主义，是指 19 世纪后期在英国流行的一种主张采取渐进措施对资本主义进行改造的资产阶级社会主义思潮，[①]主要代表人物有托尼、提特姆斯和米契尔等。

1.在社会价值观上，费边社会主义信奉社会主义，并且认为平等、自由、博爱以及由其而衍生的民主参与和人道主义，是其基本价值观。在费边社会主义者看来，平等和自由相互依赖，其中，平等是自由的基础，离开了平等自由将不复存在。需要指出的是，费边社会主义推崇自由，与反集体主义自由观完全不同：其一，自由建立在平等的基础之上，而不是逻辑推理的结果，"自由是一种支配自己的能力，这意味着经济上必须平等"[②]；其二，自由观念与工作环境密不可分。在工作中，工人不但拥有发言权，而且雇主也无权任意制定规则以及解聘工人；其三，自由并不意味着国家消极不作为，相反，它是国家积极干预的结果。

2.在国家与社会关系上，费边社会主义者认为，社会是由众多存在利益冲突的阶层、群体组成的。与马克思主义者不同的是，他们并不认为阶级冲突是最重要的，具体问题要具体分析。与此同时，费边社会主义者还认为，资本主义自发秩序存在诸多弊端，如私心过重、市场体系不公平、市场体系缺乏民主、市场体系效率低下（除非政府介入）以及国民生产分配模式不能满足社会需求等。[③]

3.在政府角色方面，费边社会主义者认为，只有通过有计划、有目的的国家行动，才能建立理想的社会。同马克思主义者一样，他们坚决反对"只有通过最小的政府干预才能保证自由"的思想。对于什么样的措施最有利于资本主义改造，他们的回答是，"生产与分配的国家化"。除此之外，他们非常强调

---

① 张长伟、周义顺：《从传统到现代：西方社会福利观的演变与转型》，中国社会出版社 2013 年版，第 194 页。

② J. M. Winter and D. M. Joslin, R. H. *Tawery's Commonplace Book*，Cambridge：Cambridge University Press，1972，p. 22.

③ George Victor and Paul Wilding, *Ideology and Social Welfare*，London：Routledge & Kegan Paul plc，1985，pp. 80—81.

公共参与的重要性，它不仅能够培养责任意识、减少权力集中，还能提高生产力。

4.在对待福利国家的态度上，他们视福利国家为通往社会主义社会的垫脚石，与此同时，他们认为，由国家推动的公共服务，有助于经济增长、社会整合以及减少公平。

(四)马克思主义

在社会价值观、国家与社会关系、政府角色以及对待福利国家的态度上，马克思主义与反集体主义几乎截然不同。但是，与其他两派相比，他们有两个共同点，那就是在发展理论框架内最大程度地检视自己的观点以及基本的理论信仰。①

1.在社会价值观方面，马克思一直批判资本主义体制缺乏人道，认为它是工人阶级异化的罪魁祸首。但是，在马克思和恩格斯的论著中，却很少直接论及社会主义或共产主义的核心价值，对他们而言，价值课题不是与支配阶级的意识形态有关，就是不切实际的乌托邦思想，而这两个恰恰是他们批评的对象。尽管如此，在他们关于收入分配原则和个人自由的观点中可以了解其基本的社会价值观。在收入分配方面，资本主义阶段是按照工作能力分配的，在社会主义阶段，是按照工作性质分配的，到了共产主义阶段则是按照个人需要分配的。由于按需分配实践中存在一定的操作困难，有的马克思主义者主张在基本需要上按需分配，超过基本需要层次则按照工作性质或工作能力来分配。与费边社会主义一样，马克思主义非常重视个人自由，而且认为它与平等密不可分。在实现方式上，马克思主义者主张通过"政治解放"和"人类解放"来实行自由价值，通过消除特权来实现平等追求。

2.在社会与国家关系上，马克思主义坚持唯物史观，认为经济结构是社会的基础，法律、政治上层建筑是建立在其上的社会意识，社会存在决定社会意识。在资本主义生产方式下，阶级冲突是不可避免的，至于它表现为和平演变还是暴力革命，则取决于阶级力量的对比。由于国家具有阶级性，所以，它往往通过各种形式来维持资本主义生产方式及其社会秩序，其中包括理论和意识形态的斗争。

---

① 牵强的集体主义与费边社会主义观点主要建立在实用主义态度上。

3.在政府角色上,马克思主义者注重国家在经济、社会和民主参与中的作用。首先,在经济领域,他们主张生产和分配工具国有化。在他们看来,私有制不仅会导致权力在经济领域中过度集中,而且还会影响政治领域。不过,国有化并不意味着社会主义体制的建立,"它并不能自动解决工业社会中的所有问题。但是,它能做的一切,将最大程度地消除掉解决问题的障碍,至少可以为构建一个理性、人道的社会秩序奠定基础"①。其次,马克思主义者还认为,社会主义社会必须走工业民主化道路。在恩格斯看来,缺少民主参与的经济国有化不是社会主义,如果国有化本身就构成社会主义,"拿破仑和梅特涅就是社会主义的奠基人了"②。

4.在对待福利国家的态度上,马克思主义者首先认为,资本主义国家社会福利的产生不是资产阶级良心发现的结果,而是工人阶级长期斗争的结果;其次,资本主义也不能没有社会福利。因为,资本主义国家承担着资本积累和权力合法化两项职能,其中,社会福利是权力合法化的重要手段,一方面它可以在短时间内改善民众的困难生活;另一方面,它还可以提高资本的获利能力。但是,马克思主义者总体上不承认福利国家能够有效改善资本主义,"福利国家的初衷是缓解矛盾,但是,福利国家造成的矛盾远比它解决的矛盾更多"③。最后,马克思主义者还提出了社会主义福利方案的几项基本原则:①社会福利要以"需要"为前提;②社会福利必须遵循普遍性原则;③社会福利不能排除公众参与;④社会福利要做注重"事前预防"。

---

① Miliband, R. *The State in Capitalist Society*. London: Weidenfeld & Nicolson, 1969, p. 269.

② George Victor and Paul Wilding. *Ideology and Social Welfare*. London: Routledge & Kegan Paul plc, 1985, p. 109.

③ Gough, I. *The Political Economy of the Welfare State*, Macmillan, 1979, p. 152.

第三章　社会政策：从再分配到社会投资

如前所述，不同的意识形态或主观偏好往往会影响社会政策或福利体制的选择，而不同类型的社会政策则制约着公民社会权利的实现程度。实践表明，在后工业化、全球化的背景下，不管是"补缺型"社会政策，还是"制度型"社会政策，都已经无法满足"社会权利"不断拓展的"权益"要求和不断增加的财政负荷，于是，以"再分配"为核心的传统社会政策开始向以社会投资或生产型为特征的社会政策转型。

第一节　对福利国家的反思

（一）从"补缺型"到"制度型"社会政策

"补缺型"和"制度型"是社会政策的经典划分，最早是由威伦斯基和勒博在《工业社会与社会福利》（1958）一书中提出的。补缺型社会政策强调家庭和市场的作用，认为家庭和市场是保障个人需求的正常福利结构，只有在家庭和市场供给无效时，比如发生家庭危机导致家庭解体，较大范围的经济萧条或者个人年老、疾病，国家和政府才向个人提供不超过维持生存最低标准的援助。在该模式下，接受福利的往往是社会的弱者或市场竞争中的失败者，暂时性、替代性是该模式的主要特征。制度型社会政策则强调国家和政府在福利供给中的作用，认为社会福利不再局限于特殊的群体（如穷人、病人、残疾人等），而是向全体公民开放，并且政府负有提供福利的责任，具有社会资源再分配功能。在该模式下，社会福利不再带有仁慈或施舍的"人道"性质，而是公民的一项正当社会权利。① 威伦斯基和勒博对社会类型的划分之所以对后世影响很大，是因为它以"类型化"的方式概括了社会政策在历史阶段的实践形态，是"历史的产物，而不是逻辑的产物"②。

1601 年，随着《伊丽莎白济贫法》的颁布，补缺型社会政策率先在英国被建立起来，这标志着现代社会政策开始萌芽。一方面，它拓展了传统社会福利供给的路径（社会慈善活动和社会工作）；另一方面，国家有限干预社会福利开始合法化，"政府开始越来越多地负责公共健康与教育，负责管理矿山与工厂的工作条件，负责防止对妇女和儿童的剥削"③，所有这些举措，极大地缓解了发达国家在工业进程中出现的社会问题。但是，随着经济的发展和社会的进步，补缺型社会政策的弊端开始凸显。其一，补缺型社会政策本质上是一种消极的救济而不是积极的预防，这意味着，即使经济不断增长的国家也无法保证增加人民福祉，提高人民生活水平，尤其是面对大规模的贫困，补缺型社会政策往往显得"力不从心"；其二，补缺型社会政策将国家提供的服务视为施舍、恩惠，而不是国家的责任和义务，因此，受助者往往以失去尊严为代价；其三，当人们对诸如医疗、教育和住房等基本社会服务的需求日渐上升时，补缺型社会政策显得更加捉襟见肘。

制度型社会政策是伴随着福利国家的形成而被确立的。相比补缺型社会政策，它对实现社会权利的价值在于：第一，保障每个公民的社会需求是政府不可推卸的责任，当公民生活困难时，有权请求国家提供帮助；第二，公民不仅有权要求获得最低生活保障，而且还有权要求过体面的生活。

（二）对福利国家的反思

第二次世界大战之后，随着社会福利政策的发展，西方发达国家一度进入"黄金时期"，不仅经济高速增长，还形成了完备的福利制度体系和福利文

---

① Wilensky, Harold L., Lebeaux, Charles, N. *Industrial Society and Social Welfare: The impact of industrialization on the supply and organization of social welfare services in the United States*. New York: Russell Sage Foundation, 1958.

② Alcock, Pete. Poverty and social security. In Robert M. Page & Richard Silburn (eds.), *British Social Welfare in the Twentieth Century*. Basingstoke, New York: Macmillan Press; St. Martin. Press, 1999.

③ ［美］詹姆斯·米奇利著，苗正民译：《社会发展——社会福利视角下的发展观》，世纪出版集团格致出版社、上海人民出版社 2009 年版，第 24 页。

化理念。大部分人认为，随着政府对社会福利的承诺日益制度化、体系化，社会福利作为社会的第一道防线，终将成为西方发达国家制度体系中不可分割的组成部分。

然而，伴随着 20 世纪 70 年代剧烈的经济衰退，福利国家受到来自各方的强烈批评。新右派认为，福利国家"制造出来的问题比它解决的问题还要多"，与其说福利国家有效地调和了市场与社会之间的冲突，不如说它事实上加剧了冲突，更为甚者，它还阻碍了社会和市场力量的有效发挥。换言之，福利国家不仅导致经济趋向衰退，使得经济产生"超负荷要求"，而且未从根本上解决社会问题，同时还致使受助者期望值不断上升，使得政治要求超负荷。一方面，已经建立起的"福利国家"在工业社会后期，开始严重制约经济发展。其一，福利开支的不断增加使得国家财政难以为继。以英国为例，社会福利开支在 20 世纪 50 年代到 70 年代二十几年的时间内增长了 2.7 倍，占国内生产总值的比例也由原来的 14.4% 上升到 29.4%。进入 80 年代后，这一比重继续升高，1983 年的社会福利支出高达 527 亿英镑，占政府财政总支出的 38.2%。[①] 其二，不断增加的企业成本也降低了市场竞争力。不管是政府直接提供的社会服务，还是间接提供的财政福利和职业福利，福利开支大部分最终还是要企业雇主承担，财税负担和高昂的劳动力成本势必降低企业在市场上的竞争力。[②] 其三，高福利国家往往会出现"福利依赖"病。完善的社会保障在为社会提供"从摇篮到坟墓"的高福利的同时，也造就了一个寄生其中的"食利"阶层，他们依赖国家和社会提供的福利，安于现状，怠于找工作，不仅致使社会丧失活力，而且还会给社会带来安全隐患，因为福利国家"削弱了个人的进取和自立精神，并且在我们这个自由社会的基础之下酝酿出某种一触即发的怨恨"[③]。另一方面，工业社会所带来的经济高速发展以及由此形成的社会保障体系并没有像预期一样很好地解决社会问题、满足公众的社会需求。在一些发达国家，虽然经济高速发展，整体福利水平也有了一定程度的提高，但是，仍有部分群体没有在经济发展中获益，贫穷、失业、暴力、犯罪、吸毒和社会匮乏现象依然存在。社会发展与经济增长严重失衡现象在发展中

---

① 王振华等：《重塑英国：布莱尔与"第三条道路"》，中国社会科学出版社 2000 年版，第 107 页。

② 黄安淼、张小劲：《瑞典模式初探》，黑龙江人民出版社 1989 年版，第 246 页。

③ [英]安东尼·吉登斯著，郑戈译：《第三条道路：社会民主主义的复兴》，北京大学出版社、生活·读书·新知三联书店 2000 年版，第 14 页。

国家往往更加严重,特别是拉美国家,经济的发展不但没有促进相应的社会发展,相反,财富分配与社会收入发生严重倾斜。扭曲发展不但体现在贫困、匮乏、医疗和住房不良等资源再分配问题上,而且还体现在影响资源分配的权力、地位和机会不均上,在许多社会里,数量较少的、地位较低的族群往往受到歧视,无法拥有正常的工作就业机会。

社会主义左派虽然不否认社会福利给大部分雇佣劳动工人带来了巨大的改善,但是,却没有停止对其的批评。其一,福利国家的干预往往是事后干预,成本代价过高且效力低下。就像伊恩·高夫所言,即使社会福利开支在国民生产总值中的比例不断攀升,也并不意味着开支的增加就是"福利"的提高,因为福利开支并非总是用在福利项目上,实践中,为了维护管理社会福利的官僚机构,往往会占用很多福利经费。而且,即便国家机构的"产出"得到了提高,这种服务的受益者所承载的风险和需要水平,可能还是会得到更大提高或从性质上发生改变,从而产生完全负面的效果。其二,福利国家往往具有压制特征,因为遵循福利官僚机构、服务组织的各种程序和要求的能力是个体取得福利国家服务的一个重要前提。其三,意识形态控制色彩明显。"福利国家不仅被看作利益和服务的源泉,同时也是有关历史现实的虚假观念的源泉,它对工人阶级的意识、组织和斗争具有破坏性作用。"①

显然,在工业化进程中形成的传统社会政策,不管是补缺型社会政策,还是制度型社会政策,面对后工业社会中福利国家暴露出的问题,开始显得"力不从心"。

第二节　发展型社会政策

作为一种理论形态,"发展型社会政策仍然处于社会政策学者的争论之中,同其他规范性视角相比,它不够严整也不够明确"②,但是,作为一种实践模式,它正被发展中国家和发达国家普遍接受和采纳。笔者认为,发展型社会政策之所以更加有利于实现社会权利,是因为它不仅满足了社会权利内容

---

① ［德］克劳斯·奥菲著,郭忠华等译:《福利国家的矛盾》,吉林人民出版社2006年版,第8—9页。

② 其主要奠基人有米奇利、吉登斯、迈克尔·谢若登和阿马蒂亚·森等。

不断丰富的需要（如参与权），而且，其"生产主义"与"多元主义"观点在很大程度上使社会权利的实现变得更加切实可行。

一、发展型社会政策生产主义倾向

按照彼得·泰勒-顾柏的说法，欧洲福利国家在战后得以持续发展，主要取决于四个要素，一是大规模持续稳定的制造业发展为家庭收入提供了工资保障，二是稳定的核心家庭结构为家庭弱势群体提供了有效的庇护条件，三是普遍流行的凯恩斯主义政策通过低失业率和稳定的工资收入为经济发展提供了保障，四是个人和中产阶级群体合作的政治结构为国家税收的合法化提供了可能。

作为理想类型，福利国家的主要任务是满足退休、失业、疾病、残疾等市场不能充分满足的收入中断群体，以及人们普遍认为应该由国家负担的某些服务，如保健和教育方面的服务。这些服务或社会照顾原本由家庭承担，进入工业社会后被凯恩斯-贝弗里奇式或凯恩斯-俾斯麦式的福利取代，"政府管理着经济，促进完全就业并组织社会满足市场和家庭不能满足的需要"[1]。

问题是，进入后工业社会后，经济增长率的减缓和不确定技术的变化，意味着制造业不再能够保持大量稳定的就业，从而影响到半熟练和非熟练工人职业的稳定性，而经济全球化进一步影响了传统劳动力就业市场，支撑福利国家的凯恩斯主义在全球化过程中显得捉襟见肘，单一国家通过通货再膨胀政策来实现充分就业和经济增长的目标已经没有可能。[2] 正如皮尔森所言，需求增加和资源压力越来越大，福利国家面对的是一个"恒久紧缩"的未来。民族国家的政府失去了处理各自经济的一些杠杆，团结又受到限制，这使得政府更难以完成筹集资金及提供昂贵的国家服务的任务。

正是在这样的背景下，发展型社会福利模式应运而生，它试图超越传统补缺型和制度型社会福利政策模式，以社会发展路径融合经济与社会目标。

---

[1] ［英］泰勒·顾柏编著，马继森译：《新风险，新福利——欧洲福利国家的转变》，中国劳动社会保障出版社2010年版，第2页。

[2] R.米什拉认为，在凯恩斯时代，福利制度的扩张意味着公共部门工作机会的快速增长。一些社会民主机制，如斯堪的纳维亚国家，故意运用一些策略来创造工作，尤其是为妇女。现在随着私有化的发展和国家福利制度的缩小，公共部门正在消失。这一创造工作机会的特定方法从实践角度来看可以认为已经不复存在。

　　首先,社会慈善与社会工作并不能解决经济问题,即使有的社会工作也试图创建经济发展项目,也没有改变其主流的矫正性干预活动。①

　　其次,社会行政管理与经济活动缺乏融洽的关系。虽然贝弗里奇也强调经济增长和充分就业是社会繁荣的条件,社会行政管理似乎与经济很难分开,但是大多时候,社会服务与经济发展并不是和谐融洽的关系。相反,前者服务、服从于后者,一方面,从重要性而言,社会服务从属于经济发展;另一方面,就资金而言,社会服务依赖于经济,福利资金依赖经济所生成的税收,特别是通过就业所挣来的收入。在发展型社会福利者看来,社会服务对经济的依赖往往容易断裂。因为一旦经济出现危机,不但社会资金收入会随之减少,依靠税收的财政收入会受到影响,而且社会服务需求还会相应增加,需要资助的群体反而加大。

　　总之,补缺型和制度型社会福利模式都不关注社会福利资源的生成方式,也不关注经济萧条下出现的财政问题,正如米奇利所言,福利国家论者"未能从现实角度应对经济逆境,并且忽视了经济萧条、结构性失业问题,以及其他变化中的现实经济状况"②。换言之,传统福利政策虽然都着眼于解决民生问题,但是它常常被视为经济政策的附属品——用来收拾经济发展所导致的"残局"。不仅如此,由于社会资源从生产性领域向非生产性领域转移,必然影响生产性投资,从而对经济发展产生不利影响。正是抓住了这一点,很多学者都将社会服务当作经济衰败的罪魁祸首。Martin Feldstein 指出,在美国,社会保险和社会服务过度消耗了资源,严重影响到工商业的发展,社会福利虽然具有道义的正义性,但是对经济造成的损失也是巨大的。英国经济学家 Bacon and Walter Eltis 持相同观点,他们认为英国经济滞缓和高通胀的主要原因就是政府在社会福利上的过度投入,给经济造成了沉重的负担。Charles Murray 也认为,在美国,正是由于这些可以依靠的社会福利,造成了"食利"阶层,他们依靠政府,不愿寻找工作,扼杀了经济活力。③

　　相反,发展型社会福利特别注重社会与经济的协调发展。"在发展过程

---

　　① 按照米奇利的观点,现有福利供给途径有"社会慈善""社会工作"和"社会行政管理"或"社会服务"三种形式。

　　② [美]詹姆斯·米奇利著,苗正民译:《社会发展——社会福利视角下的发展观》,世纪出版集团格致出版社、上海人民出版社 2009 年版,第 2 页。

　　③ Midgley, J. & Tang, K. L. "Social policy, economic growth and developmental welfare". *International Journal of Social Welfare*, 2001, Vol. 10, No. 4.

中,社会与经济发展构成了一枚硬币的两面。没有经济发展也就没有社会发展,而经济发展如果没有同时改善整体人口的社会福利,也就毫无意义。"①发展型社会福利认识到了经济发展对于提高生活标准的重要性,同时,支持者也坚持认为,社会服务反过来会促进经济发展,因为社会福利政策既有再分配的功能,也有社会投资的功能。同教育、卫生事业一样,社会政策具有帮助人们实现潜能的作用,是对社会资本和人力资本的投资,因而社会政策也是生产力要素之一(对劳动力的投资)。社会政策与经济政策不再被认为是相互对立的,而是可以相互融合的。例如,社会政策与劳动力市场密切配合,可以共同提高社会生产力水平和促进经济发展,相应地,经济的增长也应该考虑到其对社会稳定和社会凝聚力的影响。②"发展型社会福利与其他制度模式最大的不同在于,它并不将重点放在通过提供社会服务、社会慈善和专业社会工作来解决社会问题、满足社会需求。它努力追求在动态发展的经济过程中实现社会福利。"③

二、发展型社会政策注重参与与机会公平

社会公平是社会福利政策的逻辑起点,没有对社会公平的关注,社会政策就失去了内在的价值。

但是,社会福利政策一开始更多关注的主要是社会问题。《贝弗里奇报告》是社会政策的经典之作,它指出,社会政策旨在解决社会生活中的"五大恶",目的是消除社会中的"五大病害",即匮乏、疾病、无知、肮脏和懒惰。蒂特马斯也认为,社会政策是以社会问题为取向,以问题解决为导向,目的在于改善公民福利、引导社会变迁的积极的制度设置。可见,传统社会政策关注的是社会问题本身,主张通过国家福利,提供收入保障解决贫困等社会问题,从而实现结果公平。

然而,社会福利政策对社会问题的解决并没有预想的那样令人满意,尤其是贫困问题,贫困非但没有被克服,反而有愈加泛滥之势。有数字表明,到

---

① [美]詹姆斯·米奇利著,苗正民译:《社会发展——社会福利视角下的发展观》,世纪出版集团格致出版社、上海人民出版社2009年版,第27页。
② 黄晨熹:《社会政策概念辨析》,《社会学研究》2008年第4期。
③ Midgley, J. & Tang, K. L. "Social policy, economic growth and developmental welfare". *International Journal of Social Welfare*, 2001, Vol. 10, No,4.

20世纪90年代中期，美国政府救助的贫困人群高达16％。显然，仅仅将眼光放在问题的事后补救上是无法实现社会政策对公平的价值追求的。

于是，发展型社会政策开始将矛头指向社会问题背后的原因，试图消除产生社会问题的根源。在他们看来，传统社会政策模式只能满足分配结果范畴下公民对基本福利的需求，针对公民在社会及工作环境中所面对的社会排斥问题却束手无策。因此，实现社会公平必须从"克服贫困"转向消除"社会排斥"。

所谓的社会排斥，主要是参与不足，吉登斯认为，"社会排斥"一般发生在社群生活和社会生活中，表现为公共事务参与程度低，家庭内外闲暇活动机会少，不能经常利用社区公用设施以及弱社会网络所导致的孤独。布查德特认为，所谓的社会排斥是指一个人不能以公民身份参与正常的社会活动的一种状态，凡是生产、消费、交往中存在参与不足或不参与的现象都可以被视为社会排斥。在 Robbins 看来，社会排斥实际上意味着社会连接的断裂。Walker 也认为，社会排斥是一种社会成员从政治、经济、社会和文化等各个系统中被排斥出来的现象。格安德和理查圣在界定社会排斥时也将"参与"作为其重要指标，例如，一个人愿意参加活动，但是却被外在因素阻止了；一个人没有参加作为这个社会的一个公民可以参加的正常活动。

社会排斥既然是社会参与的不足，消除社会排斥时就要着眼于修复断裂的社会关系，促进社会整合。卡斯特尔认为，社会成员在非社会整合状态下往往是孤立的、脆弱的。孤立状态容易导致个人既没有工作又没有社会关系资源，从而被社会孤立。脆弱状态则容易致人缺乏工作保障，不容易得到社会资源，社会关系也非常弱小。因此，他给消除社会排斥开出的药方是工作以及社会和家庭关系网络的建立和完善。

发展型社会政策论者大多注重机会公平在社会福利中的重要地位。在米奇利看来，机会公平本身就是社会福利的一个重要组成部分。他认为，社会福利应该包括三个方面：一是解决和控制社会问题，二是满足不同社会群体的社会需要，三是增进改善境遇和实现自身能力的社会机会。[①] 除此之外，米奇利还强调提高人力资本和促进社会资本形成的重要性，希望增加低收入人群和特殊群体的生产性就业和创业机会，通过补贴性储蓄促进资产积累，

---

① ［美］詹姆斯·米奇利著，苗正民译：《社会发展——社会福利视角下的发展观》，世纪出版集团格致出版社、上海人民出版社2009年版，第16—17页。

保证社会服务的有效性。① 在他们看来，消除社会排斥，需要投资人力资本，但是人力资本绝不局限于就业安排。他在批评美国福利改革时指出："许多项目除了给用户安排低报酬的工作之外，并没有提高他们的资助和技能，使他们能够保住赖以脱贫的工作。因此，人力资本的关键在于就业要与教育和培训投资相结合。"②

谢若登认为，资产积累构成了福利资本主义社会和经济条件下的福利，因为家庭资产具有福利效益，其中资产促进了人力资本。"对大多数人而言，拥有资产是一个受教育的过程。人们关心投资，管理资产，做出一些成功决策，出现某些失误，寻求信息等，通过这些过程获得大量金融知识和技能。有了这些经验，人们容易在其他金融活动中呈现更大的兴趣、更大的努力和更大的成功。"③

阿马蒂亚·森以自由为切入点，将自由视为发展的首要价值。在他看来，收入、财富、技术进步固然是人类追求的理想目标，但是，它们属于工具理性范畴，最终是要服务、服从于以自由为核心的人类发展。与此同时，自由也是促进发展不可或缺的手段。在政治自由、经济自由、社会机会、透明性保证和防护性保护的五种自由中，社会机会是指，"在社会教育、医疗保健以及其他方面所实行的安排，它们影响个人赖以享受的更好地生活的实质自由。这些条件，不仅对个人生活（例如，享受更健康的生活、避免可防治的疾病和过早死亡），而且对更有效地参与经济和政治活动，都是重要的。例如，不识字对一个人参与那些要求按规格生产或对质量进行严格管理的经济活动（如全球化贸易所日益要求的那样）来说，是一个绝大的障碍。类似地，不会读报或者不能与参加政府活动的人进行书面联系，对于政治参与也是一种限制"④。在阿马蒂亚·森看来，自由具有实质意义，是一种"可行能力"，是衡量福利的一个基本标准。一个节食的富人和一个贫困无食的穷人之所以具有不同的福利，是因为前者具有选择能力，而后者没有。

---

① Midgley, J. & Tang, K. L. "Social policy, economic growth and developmental welfare". *International Journal of Social Welfare*, 2001, Vol. 10, No. 4.

② [英]詹姆士·梅志里：《发展型社会政策：理论和实践》，张秀兰、徐月宾、梅志里编：《中国发展型社会政策论纲》，中国劳动社会保障出版社 2007 年版，第 170 页。

③ [英]迈克尔·谢若登著，高鉴国译：《资产与穷人——一项新的美国福利政策》，商务印书馆 2007 年版，第 189 页。

④ [印]阿马蒂亚·森著，任赜、于真译：《以自由看待发展》，中国人民大学出版社 2012 年版，第 32 页。

三、发展型社会政策的多元主义倾向

就广义而言,社会福利自古有之。但是,在前近代社会,社会成员的福利需要往往通过家庭、邻里、小区和宗教慈善组织的资助和互助来满足。[①] 到了工业革命时代,受自由主义思想的影响,市场成为满足社会成员需要的主要方式,国家在社会福利供给中总体处于被动地位,社会政策的角色主要是为经济"拾残补缺",但是,随着"市场的失灵",社会风险的增加,国家开始转变"守夜人"的角色,并着手介入社会问题的解决。于是,"凯恩斯-贝弗里奇"主义开始盛行,资本主义一度进入"黄金时期"——在个体自由与社会安全、经济增长与社会稳定关系中似乎找到了平衡点。然而,20世纪70年代中后期的经济滞胀让很多福利国家发现,高水平的福利开支终究不能维持,福利制度的设计只是一个美好的理想,仅仅由国家主导的福利体制越来越无法满足社会需求,现代社会福利供给主体究竟由谁来承担的问题也无法得到解决。

但是,"凯恩斯-贝弗里奇"主义日渐式微,于是有的学者开始提出福利多元主义理论,主张福利供给的多元分担。罗斯是福利多元主义理论的代表者,他在《相同的目标、不同的角色——国家对福利多元组合的贡献》一文中对福利多元主义进行了详细论述。首先,他批评了政府垄断福利供给的观点,认为这是对福利国家的误解;其次,他提出社会总福利概念,在现代社会中,福利是全社会的产物,家庭、市场和国家都是福利的供给方,供给的总和等于社会福利总量;最后,他主张福利的多元组合。虽然家庭、市场和国家都是福利的供给方,但是,它们只有相互配合、相互补充,才能弥补各自的不足。政府提供福利能够纠正"市场失灵",市场作为福利供给主体又可以纠正"国家失灵",而两者又共同弥补了"家庭失灵";反过来,家庭提供福利则可以弥补市场和国家的失灵。简而言之,国家、市场和家庭在福利供给上可以互相取长补短,一方的增长对其他方的贡献具有替代性。

福利多元主义理论的另一个代表者是伊瓦斯,他同样强调市场、家庭和国家在福利供给中的地位和作用。不同的是,他主张将"福利三角"放在政治、经济、社会和文化背景中去分析,并将其与组织、价值和关系相对应。"国

---

① Pink, R. *The Idea of Welfare*. London: Heinemann Educational, 1979, p.66.

家通过正规的社会福利制度承担着社会资源再分配的功能，（市场）经济提供着就业福利，个人努力、家庭保障和社区的互动是非正规福利的核心。"[1]它们之间相互配合，有效地分担社会成员在遭遇市场失败时的风险。最早论及志愿者在福利供给中作用的是《沃尔芬德的志愿组织的未来报告》(1978)。该报告指出，社会福利的供给者行列中不应该仅仅包括国家、市场和家庭，还应该增加志愿组织。随后，在1984年欧洲中心举办的"社会工作培训与研究"会议上，很多学者建议，自助组织、互助组织、自愿组织和社区中有社会工作者介入的正式或非正式助人组织作为新生力量都应该参与到社会福利的供给中。

对福利多元主义理论做出贡献的代表人物还有约翰逊和吉尔伯特。约翰逊认为，福利多元主义实际上体现了福利供给的非垄断性，除了发挥国家、市场和家庭的作用外，志愿者机构作为非正式组织也应该发挥积极作用。根据不同的供给主体，社会福利有四种类型，它们分别是"国家部门提供的直接和间接福利，商业部门提供的职工福利和向市场提供有营利性质的福利，志愿部门如自助、互助组织、非营利机构、压力团体、社区组织等提供的福利，非正规部门如亲属、朋友、邻里提供的福利"[2]。吉尔伯特以美国为例，具体论述了政府、公民社会、市场、工作单位、宗教组织和亲属系统六个基本的社会组织所发挥的社会福利功能。家庭在福利供给中扮演的角色是照顾年长和残疾的亲属、照顾孙子/孙女、提供经济支持以及在自然灾害等紧急情况时提供支援；宗教的福利功能主要表现为非正式的援助、心理咨询以及价值不菲的健康、教育和社会服务方案；工厂、农场、大学、企业和社会福利机构等工作组织，常常通过为员工提供与工作相关的物资、服务和固定薪水来提高员工福利；市场通过生产、流通、分配机制满足生产者和消费者之间的相互需求；在美国，公民社会所构成的非正式支持系统一直发挥着重要福利作用，具体包括自助、非正式支持以及志愿者服务[3]（见表3-1)。

---

① 彭华民等：《西方社会福利理论前沿——论国家、社会、体制与政策》，中国社会出版社2009年版，第3页。

② 同上，第1页。

③ [美]Neil Gilbert, Paul Terrell 著，黄晨熹、周烨、刘红译：《社会福利政策引论》，华东理工大学出版社2013年版，第4—12页。

表 3-1　基本社会组织及功能

社会组织（单位）	主要组织者	初级功能	社会福利功能
亲属系统	家庭	生育、社会化、保护、亲密感、情感支持	亲属照顾、家庭内部的经济支持
宗教	教会	灵性发展	心灵健康、教育、社会服务
工作场所	商业、工厂、农场	商品和服务的市场	员工福利
市场	制造商（公司）和消费者（家庭）	赚钱、从事商品和服务的交易	商业性的社会福利商品和服务
公民社会	志愿团体、基金会、联盟、社会组织	提高公民意识、政治参与、民主	社会服务、相互支持
政府	联邦、州、地方政府	为公共目的募集和分配资源	反贫困、经济保障、健康、教育和社会服务

"资本主义不能没有福利国家"①，福利国家又矛盾重重，而福利多元理论为福利供给提供了一个更为宏观的分析视角。

很多学者在谈到发展型社会政策时很少会将其与福利多元理论联系起来。笔者认为，发展型社会政策的根本宗旨在于强调福利的生产功能以及对"扭曲发展"的纠偏，但是，发展型社会政策论者在谈到福利供给主体时从来没有否定多种供给路径。

首先，发展型福利政策一直强调政府的干预作用。发展型福利论者既不同意市场经济自由放任思想，也不赞同社会达尔文进化论思想。他们认为，社会问题不可能通过经济发展而自发得到解决，也不可能通过社会的自然选择而得到自发解决。社会问题只有通过人们有目的、有计划的努力才能解决。通过集体行动，人们才能发现急迫的社会问题，而且只有通过政府机构才能发挥社会福利的最大效用。"对于社会进步是市场经济运作的必然结果或历史必然结果的看法，发展型福利观的支持者抱批判态度。他们认为，要想实现社会的进步，必须采取有组织的干预。"②一方面，社会福利需要公共开

---

① ［德］克劳斯·奥菲著，郭忠华等译：《福利国家的矛盾》，吉林人民出版社 2006 年版，第 7 页。

② Midgley, J. *Social Development*：*The Developmental Perspective in Social Welfare*. London：SAGE Publication，1995，pp. 26—27.

支的保障；另一方面，社会福利离不开政府的立法推动和保障。很显然，发展型福利政策对政府的强调，继承了费边社会主义和社会行政学派的观点。需要强调的是，发展型福利政策中政府干预不仅仅包括大规模的社会服务，而且还包括经济发展。实际上，发展型福利论者还主张设置全国性的组织机构，负责社会和经济的协调发展，致力于以人为本、可持续的发展目标。①

其次，发展型社会政策主张实施包括政府、社区和个人在内的多元参与的制度主义模式。按照米奇利看法，传统社会的社会福利途径主要有三种：一是社会慈善活动，其主体主要是私人志愿者和非营利性机构；二是社会工作，活动主体主要包括专业人士与个人、群体和社区；三是社会服务（有时也叫社会行政管理或社会政策），其主体主要是政府。发展型社会福利一方面继承了社会服务的国家干预思想，另一方面也从未将社会干预仅仅理解为政府干预，相反，它一直重视个人与社区在福利供给中的重要地位和作用。

---

① Midgley, J. & Tang, K. L. "Social policy, economic growth and developmental welfare". *International Journal of Social Welfare*, 2001, Vol. 10, No. 4.

第四章　社会权利的法制保障①

　　不管是社会权利的法律属性，还是社会政策的法律诉求，社会权利的实现都离不开法治建设。其中，宪法保护是最基本的保障方式，除此之外，宪法的国际条款与国内立法体系也在不同程度上影响着权利的实现。

第一节　公民社会权利的宪法实践

　　随着社会权在国家社会发展的地位越来越重要，社会权的宪法保障方式逐渐被大多数国家所认可，被视为人类"精神文明"的极高表现。② 据统计，现有的 168 个国家宪法中，明确规定社会权的有 130 个，占 77.3%。其中，在政策、目标与原则部分规定社会权利的有 25 个，占 14.9%，在权利章节中规定社会权利的有 71 个，占 42.3%。（统计结果不包括在文本中虽没有规定社会权条款，但通过宪法法院判例中确认了社会权的国家，如德国。）③

　　然而，社会权利"入宪"与社会基本权的效力却不是同一回事，学界往往根据社会基本权的效力大小形成不同的理论流派，其中，以德国等欧洲国家对社会基本权利效力的划分最具影响力。④

---

　　① 之所以使用"法制"而不是"法治"，主要是因为本章只局限于静态法制层面，不包含执法和司法环节。

　　② 陈新民：《宪法基本权利之基本理论（上册）》，元照出版公司 1999 年版，第 124 页。

　　③ 夏正林：《社会权规范研究》，山东人民出版社 2007 年版，第 250 页。

　　④ 关于社会基本权利的效力理论，除了下列几种划分外，还有其他划分方法，如日本学界根据社会基本权利效力大小将其划分为纲领说、抽象权利说、具体权利说、法定权利说。也有学者根据权利人是否有权向法院提起司法救济请求权将这几种理论统归为"客观权利"和"主观权利"。

一、视为"方针条款"

所谓的"方针条款"是指宪法的规定给予了国家公权力(尤其是立法者)一种日后行为的"方针指示"①。它是魏玛宪法时代法学界一种流行的观点,是"对立法者的一种无约束的建议"②,它只是作为立法、行政的纲领性规定,是对国家价值观的宣示,政治和道德意义大于法律意义。一方面,宣示国家(特别是立法机关)不仅对自由权负有保障的义务,而且对社会基本权利也负有努力实现的积极义务;另一方面,如果国家不积极采取适当措施,公民不能因此获得权利救济,司法机关也不能通过违宪审查予以纠正。这就意味着公民社会基本权的实现依赖的不是宪法本身而是立法裁量,因为立法机关在实现社会基本权方面享有完全的立法裁量权,即使立法不充分或不适当,也属于立法政策问题,公民也不能通过司法途径获得救济。"依立宪者之意图,并未赋予人民直接的权利,因此,宪法的规定,原则上是专属对立法者的规定,人民不得提起立法作为之请求。"③可见,"方针条款"表面上比其他法律条文具有"更高形式上的法律效力",实际上,这种宪法的实际约束力却微不足道,即使对立法者而言,也只是供立法者"使用",并不能积极"指示"立法者之作为。简而言之,社会基本权与其说是一种法律权利条款,不如说是在于表明国家在实现社会政治经济目标时的价值取向。社会权的方针条款主要盛行于德国魏玛宪法时期,现在欧洲仍有一些国家采用它,如爱尔兰宪法第四十条、丹麦宪法第四十五条、意大利宪法第三十一条以及波兰宪法第八十一条,等等。

社会权利的方针条款虽然更多的只是宣示意义,但是,"庄严宣示意味着一个民族政治统一性的各项原则得到确立,这些原则的有效性受到承认,被公认为政治统一性的最重要的前提,这种统一体的整合得以实现。如果通过一项重大政治行动建立了崭新的国家制度,或通过一场革命确立全新的国家整合原则,基本权利的庄严宣示就自然而然地表达了想在一个决定性的瞬间改变自己政治命运的意识。1776 年北美的一系列宣言、1789 年法国的宣言和 1918 年俄国的宣言均属此种类型。这里涉及'一种新的国家伦理的宣示',

---

① 陈新民:《宪法基本权利之基本理论(上册)》,元照出版公司 1999 年版,第 112 页。

② 同上,第 144 页。

③ 同上,第 145 页。

以庄严的形式表达了宪法的总体制宪目标"①。

方针条款的主要弊端在于，第一，它违背了"有权利即有救济"的原则。法律权利之所以区别于道德权利，就在于当权利受到侵害时法律提供了其制度化的救济途径，由于方针条款的道德和政治意义大于法律意义，社会权利始终摆脱不了被"悬置"的命运；第二，一旦社会权利的方针条款被视为对立法者"无约束力的建议"，实际上就允许了立法机构无视宪法的效力，不但容易导致宪法权威的失落，而且也不符合法律位阶理论。正是由于方针条款存在诸多问题，其后的（德国）基本法就彻底抛弃了这一思想。

二、视为"宪法委托"

"宪法委托"又称"对立法者的宪法委托"，是指"宪法在其条文内，仅为原则性之规定，而委托其他国家机关（尤以立法者为然）之特定的、细节性的行为来贯彻之"②。换言之，立法者由宪法获得一个"立法"的委托，将宪法规定的较有原则性的社会权利条款，通过法律程序细化为具体的可操作性法律规范，如德国基本法第一条第三项规定，"下列之基本权利的规定，可以作为直接适用的法律，拘束立法、行政、司法"。此外，基本法第二十三条第三项也明白宣示："立法权受到合法秩序之拘束。"

宪法委托理论在种类划分上一直争论不休，如 Hans-Peter Ipsen 的"四分法"③、Peter Lerche 的"两分法"④、Ekkehard Wienholtzde 的"两分法"⑤。但是，就宪法委托性质而言，学界观点却是相当统一，他们一致认为，宪法予以立法者一个"有约束力"的命令，来颁布法律以贯彻宪法的理想。宪法委托并不是对立法者一个单纯的"政治或伦理的呼吁"，而是一个强制性的、法律"约束性"的义务。立法者受到"合宪性的约束"，立法和宪法之间的关系，已经不再是魏玛宪法的主流看法——认为宪法为"立法者所用"，而是宪法与法律的

---

① ［德］卡尔·施米特著，刘锋译：《宪法学说》，世纪出版集团上海人民出版社 2005 年版，第173 页。

② 陈新民：《宪法基本权利之基本理论（上册）》，元照出版公司 1999 年版，第 52—53 页。

③ Hans-Peter Ipsen 的宪法委分为："最狭义的绝对的宪法委托""无设期限的、绝对宪法委托""'施行法律'的宪法委托""未定期限的宪法委托"。

④ Peter Lerche 的宪法委托分为："宪法命令"和"宪法委托"。

⑤ Ekkehard Wienholtzde 的宪法委托分为"立法委托"和"宪法训令"。

严格位阶性已获得实证的肯定。① 因此,与方针条款相比,宪法委托对立法者具有强制约束力,具有"法规范力",在决定社会权利内容方面,立法者虽然拥有相当大的裁量权限,但是,一旦制定的法律与宪法上的社会权利条款相悖时,就要承担"违宪"责任。显然,委托理论的兴起,推翻了"无法律约束力"的方针条款,同时也宣告了"立法者主权"理念在德国的破产。②

与方针条款相比,宪法委托理论一定程度上弥补了方针条款"对立法无约束力"的弊端,因为宪法委托理论从不否认社会基本权条款的法律权利属性,即使宪法的社会权利条款还没有进行立法具体化,也不会改变国家在实现社会权方面的法律责任,公民始终享有社会保障的法定权利,只不过这种法定权利还处于抽象状态,要想得到实现还要依赖于立法具体化。一旦社会权条款被立法具体化,社会权条款就可以成为判断合宪的依据。相比之下,方针条款主要强调的是国家在实现社会权方面负有的政治道德义务,它对国家只具有政治或道德上的拘束力,而不具有法律上的拘束力。因此,即使国家不履行义务,也不会发生任何法律后果。

宪法委托理论的弊端在于,它虽然承认了社会权基本条款对立法、行政和司法具有约束力,但是,由于其否认宪法社会权条款具有直接的具体的法律拘束力,"人民在联邦法公布前,除有邦法外,不得提起诉讼请求"③。这就意味着,社会权利条款对立法的法效力只有当其积极作为时,才具有实际法效力(通过违宪审查,判定立法内容是否符合宪法上社会权条款精神),一旦立法不作为,社会权对它的法律规范力将大大降低,甚至成为立法自由裁量的牺牲品。④ 人民不能通过宪法诉讼来救济自己的权利,司法机关也无法通过合宪性审查宣布其违宪,最终导致"无具体法律便无社会基本权"的现象。正是鉴于此,有学者曾提出尖锐的批评:"社会基本权作为一种基本权,若只由法律层次来全权贯彻,宪法的有关条文只能沦为立法的方针指示,而无任何规范拘束力可言。如此,社会基本权,无疑与社会权为同义词。制宪者的立宪旨意即被矮化、淡化。"⑤

---

① 陈新民:《宪法基本权利之基本理论(上册)》,元照出版公司1999年版,第52—53页。
② 立法者主权理论认为,立法者原则上是自由的,不受任何的约束,立法处于国家权力体系的核心。
③ 陈新民:《宪法基本权利之基本理论(上册)》,元照出版公司1999年版,第75页。
④ [日]大须贺明著,林浩译:《生存权论》,法律出版社2001年版,第86页。
⑤ 陈新民:《德国公法学基础理论(上册)》,山东人民出版社2001年版,第700页。

三、视为"制度保障"

"制度保障"是指宪法明白地规定,保障某些"社会基本权利",如同宪法所特别保障的"政党"、"人民私有财产制度"、宗教自由制度及公务员制度等。① "宪法所保障之各种基本权利,无论属于消极性防止公权力侵害之防卫权——各类自由权属之,或积极性要求国家提供服务或给付之受益权——社会权为其中之典型,国家均负有使之实现之任务。为达成此项任务,国家自应就各个权利之性质,依照社会生活之现实及国家整体发展之状况,提供适当之制度保障。"② 这些制度主要用于对抗立法者,立法机关虽然有权对其进行限制,但是却"不能废弃该法律制度的核心部分"③,否则将造成违宪的后果。

根据其与基本权利之间的关系,有学者将制度保障分为"消极性制度保障"和"积极性制度保障"。④ "消极性制度保障"是该理论大师史密特最早主张的观点,是指某些先存性的法律制度受宪法保护,其具有对抗立法者的效用,虽然立法者有权对之进行限制,但立法者不能废弃该法律制度的核心部分。⑤ 早期的魏玛宪法实际上就是吸收了史密特的思想,它在第二编"德国人的基本权利与基本义务"中不仅规定了个人的权利和义务(第一章),同时还规定了公务员制度、地方自治制度、宗教制度、大学自治、财产权保障、婚姻家庭制度等诸多法律制度(第二—五章)。这些(先存)制度涉及的权利虽然不是传统意义上的自然权利,却是民主法治国家所认可的价值,"这些具有价值属性的'权利'虽非严格意义上的自由权,但它们却是民主法治国家以宪法形式肯定和宣示的价值,如果这些价值得不到有效保护,则会危及民主法治国家和社会共同体的生存基石"⑥。所谓的"积极性制度保障"是指通过制度保

① 陈新民:《宪法基本权利之基本理论(上册)》,元照出版公司1999年版,第114页。
② 李建良:《"制度性保障理论"探源——寻求卡尔·史密特学说的大义与微言》,吴庚大法官荣退论文集编辑委员会:《公法学与政治理论:吴庚大法官荣退论文集》,元照出版公司2004年版。
③ 根据制度性保障的不同类别,"法律制度的核心部分"要求是不一样的,对于自由权保护而言必须以符合"体系正义"或"残余理论"为标准,对于社会权则要符合"保障足够性原则"。
④ 欧爱民:《德国宪法制度性保障的二元结构及其对中国的启示》,《法学评论》2008年第2期。
⑤ 李建良:《"制度性保障理论"探源——寻求卡尔·史密特学说的大义与微言,吴庚大法官荣退论文集编辑委员会:《公法学与政治理论:吴庚大法官荣退论文集》,元照出版公司2004年版,第222页。
⑥ 郑贤君:《基本权利原理》,法律出版社2010年版,第278页。

护条款的规定以更好地促进公民基本权利,因为基本权利作为客观法,除了需要国家在普通法律中贯彻基本权利价值,防止第三人侵害之外,尚需国家履行其他义务。以劳动权为例,如果仅仅在宪法上肯定劳动权还不足以有效保障其实施,所以必须辅之以促进就业制度、失业救济制度、安全生产制度、最低工资制度等,通过完善"制度"环境更好地落实劳动保障权。正如 Haberle 所言,宪法规定的基本权利具有双重性格,即个人权利与制度。基本权利从权利人的角度而言,是主观公权利,而从生活关系角度而言,则为制度。[1]

综上所述,宪法的"制度保障"功能一方面有助于保护先于国家的制度或民主国家所认可的法律秩序,另一方面也有助于宪法上基本权利的实施,因为侵犯公民个人权利是轻而易举的,但要废除制度却是不可能的。"国家必须建立某些法律制度,并确保其存在,以保障基本权的实现。尤其是,该制度所赖以存在的基本规范,国家不得随意加以变动。"[2]

虽然宪法的制度保障与前文所述的方针条款和宪法委托(统称为权利保障模式)都着眼于限制权力,但是,它们之间的差别非常明显:第一,理论基础不同,权利保障理论以自然权利为基础,强调权利的个人品格,而制度保障的理论基础则是建立在"社会连带"(狄骥)的基础上,侧重于对权利社会品格的强调;第二,针对客体不同,权利保障针对的不仅仅是立法者,它同时对国家权力行使的其他国家机关也具有约束力,如行政机关和司法机关,其目的在于通过赋予人民积极的(可主张、请求的)权利以抵御公权力的侵害。而制度性保障针对的主要是立法者,要求立法者在限制或形塑基本权利时不能放弃该制度在特定时期所形成的内在特征。第三,保障性质不同。权利保障虽然强调个人对国家的对抗,但是它却抽离了个人与所处的社会背景的联系,削弱了权利保障的效果。而制度性保障由于注重权利的连带性,所以不仅保障权利本身,同时也注重权利背后更广阔的社会背景和其他社会制度。[3]

---

① 李春生:《司法院大法官解释中关于制度性保障概念意涵之探讨》,载李建良、简资修主编:《宪法解释之理论与实务》(第 2 辑),中央研究院中山人文社会科学研究所 2000 年版。

② 李建良:《论学术自由与大学自治之宪法保障》,《人文社会科学集刊》1996 年第 1 期。

③ 王锴:《论财产权的宪法保障模式》,载《公法评论》2006 年第 3 卷,第 92—114 页。

四、视为"公法权利"

该理论认为,社会基本权利应该像其他自由权一样,具有直接的、强行的效力。它是一种可以被实践的"公法权利",公民在受到侵害时可以依据宪法规定诉诸法院予以救济。[①] 换言之,作为"公法权利"的社会基本权利一方面可以作为"客观法"的依据与自由基本权一样对国家机关(立法、行政、司法)具有直接的法律效力,如德国基本法第一条第三款规定:"下列基本权利是约束立法、行政和司法的直接有效的法律。""基本法的'基本权利'一章建立了一个客观价值秩序,这个价值秩序极大地强化了基本权利的实效性。这一价值秩序以社会团体中的人类的人性尊严和个性发展为核心,应当被看作宪法的基本决定而对所有的法领域产生影响。立法、行政和司法都应该从这一价值秩序中获得行为准绳与驱动力。"[②]另一方面,这些基本权利也是可请求的"主观权利"规范依据。通常而言,立法机关负有积极的立法义务,即通过立法贯彻来实施宪法规定的基本权利。但是,当立法机关的法律有悖于基本权利的"核心内容"或精神时,公民可以据此诉其违宪,而当立法机关怠于立法时,公民也可以以其不作为向司法机关请求救济,司法机关可以直接援引基本权利条款认定立法不作为的违宪性质。例如,德国基本法第十九条第四款规定:"任何人的权利受到公权力的侵犯,都可以向法院起诉。""毫无疑问,基本权利的主要目的在于确保个人的自由免受公权力的干预。基本权利是个人对抗国家的防御权,从基本权利在人类历史上的发展,以及各国将基本权利纳入宪法的历史过程中,我们可能看出这一点。……这也是针对公权力行为的宪法诉愿制度存在的原因所在。"[③]

可见,"公法权利论"与宪法委托理论既有相同之处也有不同之处。相同之处在于,它们都肯定基本权利条款的法规范性,而不只是一种纲领性、指导性规定,同时它们都将基本权条款视为法律合宪的标准,以及承认在此范围内基本权的裁判规范性。其不同点主要体现在立法不作为的规范效力及其实践结果上。前者认为,基本权利条款对立法权具有实质法效力,立法机关

[①] 陈新民:《宪法基本权利之基本理论(上册)》,元照出版公司 1999 年版,第 115 页。

[②] BVerfGE 7, 198(1958). See Donald P. Kommers, *The Constitutional Jurisprudence of the Federal Republice of Germany*, Duke University Press, 1997, p. 363.

[③] Ibid, p. 363.

必须依据宪法规定的条款制定相应的法律。一旦立法机关怠于立法,公民有权依据基本权条款提起违宪诉讼。后者则主张,基本权利的实现有待于具体立法,并且立法机关拥有广泛的自由裁量权,当立法机关不作为时,公民无权通过司法获得救济。换言之,当不存在具体立法时,其实际效果与方针条款并无二异(如表 4-1)。

表 4-1　不同社会基本权利模式的约束力

	与立法部门的关系	与司法部门的关系
方针条款	不约束立法部门	不构成司法救济的依据
宪法委托	约束立法部门(负有具体化权利的义务)	不构成司法救济的依据
制度保障	约束立法部门(负有具体化权利的义务)	不构成司法救济的依据
公法权利	约束立法部门	构成司法救济的依据

"公法权利论"的最大优点是在赋予其对立法权绝对的拘束力的同时,肯定基本权利的积极请求权性,体现了"有权利必有救济"的法治主义精神,有利于社会权在宪法层面得到有效保障。但是,"公法权利论"主张的"直接效力论"却一直受到各种质疑:

第一,不利于国家均衡发展。社会权利的真正实现离不开国家财政经济状况及其预算,而国家财政预算不能仅仅考虑社会权利的发展,还需要考虑国家财政收支平衡以及国家的全面整体发展,而"公法权利论"就过于强调社会权利发展在整个社会国家发展体系中的优先性。"如果法院尤其是宪法法院直接从社会基本权利中推导出请求权,那么它们必然会对国家财政和财政优先权造成影响。为社会基本权利融资必须先获取金钱,这是宪法本身或解释宪法的宪法法院所无法保证的。"[1]

第二,与国家分权体制相冲突。"公法权利论"赋予权利人向法院提起救济的具体请求权,然而,一旦司法介入,则必然会涉及司法机关审查行政机关有关财政、预算编制等事项,而这些事项专属于立法权限范围[2],任何机关无权染指,否则就违背了立宪主义的三权分立原则。

----

① [德]克里斯蒂安·施塔克:《宪法和法律中的社会权利》,《中德法学论坛》第 6 辑,南京大学出版社 2008 年版,第 7 页。

② 立法专属领域意指只有民意代表机关(立法机关)才能判断或决定国家财政、教育、医疗、劳资关系等政策性、专业性都很高的社会立法事项。

第三，社会权利的内容具有不确定性。传统的社会基本权利内容，虽然主要源自宪法明文规定，但是，随着时代的发展，社会需求不断变化，社会权利的范围不断拓展，例如，环境权就是新发展出来的一种社会权。另外，即使由宪法导出的社会基本权利，其内容方面也多趋于抽象，例如，对灾害的"适当救助"规定，什么样的救助称得上"适当"？所有类似规定，仅仅有宪法条款是远远不够的，必须有立法条款予以明确。

第四，容易造成"权利冲突"。实践中，社会基本权利的实施过程往往会造成对他人自由权的损害。例如，绝对的工作权要想保障劳工权势必要求约束雇主经营自主权，这就违反了"经营自由和财产自由"理念，同理，环境权的实现也会损害他人的工作权、经营权，甚至住宅自有和迁徙自由。在这里，既有不同权利性质的冲突，也有同类权利内部的冲突，前者如工作权（积极权利）与财产权（消极权利）的冲突，后者如环境权（积极权利）与劳动权（积极权利）的冲突。

第五，国家资源的有限性。社会权的实现在很大程度上取决于国家资源的多寡及其分配方式。假如国家经济繁荣，财力充实，为了保障社会基本权的贯彻落实，国家可以制定充分的就业政策、妥当的经济政策以及财政政策。然而，更多时候，国家掌握的可分配资源是有限的，这就要求国家（立法者）根据社会整体发展现状对可掌握的资源制定"优先次序"。显然，"公法权利论"对公民请求权的承认建立在理想的状态上，难以具有"全面性"和"可持续性"的效力。

第二节　公民社会权利的立法保护

一、社会权利的国际法保障

社会权利是规范性国际人权法典的重要组成部分，它不仅在《世界人权宣言》(1948)和《经济、社会和文化权利国际公约》(1966)等国际人权宪章中有明确规定，还在一些区域性人权公约中有具体规定，如《美洲国家组织宪章》(1948)和《欧洲社会宪章》(1961)等。这些条款一旦被缔约国认同，就具有法律约束力，成为这些国家保护社会权利的一种重要方式。

1948 年联合国通过的《世界人权宣言》共计 30 条,前半部分主要涉及的是自由权利,后半部分第二十二—二十七条确立了社会基本权利的范畴,涵盖了经济、社会、文化三个层面,具体包括工作权、休息权、健康和福利权、教育权、文化活动权。为了进一步保障人权,1966 年,联合国还专门通过了保障社会权利的国际条约——《经济、社会和文化权利国际公约》,公约在开篇的原则中首先明确了公约宗旨,即,"确认这些权利是源于人身的固有尊严,确认,按照《世界人权宣言》,只有在创造了使人可以享有其经济、社会和文化权利,正如享有其公民和政治权利一样的条件的情况下,才能实现自由人类享有免于恐惧和匮乏的自由的理想"。按照社会权利内容,《经济、社会和文化权利国际公约》规定的社会权利主要包括:工作的权利(第六条)、享受公正和良好的工作的权利(第七条)、组织和参加工会的权利及罢工权利、享受包括社会保险的社会安全的权利、受教育的权利(第十三条)和享受科学文化生活的权利。

除了国际人权宪章(包括《世界人权宣言》《公民权利和政治权利国际公约》和《经济、社会和文化权利国际公约》)中明确规定的社会权利,一些区域性公约中也都有社会权条款。例如,1961 年 10 月 18 日通过的《欧洲社会宪章》承认人民享有工作权、劳动保障和职业培训权、公平待遇权、受教育权、健康权和接受社会救助等社会权利以及儿童、青年、女工受保护的权利。1996 年 1 月 29 日修订后的《美洲国家组织宪章》明确指出,"社会公正和社会安全是长期和平的支柱","无论在城市还是在农村地区,那些生活在社会边缘的人应该不断地被纳入国家的经济、社会、公民、文化及政治生活中来,并参与其中。这样才能使完全融合国家共同体、加速社会流动过程以及巩固民主体系的目标得以实现。一切以合作、发展和共同体进步为目的的努力及各种潜能的发掘都应获得促进"。其中,社会权利主要包括获得物质性社会福利的权利、工作的权利和社会义务、结成工会组织的权利及罢工权、富有效率的社会保障体系。2000 年新通过的《欧洲联盟基本权利宪章》对社会基本权进行了规范,主要包括劳动权(劳工对于企业之经营,有受告知与被倾听的权利、集体谈判和集体行动的权利、每个人都有受免费工作中介的权利;劳工无正当理由遭解雇时,有受保护之权利、良好工作条件的权利;童工之禁止及少年劳工之保护)、家庭和职业生活的兼顾、社会福利与社会救助、健康照护、一般经济利益服务、环境保护、消费者保护等。

二、社会权利的国内法律保护

《经济、社会和文化权利国际公约》第二条第一款要求："每一缔约国家承担尽最大能力个别采取步骤或经由国际援助和合作，特别是经济和技术方面的援助和合作，采取步骤，以便用一切适当方法，尤其包括用立法方法，逐渐达到本公约中所承认的权利的充分实现。"①经济、社会和文化权利委员会对《经济、社会和文化权利国际公约》第二条第一款做了进一步解释："委员会认为，在许多情况之下立法是特别需要的，在有些情况下可能甚至是必不可少的。例如，如果必要的措施没有可靠的立法基础，可能就很难有效地反对歧视。另外，在卫生、保护儿童和母亲、教育领域及在第六至第九条涉及的事务方面，立法从许多角度看都会是不可或缺的一项内容。"②经济、社会和文化权利委员会不仅在一般意义上强调了立法的作用，在解释各项具体社会权利条款时也都突出了立法的地位，如解释缔约国在实现工作权利时应履行的法律义务时指出："保护工作权利的义务，除其他外，包括缔约国有责任通过立法或采取其他措施，确保平等获得工作和培训，确保私有化措施不损害工人的权利。"③与此同时，还就立法具体措施做了详细的规定：（1）建立国家机制，监督就业政策和国家行动计划的执行；（2）就数量指标和执行的期限做出规定；（3）确保遵守国家一级订立的基准的手段；（4）吸收公民社会，包括劳务问题专家在内，私营部门和国际组织的参与。在监督实现工作权利进展方面，缔约国应当找出影响履行上述义务的因素和困难。④

利本贝利认为，对于社会权保护而言，立法的目的在于：（1）提供更详细的有关国际文书和国家宪法中出现的权利的范围和内容的定义。例如，需要立法来详细解释《经济、社会和文化权利国际公约》第十一条"适当住房"的概念。（2）规定实现权利的财务安排。（3）规定国家、省和地方的不同政府部门在实现这些权利时的责任和职能。（4）为实现这些权利创造和谐的制度性框架。（5）防止和禁止国务院和房东、雇主、公司、银行等私人当事人侵犯权利。

① 董云虎：《人权大宪章》，中共中央党校出版社2010年版，第158页。
② 参见经济、社会和文化权利委员会《第3号一般性意见——缔约国义务的性质》，第5段。
③ 参见经济、社会和文化权利委员会《第18号一般性意见——工作权利》，第25段。
④ 同上，第38段。

(6)提供具体的救济以补偿权利的侵犯。①

实际上,通过立法来实践社会权利,既有利本贝利表述的原因,也有其他因素,具体来说:

首先,如前所述,通过宪法的方式保障社会基本权利的实现是现代法治国家的普遍做法,但是,大多数时候,社会基本权利的实现离不开法律。"唯有透过在立宪时,对条文内容尽可能地明确及周详考虑,以及立法者对相关法律迅速及广泛的拟定,使得'社会基本权'转化为'社会权'的时间及幅度,达到最紧凑之程度,这是实践每一个社会基本权利之'具体化'最为妥当的程序。"②当社会基本权作为纲领性条款只具有指示性作用时,法律的作用无疑更加突出,因为一旦没有法律,所有的宪法秩序都将无从谈起。而当社会基本权条款具有"宪法委托"和"制度保障"效力,法律的职能就是尽可能将宪法条款具体化或制定相应的保障性制度,确保社会基本权利条款的有效落实。即使社会基本权具有"公法权利"效力,运用法律手段仍然是公民提起请求权的经常性手段。"与宪法相比,立法的优势在于,它通常比开放性、原则性的宪法规范得更加详细、更加具体。与泛泛制定宪法或国际法规范相比,法院往往更愿意接受实施具体立法的权利和义务。"③

其次,社会权利的实现不像保障一般自由基本权——要求国家消极不干预,而是要求国家积极地干预,并且把握一定的适度原则。一旦依赖于公共财政的社会支出费用被过度使用,可能会出现事与愿违的结果。"体系运作越来越昂贵,以致需要不断地对其投入更多资金。至于国家财政,则不得不放弃其他的责任来承受社会福利的负担。税收和社会保险的保险费越高,公民自负责任地管理经营其收入的自由就越少。当税收和社保保险费负担超过了纳税义务人的经济支付能力范围或者使他们疲于支付时,用于社会权利的税收人就将减少。如果低报酬工作带来的收益小于以社会福利获得的给付,就会鼓励索取和被供养心态,并且使人们怠于对自己的经济生存负责,而

---

① S.利本贝利:《经济和社会权利在国内法律制度中的保护》,[挪]A.艾德、C.克洛斯、A.罗萨斯主编,中国人权研究会组织译:《经济、社会和文化权利教程(修订第二版)》,四川出版集团四川人民出版社 2004 年版,第 64 页。

② 陈新民:《宪法基本权利之基本理论(上册)》,元照出版公司 1999 年版,第 126 页。

③ S.利本贝利:《经济和社会权利在国内法律制度中的保护》,[挪]A.艾德、C.克洛斯、A.罗萨斯主编,中国人权研究会组织译:《经济、社会和文化权利教程(修订第二版)》,四川出版集团四川人民出版社 2004 年版,第 65 页。

这些可能通过父母'遗传'给孩子们。"①因此,立法机关必须在立法中实现国家"和平、自由和社会均衡"发展。

再次,有权力的地方就需要有制约。一方面,掌管资源的国家机关往往拥有很大的权力,更加需要通过法律手段制定一套完整程序,确保社会资源公平分配;另一方面,有效的立法程序可以在保证社会基本权利时,防止其侵犯个人其他自由权利。倘若国家只专注社会权利的实践,而忽视、淡漠自由权的保护,现代民主法治理念将面临极大的危险。正如有学者所言,"从自我的强制发展到社会的强制","从合理的自律发展到合理的压制","从理性的一律发展到强迫的一律",积极自由极易背离自由的初衷而沦为压制自由的工具,为极权政治和暴政统治打开方便之门。② 因此,国家在保障及实践社会基本权利时,必须借助法律的程序,对个人的、传统的自由基本权利予以足够的尊重。

最后,只有通过立法才能更好地履行社会权的国家法义务。一般而言,国际法在国内的生效方式有"二元制"和"一元制"两种方式。在实行二元制的国家,已经批准的条约在被纳入或转换到国内法体制之前,在国内法中没有直接效力,必须由国家通过个别立法进行转换。即使在自动纳入的"一元制"国家,其中的"非自动执行条约"的实施,也要依赖国内立法,否则不能在国内法院直接适用。

除此之外,与正式的法律诉讼相比,立法可提供更低廉、更快捷和弱势群体更易获得的行政救济。

---

① [德]克里斯蒂安·施塔克:《宪法和法律中的社会权利》,《中德法学论坛》第6辑,南京大学出版社2008年版,第9页。

② 胡传胜:《自由的幻像》,南京大学出版社2001年版,第91页。

第五章　民政救助福利与社会主义公平正义观

新中国成立以来，我国民政救助福利经历一个从临时、分散救济向以最低生活保障为核心的新型综合救助体系，从"单位办福利""集体办福利"向"国家、社会、家庭"共同参与的社会化福利转型。就价值选择而言，这一转型和"效率与公平并重，更加注重公平"的公平正义观密不可分。

第一节　民政概述①

长期以来，民政部门在解决民生、维护民权、落实民利、体现民意、维护困难群众合法权益等方面发挥了重要作用。然而，与此形成巨大反差的是，民政并没有为学术界所重视，特别是作为一个整体研究领域没有得到应有的重视，②甚至很多人不知道民政为何物。那么究竟什么是民政？崔乃夫主编的《中国民政词典》认为，民政有广义和狭义之分，广义民政与军政相对应，泛指除军事之外的一切社会事务管理。杨旭主编的《简明民政词典》将民政理解为社会行政管理，属于国家事务中的一种，它包括民政机构、民政事务和民政对象。由孟昭华和陈光耀主编的《民政词典》认为，所谓的民政，是指政府机关以人民群众为对象，与人民群众切身利益密切相关的一些社会性、政治性

---

① 本章的核心在于论述社会主义公平正义观对社会救助福利制度的影响，这里对"民政"的交代更多是为了理解的方便，有关民政救助福利模式的具体转型将在下文中论述。

② 目前能见到的学术研究只有屈指可数的几篇学术文章，郑杭生：《现代社会与现代民政——一种社会学的领会》，《中国民政》2009年第12期；郑杭生：《民生为重、造福于民的体制创新探索——从社会学视角解读"大民政"的本质和重大意义》，《新视野》2011年第6期；毛丹、胡文木：《构建浙江现代大民政——浙江社会管理创新暨浙江民政论坛研究综述》，《浙江社会科学》2013年第4期。

的国内社会行政管理工作。显然,了解民政离不开对民政机构和民政事务的
了解。

一、中国传统"民政"

(一)民政事务

"民政"作为专属名词最早出现在北宋时期,其中有"州官掌理郡政"的记
载:"宋初革五季之患,召诸镇节度会于京师,赐第以留之,分命朝臣出守列
郡,号权知军州事,军谓兵,州谓民政焉。"①据《宋史》解释,这里的"军"是关于
军队的工作,州就是民政,泛指与民众事务有关的行政管理,包括除了军队工
作之外全部的地方政权工作。

南宋时,"民政"概念被明确使用。徐天麟在编纂《两汉会要》时明确将
"户口、风俗、傅籍更役、乡役、泛役、复除、置三老、尊高年、赐孝弟力田、恤鳏
寡孤独、恤流民、徙豪族、奴婢、治豪猾、杂录、乡三老、乡亭长、劝农桑、假民田
苑、赐民爵、赐酺、崇孝行、戒奢侈、荒政、禁厚葬、瘞遗骸"等事项归为民政
门类。②

1908 年,孙楷在《秦会要》中将"民政"分为 25 项内容,即户口、风俗、户
籍、更名黔首、什伍、徭役、复除、赐粟、赐民爵、大索、徙民、迁富豪、奖富民、治
蛮夷、闾左、人貉、赘婿、奴婢、庶子、病病、借贷、雇佣、奸淫、民生、群盗。③

清朝末年,民政范围包括:地方行政、警政治安、救灾救济、户口户籍、疆
里版图、营缮公用、风教礼俗和卫生免疫。这个时期,民政的特点表现为"恩
威并重",一方面,继续保留社会行政事务,另一方面则是"巡警为民政之一
端"。

辛亥革命以后,无论是北洋政府还是国民政府,在中央和地方都设有专
门的民政机构,范围非常大,凡是属于"地方官员任免、地方行政经费、地方行
政区划、地方自治、国土疆界、图志、选举、赈灾、救贫、慈善事业、国籍、户籍、
征兵征发、土地行政、土地征收、水利、水源水道保护、自来水、建筑事项、都市
计划、公共卫生、名胜古迹、褒扬恤典、礼制宗教、移民实边、警察制度的厘定

---

① 孟昭华、王明寰:《中国民政史稿》,黑龙江人民出版社 1986 年版,第 3 页。

② 同上,第 4 页。

③ 陶澄滨:《建国前民政职事机构理念述要》,《中国民政》2013 年第 3 期。

及其机关设置、烟毒禁政、出版登记、著作权登记、社团登记、劳资争议、主佃纠纷"的都属于民政管辖。[①]

在中共红色政权期间，苏区、边区和解放区的各级政府，均有民政机构的设置，管理事项极其广泛。"专区以下各级政权建设、行政区划、选举、户籍、赈灾、优待抚恤、社会救济、取缔娼妓赌博盗窃缠足、禁烟禁毒、社会治安、土地行政、人事工作、卫生行政、动员人民、兵役、军事支差、战勤、社团、民族、宗教、社会礼俗、妇女、婚姻登记、儿童保护、劳资佃业等归属民政工作范围之内。"[②]

(二)民政机构

在我国，民政工作作为一项社会事务管理，有着悠久的历史。早在远古时代，"女娲补天""夸父逐日"就以神话传说的形式记述了古老的抗灾救灾。到了西周，荒政、慈幼、养老、赈穷、恤贫、宽疾、封疆立社（区划）、民伍（民众组织）等民政事务就已经逐渐从其他社会事务中独立出来，由特定的机构兼管。例如，在西周，"大司徒之职，掌建邦土地之图，与人民之数，以佐王安扰邦国"，根据《周礼·地官·司徒》记载，大司徒还管理"慈幼、养老、赈穷、恤贫、宽疾、安富"等"保息六政"。之后，中央层面，西汉的民曹尚书、隋朝的民部、唐朝的户部，都兼有管理民政事务的职能，地方主要由府、州、县等地方各级长官亲自兼管民政。

直到1906年，清朝后期"预备立宪"实行官制改革，历史上第一次设置了专管民政的独立机构——民政部门。独立民政机构的设立打破了传统六部执掌体制，确立了"事有专司、各任其责"的"明定责成"行政管理体制，民政作为一个独立的机构被沿袭下来。

不仅如此，自此之后，民政部一直在政府中占有重要一席。清末改制后，中央政府设置了外务部、民政部、吏部、度支部、礼部、学部、陆军部、法部、农工商部、邮传部、理藩部十一个部，其中民政部位居第二。

到了南京临时政府时期，民政部改名为内务部，属于中央行政九部之一，下设承政厅及民治、礼教、警务、疆里、土木和卫生六局。

北洋政府成立时，内务部则是北洋政府行政各部中的第一部，下属总务

①② 孟昭华、王明寰：《中国民政史稿》，黑龙江人民出版社1986年版，第5页。

厅及民政、礼俗、警政、土木、卫生和职方六司（1913 年曾经合并为总务厅和民治、职方、警政和考绩四司）。

南京国民政府时期，内政部一直为行政院常设机构（1927 年 8 月，国民政府曾经设立民政部门，宁汉合流之后，改设内政部取代民政部），位居行政各部之首。内政部所属部门由于经过多次调整，前后差异很大。1928 年主要有秘书处、总务处及民政、警政、土地和卫生四司。同年年底，改设总务、民政、警政、土地、礼俗和统计。1938 年 2 月，内政部又增设禁烟委员会。1947 年 5 月，国民政府实行改制，内政部所属机构建制分为司、署、局、处以及一些附属机构。具体包括总务、民政、礼俗、方域、营建、社会、合作和劳工司（其中，劳工、合作和社会三司是 1949 年 3 月增设的）、警察总署、人口局、禁烟委员会以及秘书、统计、参事、会议处。国民政府时期，除了内政部涉及民政业务，还有社会部（社会部成立于 1938 年 3 月，原隶属国民党中央执行委员会，后改为行政院下属机构，1949 年 3 月，该部被撤销合并到内政部）。①

二、新中国民政

（一）民政职权

新中国成立后，在民政刚刚起步之时，第一代领导集体就从不同角度对其做了解释。陈毅认为，民政工作就是"上为中央分忧，下为百姓解愁"，朱德则明确提出了"民政部门是人民群众组织部"的论断，毛泽东在谈论民政时则更加具体："民政工作就是做人的工作，不要怕麻烦。"由此可见，民政最初内涵主要来自领导人的朴素判断，就是管理老百姓的事，解决老百姓的难事。

新中国成立之初，根据第一次全国民政会议的讨论结果，民政工作主要包括民主建设、优抚、复员安置、社会救济、生产救灾、困难补助、地政、户籍、国籍、行政区划、边界区划、社团登记、婚姻登记、民工动员、移民安置、游民改造、老区建设以及宗教和侨务工作，其中，地政（地方政权建设）、救灾和优抚为工作重点，其目的主要是巩固新生人民政权，建立新的社会秩序。

社会主义改造初期，民政业务主要包括政权建设、优抚、救济、地政、户政、国籍、行政区划、民工动员、婚姻登记、社团登记等，其中，"地政和优抚、

---

① 参见张小华、张小东等：《民政工作概论》，敦煌文艺出版社 2009 年版。

救济"仍然被确定为民政工作重点。1954年,根据党中央、国务院的指示,陈毅在第三次全国民政会议上明确表态,"民政部门的工作,应该以优抚、复员、救灾和社会救济为工作重点","上为中央分忧,下为百姓解愁","把民政部门认为是领导政权建设工作的部门,把政权建设工作作为部门工作的重点,这是一种方针上的错误"。① 随后,"以优抚、复员、救灾、社会救济为主要业务,并相应地做好其他民政工作"为民政重点工作方针,地政不再是民政工作重点。

社会主义建设时期,民政工作范围虽然几经调整,但是福利、救济的工作重点一直没有改变。例如,第五次全国民政会议确定民政部门的主要业务是:优抚、复员安置、救灾、社会救济、社会福利和政府系统人事工作以及继续做好地方选举、基层政权组织建设的具体任务、行政区划、土地征用、婚姻登记、婚丧礼俗改革等工作。第六次全国民政会议还专门通过了《坚决贯彻执行党中央制定的民政工作方针、任务和政策,为实现1960年民政工作的连续跃进而斗争》报告,并强调要进一步加强优待抚恤和复员安置工作;切实做好救灾和社会救济工作;积极研究和参加城市街道组织居民生产和集体福利事业的工作;承办政府机关人事工作;办好选举工作。

"文化大革命"期间,根据《关于撤销高检院、内务部、内务办三个单位,公安部、高法院留下少数人的请示报告》,内务部被撤销,但是,其主管的业务并没有随之消失,而是被分解到财政部、卫生部、国家计委劳动局和国务院政工小组办公室,其中,财政部分管救灾、救济、优抚、拥军优属等工作,卫生部接管盲人、聋哑人、麻风病人、精神病人的安置、教育和管理工作,国家计委劳动局负责管理国家机关工作人员的待遇、退职退休和复员转业军人的安置等工作,原内务部主管的人事工作则由国务院政工小组办公室代管。

1978年,中央恢复民政业务主管部门,成立中华人民共和国民政部,负责主管优抚、复退安置、生产救灾、社会救济和社会福利,并承办行政区划、婚姻登记和殡葬改革等工作。

1982年7月10日,全国政法工作会议在北京召开,会议规定了民政部门的主要任务,一方面要抓好救灾、救济、收容遣送、优抚安置等工作外,维护社会安定;另一方面,还要承担基层政权的建设,特别是农村基层政权建设的重

① 中华人民共和国民政部大事记编委会:《中华人民共和国民政部大事记(1949—1986)》,中国社会出版社2004年版。

任。于是,民政部对自己的主要任务和职责范围做了重新调整,强调要做好地方政权建设、优抚安置、救灾救济、社会福利等工作。

1983年4月,崔乃夫在第八次全国民政会议上对民政工作做了理论概括,第一次提出了民政工作具有群众性、社会性和多元性的特点,并将民政工作的性质和任务概括为"三个一部分",即民政部门承担着基层政权建设、优抚安置、救灾救济、社会福利、行政区划、殡葬改革、婚姻登记等工作,这些工作,有的属于基层政权建设的一部分,有的属于社会保障的一部分,有的属于行政管理的一部分。具体见表5-1。

表5-1　民政业务范围及行政

性　　质	职　　责
基层政权建设	基层政权建设
社会保障	优抚安置、救灾救济、社会福利
社会行政管理	行政区划、殡葬改革、婚姻登记、社团登记管理等工作

(二)民政组织机构

民政工作的有效运转受到诸多因素的影响,其中,民政组织机构的完备与否直接制约了民政的工作成效,由于"民政系统由各级民政部门和接受民政部门指导的各类地方团体组成"[①],因此,必然影响民政部门对基层各种非正式团体工作的指导和协调。

1949年,中华人民共和国成立,中央人民政府设立了"中央人民政府内务部",1954年改称"中华人民共和国内务部",负责管理全国民政工作。各大行政区军政委员会均设民政部,各省、自治区设民政厅,大城市设民政局,专区、县设民政处、科。1969年,内务部被撤销,直到1978年2月,五届人大通过宪法,正式设置中华人民共和国民政部,指导全国民政工作,一直延续至今(见表5-2)。

---

① 〔香港〕黄黎若莲著,唐钧等译:《中国社会主义的社会福利:民政福利工作研究》,中国社会科学出版社1995年版,第59页。

表 5-2　新中国内务部组织机构沿革表(1949 年 11 月—1968 年 12 月)①

1949 年 11 月	1953 年 8 月	1955 年 5 月	1956 年 6 月	1958 年 8 月	1959 年 7 月	1964 年 1 月
办公厅	办公厅	办公厅	办公厅	办公厅	办公厅	办公厅
干部司(1950 年 10 月撤)	民政司	财政干训司(新设)	优抚局	优抚局	优抚局	优抚局
民政司	救济司(新设)	优抚局	移民局(新设,1958 年 3 月撤)	优抚局	优抚局	优抚局
社会司	优抚局(优抚司改设)	农村救济司(救济司改设)	农村救济司	农村救济福利司(农村救济司改设)	农村救济社会福利司(农村救济福利司改设)	农村救济福利司(农村救济社会福利司改设)
地政司	户政司(新设)	城市救济司(社会司改设)	城市救济司	城市救济福利司(城市救济司改设)	城市救济社会福利司(城市救济福利司改设)	城市救济福利司(城市救济社会福利司改设)
优抚司	地政司(1955 年 5 月撤)	民政司	民政司	民政司	政府机关人事局(新设)	政府机关人事局
	社会司	户政司	游民改造司(新设)		民政司(1960 年 12 月撤)	民政司(1961 年 11 月设)
			计划财务处(新设)			
			参事室(1956 年 8 月设)			

新中国内务部组织机构沿革表(1978 年 3 月—2008 年 3 月)

1978 年 5 月	1980 年 7 月	1982 年 11 月	1988 年 7 月	1993 年 12 月*	1998 年 3 月**	2008 年 3 月
办公厅	办公厅	办公厅	办公厅	办公厅	办公厅	办公厅

① 中华人民共和国民政部大事记编委会:《中华人民共和国民政部大事记(1949—1986)》,中国社会出版社 2004 年版,第 380—381 页。

续　表

1978 年 5 月	1980 年 7 月	1982 年 11 月	1988 年 7 月	1993 年 12 月 *	1998 年 3 月 **	2008 年 3 月
政治部 (1980 年 10 月撤)	革命史料研 究室(新设)	政策研究室	政策法规司 (1993 年 3 月 撤)	优抚司	优抚安置局	政策法规司
优抚局	优抚局	民政司	基层政权建 设司	基层政权建 设司	基层政权和 社区建设司	基层政权和 社区建设司
农村社会救 济司	农村社会救 济司	农村社会救 济司	社会福利司	救灾救济司	救灾救济司	优抚安置局
城市社会福 利司	城市社会福 利司	城市社会福 利司	救灾救济司	农村社会保 险司	外事司	救灾司
民政司	信访局 (新设)	优抚局	优抚司	社会福利司	社会福利和 社会事务司	社会救助司
政府机关人 事局	退伍军人和 军队退休干 部安置局 (1981 年 3 月 设)	安置局	安置司	安置司	财务和机关 事务司	社会福利和 慈善事业促 进司
		老干部管理 局(1983 年 5 月撤)	社团管理司	社团管理司	民间组织管 理局	民间组织 管理局
		人事教育局 (1983 年 5 月 设)	社会事务司	社会事务司	人事教育司	社会事务司
		计划财务基 建办公室 (1986 年 5 月 设)	婚姻管理司	区划地名司	区划地名司	区划地名司
			行政区划和 地名管理司 (中国地名 委员会办公 室)	计划财务司		规划财务司
			人事教育司	国际合作司 共 12 个职 能司(厅)		国际合作司

续　表

1978 年 5 月	1980 年 7 月	1982 年 11 月	1988 年 7 月	1993 年 12 月*	1998 年 3 月**	2008 年 3 月
			综合计划司	人事教育司		人事司（社会工作司）
			国际合作司（民政部接待安置印支难民办公室）			离退休干部局

　　* 1993 年机构设置根据：国务院办公厅关于印发《民政部职能配置、内设机构和人员编制方案》的通知。

　　** 1998 年 3 月，第九届全国人民代表大会通过《国务院机构改革方案》，根据方案民政部职能做了相应的调整，其中原有的社会保险业务划归到新组建的"劳动和社会保障部"，农村社会保险司随之撤销。

三、小结

　　从中国古代民政机构和职权的变化可以看出，首先，民政业务自古有之，而且范围极其广泛，几乎涵盖了所有的民生领域，例如，在宋朝，民政事务对应军政，泛指与民众事务有关的事务；其次，民政是一项政策性极强的工作，其中心工作往往随着社会发展的变化而变化，例如，清末以巡警为中心，北洋政府则以地方行政、经济为中心，到了国民党统治时期，民政曾经一度将征兵视为中心工作。新中国成立初期，民政主要以整顿社会秩序、解决社会问题为中心，随后转移到以救灾救济为中心。过去几十年又发展到以社会保障为中心，"十一五"以来，民政工作明显向社区服务和非政府组织建设偏移；再次，民政工作历来为统治者所重视。以民政机构设置为例，自从清政府正式设立民政部以来，民政机构历来位居所有行政工作前列，在北洋政府成立时，内务部则是北洋政府行政各部中的第一部。南京国民政府时期，内政部一直是行政院常设机构。新中国成立之后，国务院先后经历了十几次机构改革，除了"文化大革命"特殊时期，民政部一直保留着，"上为中央分忧，下为百姓解愁"，发挥着稳定社会、发展社会主义民主、维护社会主义法制、保障民生、促进国防建设的功能。

第二节　民政救助福利与社会主义公平正义观

　　新中国成立以来,社会主义作为意识形态在我国一直占主导地位,但是,不同的时期我们对其中的公平正义价值却有不同的理解,这在很大程度上影响了民政救助福利的发展转型。

(一)"平均主义"价值观

　　在我国,受中国传统文化思想中"大同"思想和"不患寡而患不均"思想的影响,平均主义作为一种价值观念,在很长一段时间内渗透到我国政治、经济和社会生活每个领域,尤其在改革开放前,直接塑造了以"单位—集体"保障为核心,以社会福利救助为补充的保障制度体系。

　　在合作化初期,中共政策虽然允许私有经济的发展,但是,毛泽东已经开始对农村逐步形成的贫富差距感到不安,1955 年 7 月 31 日,他在《关于农业合作化问题》的报告中就明确指出:"在最近几年中间,农村中的资本主义自发势力一天天地在发展,新富农已经到处出现,许多富裕中农力求把自己变为富农。失去土地的农民和继续处于贫困地位的农民将要埋怨我们,他们将说我们见死不救,不去帮助他们解决困难。"①

　　1958 年后,中共政策中平均主义思想更加突出。1958 年 8 月毛泽东在北戴河会议上高度评价"共产主义精神",要求消除代表资本主义的法权思想,取消工资制,恢复供给制。他说:人活着不搞点帮助别人,不搞点共产主义,有什么意思呢? 空想社会主义的一些理想,我们要实行。为什么要搞工资制? 这是向资产阶级让步,结果发展了个人主义;人民公社有共产主义萌芽,公共食堂吃饭不要钱,就是共产主义。人民公社的特点是一曰大,二曰公。地大物博,人口众多,工农商学兵,农林牧副渔。大,了不起,人多势众。公,就是社会主义比合作社多,把资本主义的残余逐步去掉,如自留地、私养牲畜去掉,搞公共食堂、托儿所、缝纫组,全体劳动妇女可以解放。② 1966 年,毛泽东在"七五"指示中,更是提出要建立一个无处不均匀、无处不饱暖、既平等又

---

　　① 中共中央文献研究室:《毛泽东文集(第六卷)》,人民出版社 1999 年版,第 299 页。

　　② 林蕴晖、顾训中:《人民公社狂想曲》,河南人民出版社 1995 年版。

公平的社会;全体社会成员都能亦工亦农,人人都能得到全面发展的社会。[1] 毛泽东平均主义的态度主要源于他对社会主义本质的认识和看法,[2]正如他在《关于实行半供给制半工资制的调查》中指出的那样:"全国就像一个大家庭,人人都劳动,人人都有饭吃;要是饱的饱,饥的饥,那还算什么社会主义?"

与平均主义相对应,改革开放前的民政救助福利呈现出"单位—公社"下的补缺型模式。在城镇,工作单位不仅为职工及其家属提供职工劳动保险(就业保障、工伤保障、生育保障、退休保障、劳保医疗以及遗属保障等),而且还会为其提供包括集体福利设施、住房福利、困难补助等在内的集体福利。在农村,以公社为单位的集体组织既为广大农民提供基本的生活保障和医疗保障,还对五保救助对象提供保障。在这种保障覆盖模式之下,民政救助福利的出场只可能是"拾残补缺":通过"以工代赈"和"福利生产"两种生产自救方式将剩下的少数群体纳入最后一道"安全网"之中。

(二)"效率与公平"并重的价值观

任何社会公平都是结果公平和起点公平或机会公平的统一,只有满足了起点公平和过程公平,才谈得上结果公平,只追求分配结果上的平等而不考虑起点和机会上的平等,只能是平均主义公平观。在计划经济时代,人们把平均主义视为社会公平,把公平看作绝对平等,将机会均等、形式平等当作资产阶级法权加以批判,其实质是对机会公平和过程公平的否定,实践中,不仅严重挫伤了劳动者的积极性和创造性,极大地破坏了社会生产力,甚至造成很多看似公平实为不公平的现象。"平均主义思想是贯彻执行按劳分配原则的一个严重障碍,平均主义的泛滥必然破坏社会生产力。"[3]

改革开放后,这种以绝对平等为取向的公平观逐步转变为以相对平等为取向的价值观,所谓相对平等就是在追求平等的同时,承认差距的合理性,问题是多大程度的差距算是合理的?于是,平等问题开始转化为效率与公平之间的关系问题。

1. 效率优先,兼顾公平

改革开放初期,基于经济体制的调整以及对平均主义的历史反思,对效

---

[1]　张文桂等:《毛泽东思想与中国当代社会》,石油大学出版社 1993 年版,第 376—380 页。

[2]　其实,毛泽东对待平均主义的态度是不稳定的,但是总体是持赞同态度。

[3]　中共中央文献研究室:《十二大以来重要文献选编(上)》,人民出版社 1986 版,第 577 页。

率的重视在相当长一段时间内成为整个社会的共识,成为政策制定的主要价值取向。早在 1983 年,邓小平就开始重谈按劳分配,"按劳分配就是按劳动的数量和质量进行分配。根据这个原则,评定职工工资级别时,主要是看他的劳动好坏、技术高低、贡献大小"[①]。在这里,对劳动者劳动数量和质量差别的强调实际上是对劳动者个体差异的强调,承认差别在分配领域中的合法性。于是,党的十三大报告首先开始了对效率与公平的重新认识,"我们的分配政策,既要有利于善于经营的企业和诚实劳动的个人先富起来,合理拉开收入差距,又要防止贫富悬殊,坚持共同富裕的方向,在促进效率提高的前提下体现社会公平"。党的十四大继续强调效率与公平的重要性,"在分配制度上,以按劳分配为主体,其他分配方式为补充,兼顾效率与公平"。从党的十四届三中全会开始,正式确立了效率优先、兼顾公平的原则。"个人收入分配要坚持以按劳分配为主体、多种分配方式并存的制度,体现效率优先、兼顾公平的原则。"在此基础上,党的十五大报告进一步指出,"坚持效率优先、兼顾公平,有利于优化资源配置,促进经济发展,保持社会稳定"。为了更好地处理效率与公平之间的关系,党的十六大报告再次明确了具体的适用领域,"初次分配注重效率,发挥市场的作用,鼓励一部分人通过诚实劳动、合法经营先富起来。再分配注重公平,加强政府对收入分配的调节职能,调节差距过大的收入"。

2.效率与公平并重,更加注重公平

随着市场经济的发展,国家的经济实力有了很大的提高,人民生活水平有了显著改善,然而,收入差距、行业差距和城乡差距却呈现逐步扩大的态势。为此,十六届三中全会强调,"整顿和规范分配秩序,加大收入分配调节力度,重视解决部分社会成员收入差距过分扩大问题",并且正式提出"坚持以人为本,树立全面、协调、可持续的发展观,促进经济社会和人的全面发展"的科学发展观。于是,党的十七大报告开始对效率与公平之间的关系做了重新论述,"初次分配和再分配都要处理好效率和公平的关系,再分配更加注重公平"。党的十八大报告进一步强调,"初次分配和再分配都要兼顾效率和公平,再分配更加注重公平"。同时指出,"实现发展成果由人民共享……努力实现居民收入增长和经济发展同步、劳动报酬增长和劳动生产率

---

① 《邓小平文选(第二卷)》,人民出版社 1994 年版,第 101 页。

提高同步，提高居民收入在国民收入分配中的比重，提高劳动报酬在初次分配中的比重"。

进入 20 世纪 80 年代后，随着对"效率与公平"关系认识的不断深入，传统"单位—集体"保障模式逐渐解体，新型"国家—社会"保障模式日趋形成和完善。一方面，传统社会救助开始从部分特殊救济对象向以家庭经济状况为主要标准的普遍的社会救助制度转变；另一方面，随着"单位办社会""公社办社会"的终结，单一的社会福利格局开始向国家、社会、家庭共同参与的"社会化"福利转变。

第六章　民政救助福利的政策转型①

　　新中国成立以来，民政救助福利总体上呈现出"马鞍形"，从社会政策类型上来看，由"补缺型"向"制度型"转型特征非常明显。但是，目前民政救助福利存在的问题，与其说是"制度型"社会政策转型还未成功，不如说与当下社会政策选择有关。

第一节　从社会救济到社会救助

一、社会救助概念

(一)社会救助特征

　　在现代福利国家，社会救助是国家和社会组织为社会中处于困难状态的人口或有特殊需要的人口提供帮助的一种形式。② 在我国，学界对社会救助的定义主要是从其济贫功能出发的，强调了社会救助的"安全网"作用，如郑功成指出，"社会救助是指国家与社会向由贫困人口与不幸者组成的社会脆弱群体提供款物接济和扶助的一种生活保障制度"③。江亮演在定义社会救助时，还强调了造成救助对象原因的非个体性因素，"社会救助乃是因个人或团体(家庭)，遭遇到不幸事故，如天灾地变、人祸、个人因素、经济因素、不良社会风气、政治制度、社会制度以及人生过程中所必须经之鳏寡孤独等理由，

---

① 在这里，民政救助福利主要指由民政主管的社会福利与社会救助。
② 尚晓援：《中国社会保护体制改革研究》，中国劳动社会保障出版社 2007 年版，第 7 页。
③ 郑功成：《社会保障学》，商务印书馆 2000 年版，第 13 页。

必须由他人来救助,以保障其生活的一种措施"①。也有学者认为,社会救助不仅仅具有济贫功能,它还是实现公民社会权利的重要保障制度。"社会救助是当社会成员由于各种原因陷入社会生活困境或无法伸张其权益时,由国家和社会按照法定的程序和标准向其提供现金、物资或其他方面的援助与支持的一种制度安排,这种制度安排旨在保障社会成员的基本权利,促进社会的和谐稳定。"②《中国社会工作百科全书》则结合我国民政救助制度将社会救助定义为,"国家和社会对无法定义务抚养人、无劳动能力、无生活来源的老年人、残疾人、未成年人,或者因天灾人祸造成生活困难、不能完全保障基本生活的城镇无业居民和农村村民给予的接济和帮助"。稍有不同的是,Goodman认为,社会救助"以家计调查为基础,以现金或实物为支付形式,通过资格条件审查将给付目标定位于那些处于低收入阶层或低于类似收入门槛线的个人或家庭的援助"③。结合上述不同的定义,社会救助应该具有以下几个特征:

第一,社会救助对象具有选择性。因为社会救助只有在公民因个人的、社会的原因导致最低生活水平无以维系时才能启动,所以它的一个显著特征就是,除了一些特殊群体的项目,大多数救助项目需要主管部门对受助者财产和收入进行审查,一般来说,这主要包括家庭收入、家庭成员就业情况、物价水平、住房条件等。原则上,所有社会救助项目都需要进行"家计调查"(家计调查、收入调查、收入关联和财产调查),实践中,对特殊群体的救助项目有时不需要家计调查,是因为这些群体贫困发生率很高,即使不进行调查也不会弄错。通常情况下,其他社会保障制度没有像社会救助那样有严格的资格审查,如一些社会福利,只要出示相关身份证件或支付一定的费用即可享受,不需要事先向有关部门提出申请,社会保险也一样,只要符合相关的条件就可以自动享受。

第二,社会救助的无偿性。贫困是任何社会和时代都存在的社会现象,与传统社会相比,现代社会的贫困往往是由个人以外的原因造成的,因此,国家和社会就负有帮扶的责任和义务。国家通过社会救助向陷入贫困的公民

---

① 江亮演:《社会救助的理论与实务》,桂冠图书股份有限公司 1990 年版,"自序"。

② 洪大用:《转型时期中国社会救助》,辽宁教育出版社 2004 年版,第 3 页。

③ Goodman, R. *The East Asian Welfare Model: Welfare Orientalism and the State*. London, New York: Routledge, 1998.

提供物质帮助，只要公民达到国家划定的贫困线，就有资格接受无偿救助，不需要事先缴纳费用。相比之下，其他社会保障在一定程度上强调权利和义务的对等性，例如，社会保险只有先缴纳保险费（义务），才有权利领取保险金，即使在有的社会福利设计中，也需要以缴纳一定的费用为前提。对于受助者而言，这是公民的基本权利，受法律保护。

第三，社会救助目标的基础性。社会救助和其他社会保障的另一个不同是，社会救助主要着眼于现实贫困，是为已经陷入贫困的那一部分人提供生计维持，其主要目标是建构社会"安全网"，在社会保障中起基础性作用。从社会政策起源来看，社会救助是社会政策的源头，随着社会政策的发展，社会保险在社会中的作用越来越大。但是，在任何时候，只要贫困没有消除，社会救助就不能忽视，因为只有底层的安全才能保证社会稳定，才能追求高品质的社会福利。需要指出的是，由于意识形态和发展程度的差异，世界各国对社会救助最低标准的确定存在差异，一些发达国家认为，最低生活既包括最低物质生活维持，也包括最低的精神和文化生活，相比之下，发展中国家基本倾向于最低物质生计维持。

（二）社会救助与社会救济的区别

在我国，社会救助有时与社会救济概念相混淆。"社会救济亦称社会救助，是国家通过国民收入的再分配，对因自然灾害或其他经济、社会原因而无法维持最低生活水平的社会成员给予救助，以保障其最低生活水平的制度。"①实际上，这是两个完全不同的概念。在英语中，社会救助对应的是"social assistance"，强调的是"扶助、支持"，而社会救济对应的则是"social relief"，内含"摆脱痛苦"的意思，前者更多体现了现代社会权利理念和国家责任理念，而后者则主要源于施舍、慈善理念。

关于社会救助与社会救济之间的差别，我国很多学者都做了详细的论述。姚建平认为，社会救助与社会救济的差异主要表现在救助理念、救助内容和救助水平等三个方面。在理念上，社会救助不仅需要满足人的生存需要，还包括人的发展需要，具有全面性和综合性特征，社会救济则主要与生存需要相联系；在内容上，社会救助比社会救济项目范围要广，不仅包括衣食住

---

① 孙光德、董克用：《社会保障概论》，中国人民大学出版社2000年版，第9页。

行等基本生存需要,还包括教育、就业、法律、健康等一系列内容;在救助水平和层次上,社会救济是一种低层次的社会救助,社会救助包含社会救济。[1] 也有学者从五个方面理解社会救助与社会救济之间的差别。理念上,社会救助是一种积极的扶贫行为,国家负有救助的责任和义务,并且通过国家立法与政府实施。社会救济则是一种消极的济贫行为,具有恩惠性、随意性和临时性特征。规范性上,社会救助通过经济统计制定"贫困线"标准,通过家庭经济情况调查确认具体对象补差数额,其在实施标准、申请程序、资金和管理等各个环节都具有严格的规定和程序,是国家和社会救助贫困群体的一种制度设计。而社会救济由于带有恩惠性、施舍性色彩,一般没有制度化的标准。救助内容上,社会救助由国家或社会全面实施,以最低生活保障制度为核心,包括教育、医疗、住房、司法等专项救助和五保制度以及灾民、流浪乞讨人员、临时生活困难家庭等临时救助项目,救助内容广泛,救助的对象也更为普遍。相比之下,社会救济针对的只是最低生活需求,救济手段和救济项目都较为狭窄。就实施作用而言,社会救助具有积极性和发展性。它不只是让受助者得以生存,更重要的是让受救助者得到发展最终脱贫。相反,社会救济具有保守性和消极性,侧重消极救济,应付一时之需。就实施作用而言,前者预防性特征明显,其目的主要是提供社会支持,保障贫困人口的生存权和发展权,使他们平等地参与社会活动;后者则主要侧重对救助群体的保护。[2]

对社会救助与社会救济区别论述最为详尽的应该是我国台湾学者江亮演,他从时间性、财源、办理单位、动机、观念、解决方式、性质、目的、对方反应、工作人员、人权、给付、对象、时机、手续和被救愿望等多个方面对两者进行了对比[3](见表6-1)。

表6-1　社会救助与社会救济的区别

	社会救助	社会救济
时间性	长期持续	临时、短暂性质
财源	公费(国家与地方政府、团体)	政府与民间(团体或个人)
办理单位	政府为主	政府与民间(团体或个人)

---

① 姚建平:《中美社会救助制度比较》,中国社会出版社2007年版,第11页。
② 乔东平、邹文开:《社会救助理论与实务》,天津大学出版社,第6—7页。
③ 江亮演:《社会救助的理论与实务》,桂冠图书股份有限公司1990年版,第4页。

续　表

	社会救助	社会救济
动机	救困助危	行善施舍
观念	社会连带	同情
解决方式	普遍及根本解决贫困生计	应付一时生活之需
性质	积极	消极
目的	消弭贫困	积德行善,救苦救难
对方反应	不依赖	依赖
工作人员	专业社会工作人员	非专业人员
人权	权利、人格尊严、非公开	非权利、无人格尊严、公开
给付	现金、实物、人力、技术培训	现金、实物
对象	本人,包括家庭等	生活困难的被救济者
时机	发生困难之前防范,遏制扩大	遭遇困难之后
手续	申请,有共同合作之义务	不需申请,不需尽义务
被救愿望	需符合被救助者愿望	不符合被救助者愿望

二、民政社会救助制度的演变发展

在我国,如果没有特别强调,社会救助就是特指民政部门主管的救助制度,又称民政社会救助。社会救助可以按照不同的角度和标准进行不同的划分。就内容而言,可以分为生活救助、住房救助、医疗救助、教育救助、法律援助、灾害救助;就救助手段而言,又可划分为实物救助、资金救助和服务救助;就救助机制而言,又可以划分为一般救助和专项救助。

目前世界各国的社会救助制度都包含了各种类型。有的主要以救助对象为标准,有的以救助内容为标准,大多时候都以救助内容为标准(见表6-2)。

表6-2　各国社会救助内容

国家	社会救助内容
英国	1.残疾人救助;2.疾病救助;3.失业救助;4.儿童救助;5.老龄救助;6.低收入家庭救助
美国	1.医疗补助;2.食品券补助;3.儿童营养补助;4.养老及困难补助;5.低收入家庭能源补助;6.对子女困难家庭的资助

国家	社会救助内容
德国	1.特殊困难救助(包括残疾人、病人、老人、孕妇产妇与国外的德国人救助);2.失业救助;3.家庭救助;4.一般低收入家庭的救助
法国	1.老、弱、病、残救助;2.失业救助;3.家庭津贴和补贴(低收入家庭救助和儿童津贴)
瑞典	1.住房补贴;2.社会补贴;3.老年津贴;4.残疾人及家属补贴;5.孕妇现金补贴;6.儿童健康补贴
日本	1.医疗救助;2.生活救助;3.住宅救助;4.教育救助;5.谋生救助;6.分娩救助;7.丧葬救助
韩国	1.灾难救助;2.有功人员的救助;3.低生活阶层的生活保护(生计保护、自救保护、教育保护、妇产保护、丧葬保护与医疗保护)

中国的社会救济事业具有悠久的历史,但是现代社会救助制度却发端于新中国成立初期,并经历了前后相继的两个发展阶段。

(一)传统社会救济阶段(1949—1992)

1.新中国成立初期的紧急性救济制度(1949—1955)

新中国成立初期饱经战乱,民生凋敝,社会经济濒临崩溃,为了安抚民众,稳定社会,社会救助主要呈现出突击性和应急性特征,并且通过农村救济、城市救济和生产自救三种形式展开。[①]

新中国成立初期,自然灾害非常严重,仅1949年,全国16省特大洪水灾害,成灾人口达4550多万,各种灾害造成的受灾面积创历史新高。面对当时严峻的自然灾害形式,党和政府高度重视。内务部成立之初,其首要职能就是做好救灾工作(政权建设是其另一个主要职能),社会司专门负责救灾工作。1949年11月,内务部明确"节约救灾,生产自救,群众互助,以工代赈"的

---

① 农村救济主要以五保为核心。主要是针对无依无靠、没有工作能力或生活来源的老人、残疾人和孤儿,凡是符合条件的五保对象可以享受保吃、保烧、保穿、保教和保葬待遇(后期内容有所变化)。除此之外,农村救济还包括集体向贫困户发放的临时救济。城市救济主要有三类人,第一类是"三无"人员,即无依无靠、无工作能力和无生活来源者;第二类是贫困户,如抚养负担过重,又没有固定工作或无稳定收入来源的家庭;第三类,是指1961—1965年经济紧缩调整期间被精减下来,现在已达退休年龄而生活无着落的人,他们每月可以得到原来基本工资的40%金额。生产自救工作包括帮助自然灾害后的灾民和贫困户通过生产劳动自力更生克服困难。([香港]黄黎若莲著,唐钧等译:《中国社会主义的社会福利:民政福利工作研究》,中国社会科学出版社1995年版,第39页。)

方针,要求各灾区政府把救灾工作作为一项政治任务。同年7月,第一次全国民政会议确定地方政权、优抚和救灾为内务部工作重点。同年12月,政务院和内务部先后发出《关于生产救灾的指示》和《关于加强生产自救劝告灾民不往外逃并分配救济粮的指示》指导救灾工作。为了进一步统一领导和组织全国救灾工作,1950年,中央成立中央救灾委员会和中国人民救济总会,组织全国范围内的救灾工作,并且将救济方针调整为"生产自救,节约度荒,群众互助,以工代赈,辅之必要的救济"。1953年,内务部职能调整后,专设救济司,负责救灾工作。同年,第二次全国民政会议又将上述方针修改为"生产自救,节约度荒,群众互助,辅之以政府必要的救济"。

为了更好地开展农村救济工作,1953年内务部颁布《农村灾荒救济粮款发放使用办法》,将无劳动能力、无依无靠的孤老残幼定为一等救济户。同时规定:"一等救济户,按缺粮日期长短全部救济。"针对沿海渔民、盐民的贫困问题,1954年,内务部又联合轻工业部颁发《关于加强渔民救济工作的通知》和《关于加强沿海盐民生产救济工作的通知》。1955年,内务部联合财政部颁发《优抚、社会救济事业费管理使用暂行办法》,从"预算、决算的编造和报送""使用范围""管理原则""发放程序""管理机构和管理方法"等几个方面规范了民政经费使用和管理,其中,"民政经费专款专用原则"一直沿袭到现在。

新中国成立初期,城市救济同样刻不容缓。大批国民党散兵游勇和战争期间背井离乡的农民流浪街头;失业工人、失业知识分子和贫民饥寒交迫,亟待救济;游民、妓女危害治安、败坏风气,烟民嗜赌成瘾;旧官僚和帝国主义教会举办的所谓慈善单位仍在虐待收养的孤老残幼。[①] 能否有效解决这些群体的生活救助问题,不仅关系到经济发展和社会稳定,还直接影响到新生政权的稳定。1950年6月19日《政务院关于救济失业工人指示》提出:"救济办法,应以工代赈为主,而以生产自救、转业训练、还乡生产、发给救济金等为补助办法。"1950年7月《中央人民政府政务院关于救济失业工人暂行办法》沿袭了《政务院关于救济失业工人指示》中确立的基本原则,并详细规定了执行机构、具体的救济办法和救济程序。

这一阶段民政救助的特点是,一方面整体上还没有形成完整的社会救助模式,大部分社会救济具有临时性和应急性特征;另一方面,大量的社会救助

① 孟昭华、王明寰:《中国民政史稿》,黑龙江人民出版社1986年版,第291页。

工作主要依靠政策调整,有关社会救助的各种规定散见于各主管部门文件,缺乏统一的立法。

2.城乡"二元"社会救助体制(1956—1977)

随着社会主义改造基本完成,国民经济得到全面恢复,人民物质生活水平得到明显改善,城乡困难群体显著减少,国家开始改变救助方式,与计划经济相配套的二元救助制度开始正式确立下来。

在城镇,国家以劳动保险制度建立起"高就业、低工资"的社会保障模式。《劳动保险条例》规定,凡是在全民所有制和集体所有制企业中工作的职工,单位(国家)负责其生、老、病、死。[①] 不仅如此,《职工生活困难补助办法》(1956)规定,生活困难的城镇职工及家庭也可以获得来自单位的必要补助。剩下的其他城市居民才被确定为民政救助对象,例如,内务部城市社会福利司在 1962 年《关于城市社会救济工作几个问题的解答》中明确表示,城市社会救济的对象,只限于城市街道居民中的困难户,主要包括"无收入来源""无劳动能力"和"无法定赡养人"的"三无"人员。之后,随着《国务院关于精简退职的老职工生活困难救济问题的通知》(1965)、《关于加强麻风病防治和麻风病人管理工作意见的报告》(1975)、《内务部关于因错判致使当事人的家属生活困难的救济问题复河北省民政厅的函》(1957)等规范性文件出台,国民党起义投诚人员,错判当事人家属,工商业者遗属,归侨、侨眷、侨生,外逃回国人员,特赦释放战犯,摘帽右派人员,企业职工遗属,下乡返城知青,外国侨民,麻风病人,因计划生育手术事故造成死亡和丧失劳动能力人员等,也被陆续确定为民政救助对象。即使这样,相比单位保障体制下的城市居民,社会救助对象规模只是非常小的一部分。

在农村,以五保为核心的救助制度正式确立。1956 年 6 月 30 日,第一届全国人大三次会议通过了《高级农业生产合作社示范章程》,该章程第五十三条规定:"农业生产合作社对于缺乏劳动力或者完全丧失劳动力、生活没有依靠的老、弱、孤、寡、残疾的社员,在生产上和生活上给予适当的安排和照顾,保证他们的吃、穿和柴火的供应,保证年幼的受到教育和年老的死后安葬,使他们生养死葬都有依靠。对于遭到不幸事故、生活发生严重困难的社员,合

---

① 按照《劳动保险条例》规定,劳动保险项目包括养老保险、免费医疗服务、伤害保险、带薪病假、因工或非因工致残或死亡的抚恤费、生育补助、丧葬补助、医疗保险等。

作社要酌量给以补助。"该章程同时还规定,合作社的文化和福利事业经费主要来源于合作社每年留出的公积金和公益金。人民公社成立后,中共中央及时调整政策,于 1960 年第二届全国人大二次会议通过了《1956 年到 1967 年全国农业发展纲要》,纲要规定,农业合作社不仅要在生产上帮助"缺乏劳动力、生活没有依靠的鳏寡孤独的社员",而且还要在生活上帮助他们,做到"保吃、保穿、保烧、保教、保葬"。随后,1963 年国务院《关于做好当前五保户、困难户供给、补助工作的通知》对农村五保户制度做了进一步要求,至此,五保供养制度开始正式建立起来,并一直延续到现在。

这一阶段社会救助特征主要表现为拾遗补阙和城乡分割。在"单位(城市)—集体(农村)"保障模式下,绝大多数人口都处在"单位网"和"集体网"保障之下,只有极少数群体漏在这两张安全网之外或挂在边缘上。与此同时,同处于社会救助范围的城市居民和农村居民由于身份的不同获得的民政救助力度也完全不一样。

3. 改革开放至 20 世纪 90 年代初期的社会救助(1978—1992)

改革开放以后,随着传统农业社会向现代工业社会转型,计划经济向市场经济转型,民政救助工作也取得了明显的成绩。

在城镇,社会救助对象在以"三无"老年人、严重残疾人和未成年人为重点的基础上进一步扩大,到 20 世纪 80 年代中期,民政救助对象已经有 20 多种。除此之外,救助力度和支出水平大幅度提高。据统计,1989 年全国有 31 万人享受城市定期救助,较 1979 年的 24 万人增加了近 30%;平均每人救济标准也由 1979 年的人均 75 元调整到人均 273 元,增幅达到 2.64 倍。

与此同时,农村救济工作也得到快速恢复和发展。一是五保供养资金支持力度加强。资料显示,1978 年用于农村五保对象的救济金为 2309 万元,占国家拨发的农村社会救济费(不包含农民生活救济费)的 10%;到了 1994 年,国家用于五保对象的资金上升到 7554 万元,占国家拨发的农村社会救济费(不包含农民生活救济费)的 27%。[1] 二是继续完善五保供养制度。1982 年后,党中央和国务院通过下发《全国农村工作会议纪要》《关于制止向农民乱摊派、乱收费的通知》《农民承担费用和劳务管理的通知》以及《农村五保供养工作条例》等一系列政策文件明确了五保供养资金来源("三提五统");三是

---

① 多吉才让:《中国最低生活保障制度研究与实践》,人民出版社 2001 年版,第 59 页。

通过开发式扶贫缓解农村贫困现状。针对农村绝对贫困人口居高不下的现状，国家下发《国家八七扶贫攻坚计划》(1994)，开展有计划、有组织、大规模的农村扶贫计划。到1994年，我国农村绝对贫困人口由1978年的2.5亿骤降到7000万，贫困人口占农业人口的比例下降到7.6%。[①]

总体而言，这一时期的救助制度具有过渡性特征，救助工作虽然有了明显恢复和发展，但是，城乡依然按照各自的路径发展，始终没有突破原有的体制和框架。

(二)新型社会救助阶段(1993年至今)

1.城乡最低生活保障的建立

这一阶段，社会救助制度的一个最大亮点就是城乡最低生活保障制度的建立。改革开放以后，随着计划经济向市场经济的转型，传统的"单位—集体"式保障体制日趋瓦解，大量新增城市和农村贫困群体游离在国家、集体的救助体制之外，严重影响了社会秩序和经济发展。特别是，当"送温暖工程"等临时救助无法发挥其应有的效果之后，国家开始酝酿建立新的救助体系。

1993年6月，上海市民政局、财政局下发《关于本市城镇居民最低生活保障线的通知》，率先建立起"城市居民最低生活保障制度"，随后，厦门、武汉、重庆、兰州、沈阳等城市纷纷效仿。1997年，国务院颁布了《关于在全国建立城市居民最低生活保障制度的通知》，城市居民最低生活保障制度在全国范围内正式建立。据统计，1997年8月底，全国建立最低生活保障的城市已达206个，占当时全国建制市的1/3。1999年国务院颁布《城市居民最低生活保障条例》(下文简称《条例》)，对救助原则、对象、标准、资金来源、申请程序以及工作管理做了明确的规定。《城市居民最低生活保障条例》规定，"持有非农业户口的城市居民，凡共同生活的家庭成员人均收入低于当地城市居民最低生活保障标准的，均有从当地人民政府获得基本生活物质帮助的权利。"这意味着，城市居民获得生活救济不再受"所有制、亲缘关系、年龄大小、受教育程度、劳动人口和非劳动人口"等因素的限制，只要其家庭收入达不到最低生活保障标准，他们就享有平等的受助权。到1999年9月底，全国所有667个

---

① 刘喜堂：《建国60年来我国社会救助发展历程与制度变迁》，《华中师范大学学报》(人文社科版)2010年第4期。

城市和 1638 个县政府所在的乡镇,全部建立了城市最低生活保障制度。为了促进城市最低生活保障均衡发展,2001 年,国务院办公厅又下发《关于进一步加强城市居民最低生活保障工作的通知》,要求"尽快使符合条件的城市贫困人口都能享受最低生活保障",至 2002 年第三季度,全国享受城市低保的人数达到 1960 余万,占全国非农业人口总数的 5.6%,较 1999 年《城市居民最低生活保障条例》颁布时的 281.7 万人增加了近 6 倍,基本实现了"应保尽保"的目标。最近几年,随着《国务院办公厅转发扶贫办等部门关于做好农村最低生活保障制度和扶贫开发政策有效衔接扩大试点工作意见的通知》(2010)和《国务院关于进一步加强和改进最低生活保障工作的意见》(2012)等国务院规范性文件以及《最低生活保障审核审批办法(试行)》(2012)、《城乡最低生活保障资金管理办法》(2012)等 20 多部部门规范性文件的陆续出台,城市最低生活保障进入更加规范、快速的发展通道。

在城市居民最低生活保障制度不断完善的过程中,国家又开始了农村贫困群体救济的探索之路。首先,继续实施扶贫攻坚计划缓解农村贫困压力。2001 年,中共中央、国务院在继《国家扶贫攻坚计划(1994—2000)》(也称《国家八七攻坚计划》)之后,又印发了《中国农村扶贫开发纲要(2001—2010)》,基本解决了农村 8000 万贫困人口的温饱问题。其次,积极推进农村传统社会救助制度改革。1992 年,山西省左云县开始提出建立农村最低生活保障制度。1995 年,在民政部的推动下,河北平泉、山西阳泉、山东烟台、广西武鸣、四川彭州等地开启农村最低生活保障试点工作,同年 12 月,广西武鸣颁布《武鸣县农村最低生活保障线救济暂行办法》,率先在县级农村建立最低生活保障制度。为了指导各地试点工作,1996 年,民政部下发《关于加快农村社会保障体系建设的意见》以及《农村社会保障体系建设指导方案》。随着最低生活保障制度试点工作的不断推广,2007 年 7 月国务院发布《关于在全国农村建立最低生活保障制度的通知》,正式确立了我国农村最低生活保障制度。

农村最低生活保障制度建立的价值在于,它首先确立了普遍性原则。改革开放前,农村救助对象主要是五保对象和临时救助的特困户。《关于在全国农村建立最低生活保障制度的通知》规定,最低生活保障对象是"家庭年人均纯收入低于当地最低生活保障标准的农村居民,主要是因病残、年老体弱、丧失劳动能力以及生存条件恶劣等造成生活常年困难的农村居民";其次,它同时确立了国家对农村救助的财政责任。改革开放前,农村救助对象主要是五保对象,资金来源于公社集体。《关于在全国农村建立最低生活保障制度的通知》则规定,"农村最低生活保障资金的筹集以地方为主,地方各级人民政府要将农村最低生活保障资金列入财政预算,省级人民政府要加大投入。地方各级人民政府民政部门要根据保障对象人数等提出资金需求,经同级财政部门审核后列入预算","地方各级人民政府及其相关部门要统筹考虑农村各项社会救助制度,合理安排农村最低生活保障资金,提高资金使用效益"。实践中,农村社会救济资金在税费改革前主要是"三提五统",由乡镇和集体共同负担财政责任,如1996年,农村集体用于五保供养和困难户生活救济的资金达到200亿元,甚至高于各级政府下拨的农村社会救济费用。

2. 新型社会救助体系的建立和完善

生活保障制度的建立和实施,初步解决了困难家庭的基本生计问题。为了进一步满足困难群体的就医、就学和住房需求,国家开始建立以最低生活保障为核心,包括五保供养、医疗救助、教育救助、住房救助和临时救助在内的新型救助体系[①](见表6-3)。

表6-3 国家建立的新型救助体系

项目名称	制度目标和设计理念	救助目标群体	资格确定	是否普遍提供	资金来源和职责划分
最低生活保障	对所有收入在贫困之下的公民提供收入支持	所有贫困人口	家计调查	是	中央、地方
特困人员供养	对最困难的特殊群体提供救助,使其不致生计无着	"三无"人员	家计调查、亲属调查、能力调查	是	地方
灾害救助	在特殊情况下对公民提供服务	遭受灾害人口	类型划分	否	中央
医疗救助	对收入在贫困之下的公民提供某个方面的特殊服务	城乡贫困人口和特殊类型人口	家计调查加类型划分	否	地方为主、中央为辅

---

① 随着《社会救助暂行办法》(2014)的出台,一些救助项目已经被整合或覆盖,根据新颁布的《社会救助暂行办法》,我国现有的社会救助制度包括基本生活救助、专项救助和临时救助三类,其中基本生活救助包括最低生活保障、特困人员供养,专项救助包括灾害救助、医疗救助、教育救助、住房救助、就业救助,临时救助包括临时贫困人口,生活无着落的流浪、乞讨人员救助。根据新的救助办法,现有的救助制度一个明显的特征是原有的城市最低生活保障和农村最低生活保障现合并为最低生活保障制度,特困人员供养代替了城市"三无"人员救助和五保制度。

项目名称	制度目标和设计理念	救助目标群体	资格确定	是否普遍提供	资金来源和职责划分
教育救助	对收入在贫困之下的公民提供某个方面的特殊服务	贫困家庭中的儿童和在校学生	家计调查	否	地方
住房救助	对收入在贫困之下的公民提供某个方面的特殊服务	贫困人口中住房困难的人口	家计调查、住房调查	否	地方
就业救助	就业培训和工作介绍	贫困人口中就业困难的人口			地方
临时救助	对因临时原因遇到困难的人口,进行救助	临时贫困人口,生活无着落的流浪、乞讨人员			地方

三、结论

综上所述,随着以最低生活保障为核心的新型社会救助体系的建立,我国社会救助制度已经基本实现了从"救助范围窄、救助标准低、程序不规范"向普遍化、制度化、规范化方向转型,在一定程度上为公民社会权利的实现奠定了良好的制度基石。(1)各种专项救助制度的建立有利于全面实现公民社会权利的需求。公民社会权利的座右铭是"不仅要生存,而且要体面地生存",这就意味着国家有责任提供基本生存而又不局限于基本生存的物质和精神层面的各种需要;(2)最低生活保障制度的建立和完善,有助于公民平等地享有社会保障权,因为最低生活保障制度第一次取消了社会救助的身份限制,真正确立了普遍性救助原则;(3)新型社会救助制度的建立确立了国家在社会保障中的主体责任。一方面,国家负有制度供给、监督管理和责任追究的责任;另一方面国家还负有资金筹集的责任。改革开放前,我国虽然建立了从城市到农村的社会保障体系,但是,国家更多的是承担政策供给和组织实施的作用,特别是农村救助,国家借助"集体"之手转移了自己的筹资责任。

然而,现有的社会救助制度在公民社会权利的实现上还存在诸多问题。第一,新型社会救助制度在实现社会公平目标上功能非常有限。不可否认,新型社会救助制度在缓解贫困方面功不可没且效果明显,但是,高居不下的救助比例,不能不说明社会救助距离社会公平目标的实现还很遥远;第二,建立在地方财政基础上的新型社会救助制度不仅加剧了城乡救助的不均,而且加剧了地区间的不平衡。实践表明，城镇居民最低生活保障标准最高的城市甚至是最低省份标准的好几倍。因此，必须进一步调整社会发展政策，完善民政社会救助制度。

第二节　社会福利社会化转型

一、社会福利的语义考察

"福利"一词，在我国早已有之，《后汉书·仲长统传》就有"福利"的最早记载："仲长统傅昌言理乱：是奸人擅无穷之福利，而善士挂不赦之罪辜。"这里的福利指幸福和利益。[①]

英语中，福利对应的是"welfare"，《牛津现代英汉双解词典》对其的注释是："well-being happiness；health and prosperity（of a person or a community etc.）"，可以翻译为"个人、集体或社会等的安乐、幸福；健康和繁荣"。从词源上讲，welfare 由 well 和 fare 组合而成，well 有"好；令人满意的"之意，fare 则有"进展；过活，生活"的含义，两者合起来，"welfare"可以翻译为"美好的生活""令人满意的生活或进展"，意指人、动物或群体的健康、安全、快乐的一种总体状态。[②] 福利的德语翻译是 wohlfahrt，由 wohl 和 fahrt 组合构成，意为"朝着理想的状态发展"或"顺利发展"。正是在此意义上，《韦伯斯特新世界词典》（*Webster's New World Dictionary*）认为，"福利（welfare）是一种健康、幸福和舒适的良好状态"。可见，无论是中国还是西方，福利都强调了幸福、舒适生活。

很多时候，我们在使用社会福利时，并不严格区别福利与社会福利。笔者认为，社会福利（social welfare）是由"社会的"（social）和"福利"（welfare）两个词组合而成的，[③]就语义而言，对"社会福利"的把握离不开对"社会的"

---

① 沈洁：《社会保障与社会福利政策的理论架构与未来发展》，杨团、关信平：《当代社会政策研究》，天津人民出版社 2006 年版，第 67 页。

② 参见《美国传统词典》（第 4 版）、《牛津高阶英语词典》、《柯林斯高级英语学习词典》（第 5 版）。

③ 英文中"social welfare"，最早出现于罗斯福总统和丘吉尔首相 1941 年拟定的《大西洋宪章》和 1945 年的《联合国宪章》中。参见江亮演：《社会福利导论》，洪叶文化事业有限公司 2004 年版，第 6 页。

(social)的理解。在英语中,"社会的"(social)含义非常丰富(在我国,"社会福利"是舶来品,所以无法从汉语语义上考察"社会福利"的内涵),按照DiNitto的理解,它主要有下列几种用法:(1)娱乐或休闲的社会生活(social life)、社会活动(social activities);(2)一个与"个人的"相对的概念,比如"社会利益"(social benefit)、"社会风险"(social risk)等;(3)一种与自然的或物质的相对的概念,如"社会关系"(social relation);(4)作为与"经济的"相对的概念,比如"社会发展"(social development);(5)一种与社会成员的权利有关的概念,如"社会权利"(social right)。① 依据 DiNitto 对 social 的理解,我们不难发现,就语义意义而言,社会福利既指物质福利也指精神福利,既含个人福利,也含集体、社群福利,既包含福利状态,也包含人类对理想福利的不懈追求。

很显然,如果从语义上来考察,福利与社会福利之间的差异还是较为明显的:首先,从享受和追求主体而言,福利表达的只是一种状态,是包含人类在内的一切动物或群体的舒适状态,而社会福利则毫无疑问是指向人类社会生活的美好状态,侧重于社会对美好生活的向往和追求;其次,"福利"只是表明了一种美好的状态,而"社会福利"则进一步指明了福利应该呈现出的不同要求和层次需要;再次,从供给主体而言,福利并没有供给主体的指向,而社会福利则明确指明了"社会"的主体供给。

总之,就语义意义而言,社会福利不仅体现了福利状态的不同内容和层次,在一定程度上,也表明了福利供给主体的社会性,即社会是福利的当然供给主体。在这里,社会一方面可以理解为与政治国家相对应的小社会,另一方面也可以理解为区别于蒙昧状态的文明社会(广义社会),但是不管何种理解,福利社会化发展方向似乎是"社会福利"语义中的应有之义。

二、社会福利的理论内涵

(一)中国社会福利观

1. 广义社会福利观

在我国,社会福利有广义和狭义之分,广义的社会福利是指国家和社会

① DiNitto, Diana M. "An overview of American social policy". In Midgley J, Tracy M B and Livemore M (eds). *The Handbook of Social Policy*. Thousand Oaks: Sage Publications lnc, 2000.

为提高社会成员的物质和精神生活水平而采取的种种制度或措施。① 其目的在于,不仅要满足弱势群体和全体公民的"基本需要",而且也要以"提高公民生活质量"为宗旨。尚晓援指出:"社会福利状态实际涉及人类社会生活非常广泛的方面,包括社会问题的调控、社会需要的满足和实现人的发展潜能,收入安全只是其中的一个方面。""广义社会福利的对象扩大到了全体公民,社会福利的项目从针对弱势群体的社会救助和社会福利服务扩大到了包括社会保障、教育和医疗等项目,广义社会福利的提供者也扩大为全社会。"②周沛认为,社会福利不仅要体现福利内容的广泛性,而且还要体现主体供给的广泛性。"社会福利是以政府及社会为主体,以全体社会公民与社区居民为对象,以制度化与专业化为基本保证,以保障性与服务性为主要特征,以社会支持网络为主要构架,以物质资助和精神支持为主要内容,以解决社会问题为目的,旨在不断完善和提升公民的物质与精神需求,提高社会生活质量的社会政策和社会制度。"③《中国大百科全书·社会学卷》也从广义上定义了社会福利:"社会福利是国家和社会为增进与完善社会成员尤其是困难者的社会生活的一种社会制度。它旨在通过提供资金和服务保证社会成员一定的生活水平并尽可能提高他们的生活质量。"④《中国社会保障制度总览》(1995)持相同的观点:"我国的社会福利工作既包括民政部门主管的那一部分社会福利工作,又包括劳动部门主管的职工福利与补贴制度。从这个层面上看,社会福利应定义为国家、社区组织和企事业单位为满足各类社会弱者、遇有一定困难的社会成员或本单位职工的基本物质文化生活需求而提供或组织实施的带有福利性的服务保险和收入保障。这是我国社会福利制度应有的全面含义。"在中国香港和台湾地区,社会福利通常也是从广义使用的。例如,香港将社会服务和综合援助均纳入社会福利范畴。台湾学者于宗先也认为,社会福利"应当包括医疗保健、国民就业、社会保险、福利服务、社会救助、国民住宅、环境保护等体系"⑤。

---

① 郑杭生:《社会学概论新修》,中国人民大学出版社 2003 年版,第 450 页;刘继同:《社会福利与社会保障界定的"国际惯例"及其中国版涵义》,《学术界》2003 年第 2 期。
② 尚晓援:《"社会福利"和"社会保障"再认识》,《中国社会科学》2001 年第 3 期。
③ 周沛:《社会福利体系》,中国劳动社会保障出版社 2007 年版。
④ 中国大百科全书出版社编辑部、中国大百科全书总编辑委员会《社会学》编辑委员会:《中国大百科全书:社会学卷》,中国大百科全书出版社 1998 年版,第 286 页。
⑤ 于宗先:《台湾经济成长与社会福利》,载郑玉歆:《中国社会保障体制改革》,经济科学出版社 1999 年版,第 473—474 页。

可见,广义社会福利一般有以下特征:第一,社会福利对象的全民性;第二,福利内容的广泛性(一般来说,它包含了社会成员的基本福利需求,如工作福利、教育福利、居住福利、健康福利以及养老福利等);第三,社会福利主体的多元性;第四,福利方式的多样性。在此意义上,有学者称其为大福利。①

2.狭义社会福利观

在绝大多数时候,社会福利是在下列几种情况下使用的:(1)补缺型福利观。持该观点的人认为,社会福利是针对特殊社会群体,即弱势群体的,是国家和社会为弱势群体——主要包括残疾人、老年人和儿童等——提供的收入和服务保障。(2)民政福利观。这种社会福利观着眼于福利供给主体,认为社会福利是由国家(主要是民政部门)为弱势群体提供的收入和服务保障。"民政部门代表国家提供的针对弱势老人、残疾人、孤儿和优抚对象的收入和服务保障。"②其目的是拯救社会病态,预防或矫治社会问题。在我国,这种社会福利观虽然一直受到学界诟病,但是长期以来,该福利观一直主导民政福利工作,民政福利的兜底补缺功能即源于此。(3)发展性狭义社会福利观。持该观点的人认为,社会福利是指在解决人们基本生存需要之后更好地生存或发展的一种状态。其福利对象是全体社会成员,其功能在于提高社会成员的生活质量。③ 这种福利观是从福利目标上定义社会福利的,认为社会保障具有层次性,其中,社会救助旨在保障社会成员的最低生活水平,社会保险旨在维持社会成员的基本生活水准,而社会福利则是以"提高公民的生活水平和生活质量"为宗旨的,位于社会保障体系中最高层级。④

很显然,上述三种社会福利观都是狭义福利观,只强调了社会福利的某个方面。第一种和第二种没有本质区别,都是属于事后补救型福利观,只是前者强调的是福利对象,后者在此基础上,还突出了民政部门在福利供给中的地位和作用。第三种福利观侧重的主要是福利内容,强调社会福利对改善和提高人们生活质量的意义。

---

① 景天魁、毕天云等:《当代中国社会福利思想与制度——从小福利迈向大福利》,中国社会出版社 2011 年版。

② 多吉才让、杨衍银等:《中国社会福利丛书》,中国社会出版社 2003 年版,总序。周弘:《国外社会福利制度》,中国社会出版社 2002 年版,第 5 页。周良才:《中国社会福利》,北京大学出版社 2008 年版,第 3 页。

③ 王思斌:《社会工作导论》,北京大学出版社 1998 年版,第 9 页。

④ 孙光德、董克用:《社会保障概论》,中国人民大学出版社 2000 年版,第 26—33 页。

狭义社会福利观的不足在于：

(1)供给主体的单一性。在小福利概念中，国家是社会福利的唯一供给主体，承担着社会福利的全部责任。现代社会福利制度实践表明，市场、社会、家庭和个人在社会福利供给中占有非常重要的地位。福利三角理论认为，除了国家部门、商业部门（主要负责提供职工福利以及向市场提供的有营利性质的福利）、非正规部门（亲属、朋友和邻里）以及志愿者部门（主要有自助、互助、非营利机构和小区组织等）都是社会福利的有效供给主体，它们供给的社会福利是社会总福利不可或缺的组成部分。福利三角理论之所以主张社会福利多元组合，不仅仅是因为国家在社会福利中的过度慷慨，也是因为在欧洲福利国家，随着人口老龄化，在社会失业加剧、家庭保障功能弱化的背景下，国家或政府已经无法承担因为高福利而产生的财政压力，只有允许和鼓励福利供给的多元化，才是化解或减缓福利危机的唯一出路。

(2)福利对象的特殊性。在狭义社会福利观中，虽然第三种社会福利观主要是针对全体社会成员，但事实上，这种社会福利观不管是在理论上还是在实践中都不是主流。主流狭义社会福利观主张社会福利对象的选择性，即，只有在部分特殊社会群体无法通过市场和家庭保障其生活时政府才提供必要的福利保障。在西方，这种补缺型社会福利模式的实践主要与社会意识形态有关，自由主义、保守主义和民主社会主义采取的福利模式往往相差很大。在我国，学界一直存在着"普惠型""补缺型"和"适度普惠型"社会福利模式之争，但是，就社会意识形态而言，"普惠型"社会福利是社会主义国家的不二选择。事实上，在我国，福利模式之争并不在于意识形态同，而在于国家财政供给的能力，这就牵涉到福利供给主体问题，一旦社会福利社会化成为趋势，社会福利模式之争自然就会消除。

(3)福利内容的单一性。小福利概念虽然承认福利需要的层次性，却没有将最低生活水平需求，基本生活水准需要和提高公民的生活水平、生活质量的需求统一到一个概念中，要么主张社会福利定位在保障社会成员最低生活水平的社会救助上，要么将社会福利宗旨定位为"提高公民的生活水平和生活质量"。社会福利的层次性从低到高应该包括三个方面：基本的人体需要、基本的文化需要和高度的需要[1]（见表6-4）。

---

[1] ［日］一番ケ瀨、康子著，沈洁、赵军译：《社会福利基础理论》，华中师范大学出版社1998年版，第4页。

表 6-4　社会福利的层次

成分组	成分	
A.基本 的人体 需要	Ⅰ　营养	(a)一个人一天所得的热量摄取量(相对于需求量的比例) (b)一个人一天的蛋白质摄取量 (c)从谷物中的热量摄取量比例
	Ⅱ　住房	(a)每个人的住房分配量 (b)居住密度(每个房间的平均数) (c)住房数量与家庭数量的比值
	Ⅲ　保健	(a)能够接受诊治的人口比例 (b)死于传染病、寄生虫病人数占死亡人数的比例 (c)50岁以上死亡人数占总死亡人数的比例
B.基本 的文化 需要	Ⅳ　教育	(a)就学率 (b)毕业率 (c)学生人数与教师人数的比例
	Ⅴ　余暇及文化 活动	(a)每人每年的余暇时间 (b)日刊报纸的发行数量(每千人比例) (c)收音机、电视机普及率
	Ⅵ　生活保障	(a)每年死于事故的人数(每百万比例) (b)由于失业、疾病等享受休业补偿制度的人数比例(除了 　家属从业人员以外的人数:有职业者比例) (c)享受老年人年金制度人数的比例(除了家庭从业人员之 　外的人数:有职业者比例)
C.高度 的需要	Ⅶ　剩余 所得	(a)一人一年的剩余所得

(4)福利方式的有限性。狭义社会福利观认为,社会福利是政府的无偿供给或免费供给,很显然,这种福利观否认了社会救助和社会保险的福利属性。长此以往,很多社会成员会因为概念的误解,导致社会福利权利的缺失或相对剥夺感。

社会福利作为一种社会状态,实际上无所谓广义和狭义之分,只有将社会福利作为一种制度时才有广义和狭义之分。从这个角度而言,社会福利的内涵不是一成不变的。在我国,狭义社会福利观的长期流行是由我国传统社会福利制度决定的。随着市场经济体制改革的进一步深入,以及我国社会体制改革的启动,狭义社会福利观严重制约了我国社会福利制度的改革。

(二)西方社会福利观

西方对社会福利的理解与中国存在很大的差异,虽然也有广义和狭义之分,但是绝大多数是在广义上使用社会福利的。正如美国《社会工作百科全书》描述的那样,"'社会福利'是一个含义宽泛和至今都并不十分确切的词,它最经常地被定义为旨在对被认识到的社会问题做出反应,或旨在改善弱势群体状况的'有组织的活动'、'政府干预'、政策或项目……社会福利可能最好被理解为一种关于公正社会的理念,这个社会为工作和人类的价值提供机会,为其成员提供合理程度的安全,使他们免受匮乏和暴力,促进公正和基于个人价值的评价系统,这一社会在经济上是富于生产性和稳定的。这种社会福利的理念基于这样的假设:通过组织和治理,人类社会可以生产和提供这些东西,而因为这一理念是可行的,所以社会有道德责任实现这样的理念"①。美国另外一本工具书《社会工作辞典》同样认为:"社会福利可以被理解为有关改善社会成员物质、文化生活的一切措施,具体地说,社会福利是一种国家的项目、待遇和服务制度,帮助人们满足社会的、经济的、教育的和医疗的需要,同时,社会福利是一种社会共同体的集体的幸福和正常的存在状态。"②在《社会福利:政治与公共政策》一书中,作者认为,在美国,社会福利虽然也有狭义的概念,主要指代公共救助,但是,通常情况下,社会福利是在广义上被使用的,意指"政府选择作为或不作为,并因而影响其人民生活质量的任何事情。从广义上讲,社会福利政策也包括了几乎所有政府所做的事情——从税收、国防、能源保护,到医疗、住房和公共救助"③。大致可以归结为三类:"公共救助,其特点是接受者必须是穷人,依据有关政策提供的救助津贴是由一般税收金支付的。另一类是社会保险,它们是被策划用来预防贫困的。最后一类是社会服务,依据这些计划为儿童、独自生活的老年人、残疾人和其他有特殊需要的人提供照顾、咨询服务、教育或其他形

---

① R. Edwards, *Encyclopedia of Social Work*, 19th edition, Washington D. C: NASW Press, 1995, p. 2206.
② Barber, Robert L. *The Social Work Dictionary*, 4th edition, Washington D. C.: NASW Press, 1999, p. 454.
③ [美]戴安娜·M.迪尼特著,何敬、葛其伟译:《社会福利:政治与公共政策(第五版)》,中国人民大学出版社2007年版,"序言",第2页。

式的援助。"①

在英国,社会福利也是在广义上使用的,在《新大不列颠百科全书》中,社会工作(个人的社会服务)和社会保障(政府的福利项目)都被归为社会福利的两个主要子项目。

正是在此意义上,Midgley 认为,社会福利是"当社会问题得到控制时,当人类需要得到满足时,当社会机会最大化时,人类正常存在的一种情况或状态"②。作为制度的社会福利,它应该包括:(1)非正式的社会福利制度,如家庭、邻里和社区等初级群体以助人为目的的集体努力;(2)正式的社会福利制度,如宗教团体、非营利组织等"第三部门"承担的慈善活动;(3)国家的社会福利制度,即政府承担的提供福利的责任;(4)政府通过税收调节社会福利水平的政策,如对有儿童的家庭减免税收以促进该群体的福利;等等。③ 另一个美国学者威廉姆·H.怀科特也是从广义上界定社会福利的:"社会福利的目的就是帮助人们在其社会环境中更有效地发挥作用,包含两层意思:(1)满足人们的基本生存需要(充足的营养食品、衣服、房屋、医疗保险,清洁的水和空气);(2)满足人们必需的心理的、精神的社会交往需要……社会福利还应该提供以下内容:为促使人们参与经济建设而提供充分的教育,提供咨询以认识并处理个人所遇到的困难,提供就业门路和其他社会活动。"④很显然,广义社会福利的目的是满足社会中所有人的社会、经济、健康和娱乐的需要,旨在提升所有年龄群体的社会功能,无论他们是富裕还是贫穷。⑤

三、民政福利的发展与转型

在我国,由政府或民间举办的福利设施很早就已经存在,只不过因其规模小、制度化不足及单纯的恩赐色彩而不能与现代社会福利制度相提并论。

我国现代福利制度创始于新中国成立初期,其中,民政机关一直主管着

---

① [美]戴安娜·M.迪尼特著,何敬、葛其伟译:《社会福利:政治与公共政策(第五版)》,中国人民大学出版社 2007 年版,"序言",第 5 页。

② Midgley, J. *Social Welfare in Global Context*, Calif: Sage Publication, 1997, p.5.

③ Ibid, pp.5—6.

④ [美]威廉姆·H.怀特科、罗纳德·C.费德里科著,解俊杰译:《当今世界的社会福利》,法律出版社 2003 年版。

⑤ [美]查尔斯·H.扎斯特罗著,孙唐水等译:《社会工作与社会福利导论》(第七版),中国人民大学出版社 2005 年版,第 3 页。

其中的一部分福利内容,我们通称民政福利,其内容主要包括社会福利事业、社会福利生产以及社区服务。社会福利事业是指通过兴办各种机构为各类特殊群体提供服务。民政部门负责管理社会福利院(以老人为主,也有部分残疾人和孤儿)、以专门接收孤儿和弃婴为主的儿童福利院、为退伍军人中的精神病人和"三无"患者设立的精神病院。社会福利企业主要是为有部分劳动能力却无法正常工作的重度残疾人提供就业就会。社区服务主要指社区向居民提供的一类服务,包括敬老院、日间照顾、家政服务等(如表 6-5)。

表 6-5　民政福利的主要内容

福利类别	福利项目	服务对象	经费来源
社会福利事业	社会福利院	以孤寡老人为主,也有少数孤儿、弃婴	财政拨款
	儿童福利院	主要收养残疾儿童,也包括无依无靠的孤儿、弃婴	财政拨款
	精神病人福利院	收养退伍军人中的精神病人及无依无靠的精神病人	财政拨款
社会福利企业	残疾人福利工厂	有部分劳动能力的残疾人	企业经营收入、国家税收优惠
社区服务	综合性的各种服务,如老年人服务、心理咨询服务、残疾人康复服务	面向社区全体居民	财政补助、集体供款、有偿服务收入、社会捐助

新中国成立以来,民政福利大体可以划分为传统福利模式阶段和现代福利模式转型阶段。[①]

(一)传统福利模式阶段(20 世纪 50—80 年代)

社会福利事业方面。新中国成立初期,政府一方面接受、改造国民党官办的"救济院""劳动习艺所",地方民办的"善堂"以及国外的"慈善团体"和"慈善机构",让其成为新中国官办福利机构;另一方面,各大城市先后建立生

---

① 官方通常将民政福利划分为五个阶段:新中国成立初期(1949—1952)、社会主义改造时期(1952—1957)、社会主义建设时期(1957—1965)、"文化大革命"时期(1966—1976)、改革开放时期(1978 至今)。(参见[香港]黄黎若莲著,唐钧等译:《中国社会主义的社会福利:民政福利工作研究》,中国社会科学出版社 1995 年版。)

产教养院,收容、改造旧社会遗留下来的游民、乞丐、妓女以及残老儿童。① 据统计,到 1952 年底,内务部共计改造旧的慈善机构 419 个,调整旧的私立救济福利团体 1600 多处。到 1953 年,接收海外慈善机构 451 个(其中,美国 247 处,英、法、意、西班牙等国 204 处。属于基督教的有 198 处,属于天主教的有 208 处)②,到 1956 年,全国共有生产教养单位 217 家。③ 这一时期,民政福利实际上是与社会救济联系在一起的。1953 年第三次全国城市救济会议指出:"生产教养机构是对残老孤儿的救济福利机构,同时也是对部分游民的劳动改造机构。"其主要任务是对无依无靠、无家可归、无法维持生活的老弱、残疾、孤儿、弃婴的收容安置,以及对职业乞丐、公开妓女等群体的收容改造。

进入 20 世纪 50 年代中后期,民政福利逐渐从社会救济中分离出来,形成了自己的体系。1956 年,在教养院重新调整、整顿过程中,残老和孤儿被单独划出来,另设残老教养院和儿童教养院。1958 年第四次全国民政会议又要求各地民政部门建立精神病院,收容无家可归、无依无靠和无生活来源的精神病人。1959 年后,大部分省、自治区、直辖市建立了精神病人疗养院,有的地方在县城办起了综合性的社会福利院。至此,以残老孤儿及精神病人为主体的传统民政福利体系正式确立下来,并形成了"对老年人以养为主,妥善安排其生活;对健全儿童养、教并重,对残缺、呆傻儿童养、治、教相结合;对精神病人养、治结合。对能够治疗的病人,应进行劳动、药物、文娱和教育的综合治疗"等分类福利方针。④

但是,"文化大革命"后,内务部被撤销,民政福利发展遭到重创,城市社会福利事业单位由 1962 年的 1708 家缩减到 1979 年的 686 家,直到改革开放后,城市社会福利事业单位才逐渐恢复并迅猛发展,到 1986 年,全国城市社会福利事业单位共有 33799 家(见表 6-6)⑤。

---

① 新中国成立之初,接收、改造、新建的各种救济福利单位统称生产教养院,1958 年后更名为各种福利院。
② 孟昭华、王明寰:《中国民政史稿》,黑龙江人民出版社 1986 年版,第 309 页。
③ 李荣时:《民政统计历史资料汇编》,民政部计划财务司 1993 年版,第 197 页。
④ 该方针是在 1979 年全国民政城市救济福利工作会确立的。(参见:孟昭华、王明寰:《中国民政史稿》,黑龙江人民出版社 1986 年版,第 302 页。)
⑤ 数据来源李荣时:《民政统计历史资料汇编》,民政部计划财务司 1993 年版。

表 6-6　城市社会福利事业单位变化(1962—1989)

	1962	1963①	1978	1979	1982	1983	1986	1987	1988	1989	1990
国有	1708	1660	663	686	864	886	1007	1057	1082	1105	
总数							33799	36072			

　　社会福利企业方面。新中国成立初期,面对大量的救济人口和贫困问题,内务部确定了通过组织生产来解决烈士军属和贫民生活问题的方针。1958 年,第四次全国民政会议进一步肯定了这一方针,并且认为,这是调动他们参加社会主义建设的根本途径,是帮助这一部分人由贫困走向富裕的根本道路,是保障这些人的生活并兼顾国家、集体和个人三方面利益,调节人民内部矛盾的根本途径,也是优抚工作促进工农业大跃进的根本途径。② 福利生产发展的另外一个重要标志是民政福利企业范围的确定。1960 年,内务部第六次全国民政会议根据中央关于国民经济"调整、巩固、充实、提高"方针,明确了归属民政部门管理的福利企业性质:(1)保障性,即为盲人、聋哑人设立的福利生产单位;(2)福利性,即生产目的主要是为残疾者制造生产工具、文化用品、残疾人假肢以及火葬用品;(3)改造性,即改造游民的生产单位;(4)自救性,即烈士军属和贫民参加生产。至此,民政福利企业的范围被正式确定下来,只有盲人、聋哑人等残疾人参与生产的企业才属于民政福利企业范围,其他类别的福利生产单位,如为失业者举办的生产工厂,已不再归属民政主管(移交到街道和居委会)。民政福利生产单位的范围调整后,由民政主管的福利企业稳步发展,除了 1961 年较 1960 年有较大幅度的下降外,其后几年内,福利企业数量一直稳定在 1000 多个,假肢工厂发展到 20多个(见表 6-7)。

　　"文化大革命"后,很多福利生产单位被强行合并或撤销,全国福利生产单位减少了大约 30%,不少孤老残幼和残疾人员因此流浪街头,民政福利生产遭到极大的破坏。

---

　　① 1964 年之前(包括 1964 年)只有"全国城市福利事业单位"统计,1978 年后统计标准则是"国有收养单位"。

　　② 孟昭华、王明寰:《中国民政史稿》,黑龙江人民出版社 1986 年版,第 297 页。

表 6-7　城市福利生产单位数量(1960—1964)①

年份	1960	1961	1962	1963	1964②
数量(个)	2091	1409	1560	1371	1089

(二)现代福利模式转型阶段(20 世纪 80 年代中期至今)

改革开放后,特别是从 20 世纪 80 年代中期开始,国家非常重视民政福利的发展,先后出台鼓励民办福利企业发展以及开展社会福利社会化、建立适度普惠型社会福利、发展社区服务业等政策,积极推进社会福利向"投资主体多元化、服务对象公众化、运行机制市场化、服务方式多元化"的新型福利模式转型。

第一,大力支持民办福利生产单位。为了更好地支持鼓励福利企业的发展,从 1979 年开始,民政部、财政部等先后下发《关于切实安排好民政部门社会福利生产单位产供销计划的通知》(1979)、《关于民政部门举办的福利生产单位缴纳所得税问题的通知》(1980)及《国家税务局关于民政部门举办的社会福利生产单位征免税问题的通知》(1990)。根据《关于民政部门举办的福利生产单位缴纳所得税问题的通知》,民政部门举办的福利生产单位可以享受下列优惠政策:(1)福利生产单位盲聋哑残人员占生产人员总数 35% 以上的,免缴所得税,比例在 10%—35% 之间的,减半缴纳所得税;(2)民政部门新办的福利生产单位,可以从投产的月份起免缴所得税一年;(3)为残疾人生产假肢和用品的单位免缴商业税和所得税。根据国税局下发的《国家税务局关于民政部门举办的社会福利生产单位征免税问题的通知》,福利生产单位享受的优惠政策更加明显:(1)对民政部举办的福利生产单位,凡是安置残疾人员占生产总数 35% 以上的,其从事劳务、修理及服务性业务所得收入免征所得税。(2)凡是安置残疾人员占生产人员总数 50% 以上的,其生产销售产品所得的收入,免征产品税和增值税。凡是安置残疾人员占生产总数 35% 以上的,如发生亏损或利润低微可免征产品税和增值税。(3)对民政部门所述工厂生产的供残疾人专用的产品,如假肢、轮椅等,免征产品税。值得注意的

---

① 数据来源:李荣时《民政统计历史资料汇编》,民政部计划财务司 1993 年版。

② 1964 年之前(包括 1964 年)之前只有城市福利生产统计,1978 后统计的实际上是"全社会"福利生产。

是,通知是针对民政部门主办的福利企业,实际上,之后的街道和农村集体经营的福利生产企业都参照这一标准享受优惠政策。福利企业优惠政策极大地推进了民政福利的生产,此后,民办社会福利企业如雨后春笋,由 1980 年的1204 个快速增长到1989 年的40239 个(见表 6-8)。

表 6-8 社会福利生产企业(1980—1989)①

年份	1980	1983	1984	1987	1988	1989
总数(个)	1204	5774	6605	30211	40808	40239
民政部门办(个)		1571	1869	2976	4107	4675

第二,推进社会福利社会化改革。随着计划经济向市场转型,单纯依靠国家和集体的传统福利救济模式已经无法适应社会发展的需要,社会福利社会化改革势在必行。1983 年,谢觉哉在第四次全国民政会议上用几个"可以"为社会福利社会化改革定调:"兴办城市社会救济和社会福利事业,要调动各方面的力量,广开门路,采取多种渠道。国家可以办,社会团体可以办,工厂、机关可以办,街道可以办,家庭也可以办,逐步形成有我国特色的社会福利事业。"②1984 年,民政部召开的漳州会议进一步明确提出,福利体制要由国家包办向国家、集体和个人一起办转变,探索建立"社会福利服务网络"(后称"社区服务"),社会福利社会化改革正式开启。从 1986 年开始,社会力量举办的各种福利机构占福利机构总数的比例一直维持在 97% 左右,一改传统社会福利国家办的局面(见表 6-9)。

表 6-9 社会力量参与兴办福利机构与福利企业数量(1982—1997)③

	社会福利院(个)	社会办(个)	社会占比(%)	福利企业(个)	社会办(个)	社会占比(%)
1982				1602	500 左右④	31.21 左右

---

① 数据来源:李荣时:《民政统计历史资料汇编》,民政部计划财务司 1993 年版。

② 李荣时:《民政统计历史资料汇编》,民政部计划财务司 1993 年版,第 626 页。

③ 数据来源:《中国民政统计》(1998 年后,民政统计资料不再统计单位数,只统计床位数,所以,之后的数据只能另行统计,无法比较。)

④ 数据来源:[香港]黄黎若莲著,唐钧等译:《中国社会主义的社会福利:民政福利工作研究》,中国社会科学出版社 1995 年版,第 125 页。〔李荣时编写的《民政统计历史资料汇编》(民政部计划财务司 1993 年版)对民政部门主管的福利企业在 1983 前都未有统计,其他公开资料也都未有统计。〕

	社会福利院(个)	社会办(个)	社会占比(%)	福利企业(个)	社会办(个)	社会占比(%)
1983				5774	4203	72.79
1984				6605	4736	71.70
1985				14787	2222	84.97
1986	33799	32792	97.02	19762	17211	87.10
1987	36072	35015	97.07	27690	24714	89.25
1991	40975	39820	97.18	43701	37889	86.70
1992	41967	40782	97.18	49783	42985	86.34
1996	41411	40130	96.91	59302	52033	87.74
1997	41005	39702	96.82	55414	47485	85.70

为了推进社会福利改革与发展,加快实现社会福利社会化,2000年,国务院办公厅转发民政部等部门《关于加快实现社会福利社会化的意见》,其明确指出,推进社会福利社会化,要"以居家为基础、以社区为依托、以社会福利机构为补充",实现"投资主体多元化、服务对象公众化、服务方式多样化、服务队伍专业化"。除此之外,专门领域的福利社会化政策,特别是有关老年人社会服务的政策陆续出台,如《国务院关于开展新型农村社会养老保险试点的指导意见》(2009)、《国务院办公厅关于印发社会养老服务体系建设规划(2011—2015)》(2011)、《民政部关于鼓励和引导民间资本进入养老服务领域的实施意见》(2012)及《民政部办公厅关于在全国开展农村特困人员供养服务机构社会化改革试点工作的通知》(2015)。另外,通过发展福利彩票事业扩大社会福利筹资渠道(见表6-10)。资料显示,从1995年开始,福利彩票销售量大幅度增加,2014年,福利彩票销售额共计2059.7亿元,根据《国务院关于进一步规范彩票管理的通知》(2001)中关于"彩票公益金比例不得低于35%"的规定,至少有720亿元用于公益项目,其中231.3亿元用于民政救助福利,占2014年民政经费总支出的5.24%。[1]

---

[1]　根据《中国民政统计年鉴(2015)》(中华人民共和国民政部编,中国统计出版社2005年版)数据计算所得。

表 6-10　福利彩票事业的发展(2005—2014)　　　　单位:亿元　%

指标	2005	2006	2007	2008	2009	2010	2011	2012	2013	2014
销售额	411.2	495.7	631.6	604.0	756.0	968.0	1278.0	1510.3	1765.3	2059.7
年增率	81.6	20.5	27.4	−4.4	25.2	28.0	32.0	18.2	16.9	16.7

第三,积极发展社区服务。社区服务随着"社会化的福利体制改革"呼声而成为民政福利体系一个新的组成部分。进入 20 世纪 80 年代中期,传统的社会福利体制开始遭遇经济社会发展巨大转型的困境。一方面,城市的经济改革要求企业成为自负盈亏、自主经营的经济实体,这意味着传统的"企业办社会"的单位式保障已经走到尽头,被剥离的社会群体必须寻求新的保障路径;另一方面,随着个体劳动者、合同工及失业工人的不断增加,社会服务(不是通过单位直接提供)日益成为必要的存在。于是,"社会福利服务网络"开始在 1984 年的社会福利事业杭州(漳州)会议和 1985 年全国社会福利生产大连会议上被确定为社会化福利制度改革的一项重要举措。但是,真正第一次提出"社区服务"概念的是 1987 年 6 月。民政部通过对一些先进国家的考察,开始认识到社区服务不仅包括传统民政服务,还包括向社区居民提供的便民利民服务。同年底,北京、上海、天津、武汉、重庆、常州等城市纷纷开展社区服务试点,重点围绕"建立社区服务体系的指导机构,制定社区服务体系发展规划,探索多层次、多类型的基层社区服务模式"开展工作。[①] 到 1989 年底,社区服务单位共计 7623 个,其中,国家办的有 602 个,集体办的有 4051 个,民办的有 2970 个,社会服务机构覆盖率为 6.9%。[②] 1993 年,为了巩固、提高、规范社区服务,民政部会同国家计委等 14 个部委联合下发了《关于加快发展社区服务业的意见》,明确了社区服务不仅是社会保障体系的一个重要组成部分,还是社会化服务体系中的一个重要行业。不仅如此,《关于加快发展社区服务业的意见》还明确了社区服务业的发展目标、基本任务以及相关扶持保护政策,标志着我国社区服务正式走上社会化、规范化轨道。

第四,提出适度普惠型福利政策。传统民政社会福利主要针对的是"三个群体",是一种典型的补缺型社会福利。近年来,随着社会的发展,我国传

---

① 1989 年 12 月 26 日,"居民委员会应当开展便民利民的社区服务活动"被正式写进《城市委员会组织法》。

② 数据来源:民政部财务和机关事务司:《中国民政统计年鉴(2000)》,中国统计出版社 2000 年版(从 2000 年开始,"社区服务"开始成为历年《中国民政统计年鉴》一项重要的统计指标)。

统社会福利保障模式开始发生改变。2007年,国家民政部提出:"要推进社会福利由'补缺型'向'适度普惠型'转变。由向特定的民政服务对象,向全体老年人、残疾人和处于困境中的儿童转变,同时在服务项目和产品的供给上,要满足他们不同层次的多样化需求。"为此,2010年,民政部下发《关于建立高龄津、补贴制度先行地区的通报》,规定对80岁以上老年人按月发放高龄津贴。2013年、2014年民政部又先后下发《民政部关于开展适度普惠型儿童福利制度建设试点工作的通知》和《民政部关于进一步开展适度普惠型儿童福利制度建设试点工作的通知》,要求建立适度普惠型儿童福利制度,即把困境儿童确定为重点保障对象,逐步建立覆盖全体儿童的普惠福利制度。

四、结论

总体而言,民政福利正在从"救济性、分散性、单一性"传统模式向"投资主体多元化、服务对象公众化、运行机制市场化、服务方式多元化"现代福利模式转型,这为公民社会权利的实现提供了良好的体制保障。第一,福利社会化改革突破了"国家和集体"包办福利的传统制度框架,不管是社会福利事业,还是社会福利生产,社会化程度越来越高,国家、集体和个人共同办福利的现象越来越普遍,这在很大程度上缓解了社会福利的财政压力,保证了社会权利的实现;第二,适度普惠型社会福利的提出,确立了福利领域中的普遍化原则,福利对象不再局限在"三无"孤老残幼群体,凡是符合资格的特定群体都有获得福利保障的权利。

但是,从社会权利实现角度而言,现有的福利制度依然存在一些明显的不足。首先,社会福利在整个民政工作中的地位没有得到足够的重视。一个典型的例子是,多年来,社会福利支出在整个民政支出中的比例始终处在靠后的位置,不仅远远低于社会救助,甚至有时还大幅度落后于抚恤费和退役安置费。以2012年为例,社会救助、抚恤费、退役安置费和社会福利费用占整个民政经费总支出的比例分别是50.7%、14.0%、10.1%和8.7%。从财政责任分担上来看,社会福利与社会救助大多由中央政府和地方政府共同负责,问题是,"用于社会救助的中央转移支付比例非常高,平均占比为54.4%,最高的2011年达到63.9%;社会福利经费从1999年单列开始(之前包含在"社会福利救济事业费"中),一直由地方财政支出,直到2011年,中央财政才开始补助,且数额非常有限,2011、2012、2013年分别为25.2亿元、42亿元、54.4

亿元,占当年中央转移支付民政经费总额的 1.4％、2.3％、2.6％"①。其次,现有的社会组织管理体制很大程度上也制约了社会福利的社会改革进程。我国社会组织行政合法性采取的是登记备案制度,社会组织只有在民政部门登记备案才具有合法性,而且还要由自己的业务主管部门审批。这种管理体制的弊端在于,一方面,具有公益热情的社会组织因为经常被排除在体制之外而无法成为社会福利社会化的可利用资源;另一方面,游离于制度之外的民间自发组织会因为缺乏有效监管,最终扰乱社会福利社会化和市场化秩序。因此,只有调整现有的社会政策,完善社会福利制度,才能真正保障公民的社会权利。

第三节　发展型社会政策:民政救助
福利的路径选择

从前文可知,民政救助福利发展总体上遵循了从"补缺"到"普惠"②的发展路线,与社会政策世界历史发展规律基本一致,然而,当代表发达国家的"社会投资"(吉登斯)理论与代表发展中国家的"社会发展"(米奇利)理论同时主张并实践"发展型"社会政策时,结论只有一个,那就是,"普惠型"社会政策并不是社会发展的必经阶段,换言之,"普惠型"社会政策并不是"发展型"社会政策的逻辑前提。当前,我国民政救助福利制度存在的问题,一方面可能与"制度型"社会政策建构不足有关;另一方面,更多可能与我们现在的政策选择模式有关。笔者之所以主张将"发展型社会政策"视为民政救助福利的选择方向,是因为它不仅有助于解决民政救助福利制度中存在的各种问题,更重要的是,它符合我国当下经济社会发展的战略选择。

任何社会福利模式的形成首先取决于经济社会结构的变化。在资本主义社会,国家在社会福利体系中的地位非常有限,相反,个人、家庭、社区、宗教等组织往往承担了大量的社会福利。在西方,教会通过教区管理地方事

---

① 胡文木:《论政府在社会福利中的财政责任——基于民政事业经费支出分析》,《浙江学刊》2016 年第 3 期。

② 在西方,"补缺型"福利政策对应的是"制度型"福利政策,"选择型"福利政策对应的是"普惠型"福利政策,在我国,不管是学界还是官方,习惯将"普惠型"与"补缺型"对应,并不对"制度型"与"普惠型"加以严格区分,为了与前文叙述保持一致,本文也不做严格区分。

务,负责社会救助。在中国,承担救助的主要是宗法组织。但是,随着机器大工业的出现,一方面,社会生产力得到了极大提高,"资产阶级在它不到一百年的阶级统治中所创造出的生产力,比过去一切时代创造的全部生产力还要多还要大";另一方面,社会结构的变化引发了社区消融、家庭崩溃、工业失业、老无所依、住房拥挤和公共卫生破坏等社会问题。[①] 面对社会经济结构所引发的社会问题,传统社会保障体系已经无法抵御"社会风险",于是以国家为主体的大规模干预开始成为必要。此外,社会福利模式还与一个国家和地区的社会文化有着密切的关系。例如,艾斯平-安德森对资本主义三个福利世界模式的划分,对应的就是"自由主义""保守主义"和"社会民主主义"三种不同的意识形态。发展型社会政策的缘起,就发展中国家而言,是为了应对经济总量较小的情况下如何维持社会资源的可持续性发展问题。对于发达国家来说,也是由于社会开支过度膨胀而不得不通过福利转型,以维系经济发展。同样,中国改革开放以来经济社会结构变化和社会福利的政策导向,也为社会政策的转型提供了契机和要求。

首先,经济发展和社会发展面临转型。发展型社会政策强调的是经济与社会协调发展,既不能因为经济发展而牺牲社会公平,也不能因为发展社会公平而阻碍了经济发展,相反,社会发展离不开经济发展,发展型社会福利同样离不开国家的财政支持。改革开放以来,中国经济一直保持高速增长,截至 2014 年,GDP 平均增长率是 9.13%,总量达到 1978 年的 174.6 倍,财政收入增加了 123 倍。[②] 所有这些,为发展型社会福利体系提供了坚实的物质基础。但是,经济高速增长的背后却面临着巨大的挑战。一方面,经济发展方式面临转型。我国 30 多年来的经济发展主要得益于以经济建设为中心的战略选择,以及发展外向型经济和劳动密集型经济的发展机遇,但是,在知识经济和世界经济一体化的背景下,外向型经济和劳动密集型经济已经无法继续保证经济的持续发展。另一方面,社会结构面临转型。改革开放以来,中国经济的发展并没有导致社会的同步发展,相反,社会结构存在严重的问题。社会结构是指一个国家或地区的社会成员的组成方式及其关系格局,包含人口结构、家庭结构、就业结构、城乡结构、区域结构和社会阶层结构等若干重

---

① 《贝弗里奇报告》将"匮乏、疾病、无知、肮脏和懒惰"称为"五恶"。

② GDP:1978 年 3645.2 亿元,2014 年 636463 亿元;财政收入:1978 年 1132.3 亿元,2014 年 140370 亿元。(参见中华人民共和国民政部:《中国统计年鉴 2015》,中国统计出版社 2015 年版)

要子结构。① 社会阶层结构是社会结构问题的核心,其中又有两个最重要指标,一个是中产阶级或中等收入群体占所有社会成员的比重是否最大化,另一个是联合国标准意义上的贫困人口是否趋向于零。现代化的社会阶层结构之所以需要一个庞大的社会中间阶层,构成社会总人口的主干(例如美国中间阶层约占总人口的60%,日本中间阶层比例则更高,曾有"一亿皆中流"的说法),这是因为,绝大多数社会成员都有稳定的收入和较丰厚的资产,生活无忧,有利于普遍形成积极向上的价值观,更重要的是,在绝大多数人社会差距不大的背景下,才会形成必需的社会共识和社会团结,才会容易倾向于用妥协和协商的方式解决社会矛盾,处理社会问题。而现代化的社会阶层结构之所以普遍消除了贫困人口,则是因为贫穷是滋生暴力的温床,使国民拥有最后的社会安全网,才能使国民避免因为各种原因陷入生活危机或绝境,才能最大限度地避免国民产生社会不满甚至趋向暴力化,从而提高社会的整体稳定性与安全度。因此,中等收入群体越庞大、贫困人口越趋近于零,社会也就越稳定、越安全。

中等收入人群扩大,主要原因是普通劳动者在一次、二次分配的份额得到充分保证;贫困人口消失则很大程度上取决于二次分配对弱势群体的倾斜性调节。而许多发展中国家的经济发展飞速与社会问题突出相伴随,一般都源于收入分配的不科学、不合理、不公正。当下我国社会中间阶层规模极小,称得上中间阶层的仅占总人口的15%左右,而贫困人口则达15%以上。这种情况基本上源于分配上的市场失灵和政府失灵,因此格外需要充分发挥政府作用加以解决。党的十七大明确提出:"初次分配和再分配都要处理好效率和公平的关系,再分配更加注重公平。"转变经济发展方式,实现初次分配的公平,非一朝一夕所能完成,也不是民政单条线可以左右的;但是,充分调整再分配机制,通过收入的再分配以减少贫富差距,大幅度减少贫困人群,大面积扩大中等收入人群,以实现社会相对公平,则是当下政府完全有能力采取的措施。其中,社会福利保障功能和收入再分配机制则是最重要的一个制度平台。

其次,新的执政理念已经蕴含了经济发展和社会政策相协调的思想。一方面,经济发展仍然是第一要务。党的十七大报告指出:"必须坚持把发展作

---

① 陆学艺:《当代中国社会结构与社会建设》,《学习时报》2010 年 8 月 30 日。

为党执政兴国的第一要务。发展，对于全面建设小康社会、加快推进社会主义现代化，具有决定性意义。要牢牢抓住经济建设这个中心，坚持聚精会神搞建设、一心一意谋发展，不断解放和发展社会生产力。更好地实施科教兴国战略、人才强国战略、可持续发展战略，着力把握发展规律、创新发展理念、转变发展方式、破解发展难题，提高发展质量和效益，实现又好又快发展，为发展中国特色社会主义打下坚实基础。努力实现以人为本、全面协调可持续的科学发展，实现各方面事业有机统一、社会成员团结和睦的和谐发展，实现既通过维护世界和平发展自己，又通过自身发展维护世界和平的和平发展。"党的十八大报告再次强调："以经济建设为中心是兴国之要，发展仍是解决我国所有问题的关键。只有推动经济持续健康发展，才能筑牢国家繁荣富强、人民幸福安康、社会和谐稳定的物质基础。必须坚持发展是硬道理的战略思想，决不能有丝毫动摇。"新时期，"全面深化改革，必须立足于我国长期处于社会主义初级阶段这个最大实际，坚持发展仍是解决我国所有问题的关键这个重大战略判断，以经济建设为中心，发挥经济体制改革牵引作用，推动生产关系同生产力、上层建筑同经济基础相适应，推动经济社会持续健康发展。"另一方面，加强经济建设的同时，提出科学发展观、社会建设理论和全面深化改革理论，注重社会与经济的协调发展。科学发展观首次提出是建立在"五个"统筹的基础上的，"坚持统筹兼顾，协调好改革进程中的各种利益关系。坚持以人为本，树立全面、协调、可持续的发展观，促进经济社会和人的全面发展"。到了十七大时，科学发展观的内涵进一步明确："科学发展观，第一要义是发展，核心是以人为本，基本要求是全面协调可持续，根本方法是统筹兼顾。"在这里，科学发展观不仅肯定了经济发展的重要性，还将社会的协调可持续发展视为科学发展观的必要组成部分。如果说，科学发展观强调的外延过于广泛，和谐社会的提出则主要集中在社会建设领域。十六届六中全会指出，和谐社会就是要"按照民主法治、公平正义、诚信友爱、充满活力、安定有序、人与自然和谐相处的总要求，以解决人民群众最关心、最直接、最现实的利益问题为重点，着力发展社会事业、促进社会公平正义、建设和谐文化、完善社会管理、增强社会创造活力，走共同富裕道路，推动社会建设与经济建设、政治建设、文化建设协调发展"。为了进一步落实科学发展观，实现全面小康社会，新一届领导集体更加注重经济和社会的协调发展，强调在全面深化改革时，要"更加注重改革的系统性、整体性、协同性，加快发展社会主义市场经济、民主政治、先进文化、和谐社会、生态文明,让一切劳动、知识、技术、管理、资本的活力竞相迸发,让一切创造社会财富的源泉充分涌流,让发展成果更多更公平惠及全体人民"。

新时期发展社会的理论中有几个共同的特点:(1)强调经济与社会同步发展,不管是科学发展观、和谐社会,还是全面深化改革,都突出了社会建设的重要性,只有社会健康有序发展才是科学的发展,才是中国特色社会主义本质的内在要求。(2)而是更加注重社会公平。新的执政理念不再只重经济发展,而是更加注重人民的幸福感和获得感,强调全体人民应该共享改革发展成果,经济发展的财富应该更多更公平惠及全体人民。(3)更加重视民生。发展的社会根本目的就是提高改善民生,人民对美好幸福生活的向往就是我们的奋斗目标。(4)更加强调社会力量的重要性。科学发展、和谐社会、社会治理虽然离不开国家的支持和引导,但是,只有充分发挥社会的聪明才智,充分调动社会主体的积极性,充分保障人民的社会自治空间,国家才能节约治理成本,提高治理效果。很显然,中国共产党的新执政理念契合了发展型社会政策的内在要求。

第七章　民政救助福利的法制建设

如第四章所述，公民基本权的保护，一方面取决于其在宪法上的效力模式，另一方面还取决于一个国家的立法状况。那么，我国民政福利所涉及的社会保障权在宪法和法律层面是如何被保护的呢？

第一节　民政救助福利的法律体系

一、民政救助福利的宪法保护

就宪法实践而言，我国公民的社会保障权一开始就受到宪法保护。首先，公民社会保障权被明确写进宪法。从新中国第一部具有临时宪法性质的《中国人民政治协商会议共同纲领》开始，一直到1982年的现行宪法，都有社会权保护的条款[①]，而且社会保障权始终在列。《中国人民政治协商会议共同纲领》第三十二条规定："人民政府应按照各地各业情况规定最低工资，逐步实行劳动保险制度。"之后的历部宪法都有社会保障权条款，1954年宪法第九十三条规定："中华人民共和国劳动者在年老、疾病或者丧失劳动能力的时候，有获得物质帮助的权利。国家举办社会保险、社会救济和群众卫生事业，

---

① 我国宪法中有很多涉及社会基本权保护的条款，它们主要集中在第二章"公民的基本权利和义务"和第一章"总纲"中。在第二章"公民的基本权利和义务"中规定的社会基本权利条款包括"劳动权条款"（第四十二条）、"休息权条款"（第四十三条）、"退休人员生活保障条款"（第四十四条）、"物质帮助权条款"（第四十五条）、"受教育权条款"（第四十六条）、"文化权利"（第四十七条）、"妇女权利、妇女平等权、妇女权益特别保护"（第四十八条）、"婚姻家庭权条款"（第四十九条）等。第一章"总纲"中有关社会基本权利的条款包括"基本教育政策"（第十九条）、"医疗卫生政策"（第二十条）、"社会保障条款"（第十四条第三款）。

并且逐步扩大这些设施,以保证劳动者享受这种权利。"1975 年宪法第二十七条第二款规定:"公民有劳动的权利,有受教育的权利。劳动者有休息的权利,在年老、疾病或者丧失劳动能力的时候,有获得物质帮助的权利。"1978 年宪法第第五十条规定:"劳动者在年老、生病或者丧失劳动能力的时候,有获得物质帮助的权利。国家逐步发展社会保险、社会救济、公费医疗和合作医疗等事业,以保证劳动者享受这种权利。国家关怀和保障革命残疾军人、革命烈士家属的生活。"现行宪法第四十四条规定:"国家依照法律规定实行企业事业组织的职工和国家机关工作人员的退休制度。退休人员的生活受到国家和社会的保障。"第四十五条规定:"中华人民共和国公民在年老、疾病或者丧失劳动能力的情况下,有从国家和社会获得物质帮助的权利。国家发展为公民享受这些权利所需要的社会保险、社会救济和医疗卫生事业。国家和社会保障残废军人的生活,抚恤烈士家属,优待军人家属。国家和社会帮助安排盲、聋、哑和其他有残疾的公民的劳动、生活和教育。"(见表 7-1)

表 7-1　新中国历次宪法的社会保障权条款

历次宪法	社会保障权条款
1949 年《中国人民政治协商会议共同纲领》(临时宪法的性质)	"人民政府应按照各地各业情况规定最低工资。逐步实行劳动保险制度。" 第三十二条:"在国家经营的企业中,目前时期应实行工人参加生产管理的制度,即建立在厂长领导之下的工厂管理委员会。私人经营的企业,为实现劳资两利的原则,应由工会代表工人职员与资方订立集体合同。公私企业目前一般应实行八小时至十小时的工作制,特殊情况得斟酌办理。人民政府应按照各地各业情况规定最低工资。逐步实行劳动保险制度。保护青工女工的特殊利益。实行工矿检查制度,以改进工矿的安全和卫生设备。"
1954 年宪法	第九十三条:"中华人民共和国劳动者在年老、疾病或者丧失劳动能力的时候,有获得物质帮助的权利。国家举办社会保险、社会救济和群众卫生事业,并且逐步扩大这些设施,以保证劳动者享受这种权利。"
1975 年宪法	第二十七条第二款:"公民有劳动的权利,有受教育的权利。劳动者有休息的权利,在年老、疾病或者丧失劳动能力的时候,有获得物质帮助的权利。"
1978 年宪法	第五十条:"劳动者在年老、生病或者丧失劳动能力的时候,有获得物质帮助的权利。国家逐步发展社会保险、社会救济、公费医疗和合作医疗等事业,以保证劳动者享受这种权利。国家关怀和保障革命残废军人、革命烈士家属的生活。"

历次宪法	社会保障权条款
1982 年宪法	第十四条第四款:"国家建立健全同经济发展水平相适应的社会保障制度。" 第二十一条第一款:"国家发展医疗卫生事业,发展现代医药和我国传统医药,鼓励和支持农村集体经济组织、国家企业事业组织和街道组织举办各种医疗卫生设施,开展群众性的卫生活动,保护人民健康。" 第四十四条:"国家依照法律规定实行企业事业组织的职工和国家机关工作人员的退休制度。退休人员的生活受到国家和社会的保障。" 第四十五条:"中华人民共和国公民在年老、疾病或者丧失劳动能力的情况下,有从国家和社会获得物质帮助的权利。国家发展为公民享受这些权利所需要的社会保险、社会救济和医疗卫生事业。国家和社会保障残疾军人的生活,抚恤烈士家属,优待军人家属。国家和社会帮助安排盲、聋、哑和其他有残疾的公民的劳动、生活和教育。"

　　其次,就权利效力而言,我国基本社会保障权对所有国家机关具有法律约束力。有学者以劳动权为例,认为新中国几部宪法虽然都不同程度地规定了公民社会权利,但是,之前的几部宪法,其中的基本权利条款"指导性"和"纲领性"意义更强,缺乏"法的规定性",只有现行宪法中基本权利条款具有"宪法委托"和"制度保障"特征[①],对国家机关具有强制约束力。就社会保障权而言,笔者则认为,其在前后宪法中的效力模式相差不大,都属于"宪法委托"和"制度保障"类型,我们可以比较现行宪法第四十五条"中华人民共和国公民在年老、疾病或者丧失劳动能力的情况下,有从国家和社会获得物质帮助的权利。国家发展为公民享受这些权利所需要的社会保险、社会救济和医疗卫生事业",以及 1954 年宪法第九十三条"中华人民共和国劳动者在年老、疾病或者丧失劳动能力的时候,有获得物质帮助的权利。国家举办社会保险、社会救济和群众卫生事业,并且逐步扩大这些设施,以保证劳动者享受这种权利"。这两条社会权利的保障模式几乎完全一致,前半部分具有"宪法委托"特征,后半部分则具有"制度保障"特征。不同的是,现行宪法增

---

　　① 参见龚向和:《作为人权的社会权——社会权法律问题研究》,人民出版社 2007 年版,第 64—69 页。

加了违宪条款。[①] 众所周知,宪法是国家的根本大法,具有最高的法律效力,但是,在现行宪法之前的历次宪法文本中都没有明确条款予以规定,只有1954年宪法第十八条有过类似的规定——"一切国家机关工作人员必须服从宪法和法律"。但是,1954年宪法没有违宪责任条款,这在很大程度上削弱了基本权法律效力。相反,现行宪法第一次正式明确了宪法在国家政治社会中的最高法律地位,而且还明确了违宪责任:"一切法律、行政法规和地方性法规都不得同宪法相抵触。一切国家机关和武装力量、各政党和各社会团体、各企业事业组织都必须遵守宪法和法律。一切违反宪法和法律的行为,必须予以追究。任何组织或者个人都不得有超越宪法和法律的特权。"

综上所述,民政福利涉及的社会权利是被我国宪法承认的基本权利,具有最高的法律效力,但是,"宪法委托""制度保障"效力的落实最终要取决于立法机关对社会基本权利的"具体化"程度。离开"具体化"立法,基本权利最多是一种"政治上的箴言""善意的声明""立法者的独白"或"烦琐的名堂"。[②] 因此,民政福利的法制建设直接制约着我国社会基本权的实现程度。

二、民政救助福利的立法保护

承前所述,社会保障权虽然依赖于宪法保护,但是,真正实现却往往取决于大量的立法实践。例如,德国先后颁布《医疗保险法》(1883)、《工伤事故保险法》(1884)和《伤残和养老保险法》(1889)等法律,开了以法律确立现代社会保障制度的先河。英国在建立现代社会保障体系过程中,也相继制定了《伊丽莎白济贫法》(1601)、《斯宾汉姆兰法》(1795)、《新济贫法》(1834)、《教育法》(1906)、《儿童法》(1908)、《养老金法》(1908)、《劳工介绍法》(1909)和《国民保险法》(1911)等,形成了以低收入家庭救助、老龄救助、儿童救助、失

---

① 与前面几部宪法相比,现行宪法对公民基本权利规定的变化还体现在:第一,《中国人民政治协商会议共同纲领》一共包括总纲、政权机关、军事制度、经济政策、文化教育政策、民族政策和外交政策七章内容,没有将公民基本权利专门设章规定,只是在一些条款中零散规定了包括社会保障权在内的基本权利。从1954年开始,我国历次宪法都设有专门的章节规定公民的基本权利,但是与现行宪法相比,前三部宪法都是将国家机关置于公民基本权利章节之前,只有1982年宪法将公民基本权利置于国家机关之前,显然,公民的基本权利地位得到进一步重视。第二,现行宪法还以修正案的形式增加了保障人权条款"国家尊重和保障人权"。以往宪法虽然都有基本权利保护的条款,但是,总体开放性和前瞻性不够,"人权保障"的规定不仅着眼于现有基本权利的保障,而且还将基本权利拓展到所有的人权范围。需要指出的是,上述两个变化原则上并不涉及公民基本权利的效力。

② 李鸿禧:《违宪审查论》,元照出版公司1999年版,第295页。

业救助及疾病救助为内容的比较完善的社会救助制度。[①] 在日本,以农村公共医疗和养老保障为支柱的农村社会保障体系的初步建立是以《国民健康保险法》(1938)的颁布实施为标志的。相比之下,中国社会救助福利工作历史,实际上没有法律界定的历史,从其一般原则到具体的内容操作,既缺乏法律规制,也缺乏恒定化的程序,带有很大的主观随意性。[②] 1943 年,国民政府颁布了我国历史上第一部社会救助方面的法律《社会救济法》(1943),这标志着我国社会救济工作开始向制度化的社会救助转化,遗憾的是,该法律没有得到真正实施。

新中国成立后,民政福利法制建设虽然有所发展,但是总体处在刚刚起步的阶段,大量的福利救济工作是由政策文件调整的,例如,在新中国成立初期,通过《关于生产救灾的指示》(1949)和《关于加强生产自救劝告灾民不往外逃并分配救济粮的指示》(1949)确立了"生产自救,节约度荒,群众互助,以工代赈,辅之必要的救济"的救灾方针以及救济粮发放的工作规范。通过下发《农村灾荒救济粮款发放使用办法》(1953)、《关于加强渔民救济工作的通知》(1953)、《关于加强沿海盐民生产救济工作的通知》(1953)及《优抚、社会救济事业费管理使用暂行办法》(1955)等文件规范农村救济工作,通过《政务院关于救济失业工人指示》(1950)确立城市失业工人"以工代赈为主,以生产自救、转业训练、还乡生产、发给救济金等为辅助"的救济原则,通过《关于城市救济福利工作报告》明确了旧有福利设施改造、社会福利事业发展以及对私立救济福利工作的管理等。[③] 这一阶段救助福利的调整除了 1951 年 2 月 23 日国务院颁布的《中华人民共和国劳动保险条例》(1953 年修改)和 1950 年 6 月 17 日政务院批准的《中央人民政府政务院关于救济失业工人暂行办法》。

社会主义改造完成之后,民政救助福利逐渐走上制度化轨道,但是,调整的工具基本上还是党和政府的各类文件,例如,通过《职工生活困难补助办法》(1956)将困难的单位家属纳入单位救助,通过《国务院关于精简退职的老职工生活困难救济问题的通知》(1965)、《关于城市社会救济工作几个问题的解答》(1962)、《关于加强麻风病防治和麻风病人管理工作意见的报告》

---

① 张彦军:《国外社会救助经验对我国的启示》,《理论探索》2011 年第 2 期。
② 钟月钊:《社会保障法律制度研究》,法律出版社 2000 年版,第 352 页。
③ 《关于城市救济福利工作报告》是 1951 年 5 月全国城市救济福利工作会议文件,后经政务院法律委员会批准,于同年 8 月 15 日作为此后城市救济福利工作的原则指示发布。

(1975)、《内务部关于因错判致使当事人的家属生活困难的救济问题复河北省民政厅的函》(1957)等规范性文件,将城市民政救助对象扩大为国民党起义投诚人员,错判当事人家属,工商业者遗属,归侨、侨眷、侨生,外逃回国人员,特赦释放战犯,摘帽右派人员,企业职工遗属,下乡返城知青,外国侨民,麻风病人,因计划生育手术事故造成死亡和丧失劳动能力人员,等等。通过《关于人民公社若干问题的决议》(1958)、《1956年到1967年全国农业发展纲要》(1960)、《关于做好当前五保户、困难户、供给、补助工作的通知》(1963)等政策文件逐渐确立了农村五保供养制度。在这一阶段,真正的法律文件主要是,1955年11月9日全国人民代表大会常务委员会第二十四次会议通过的《农业生产合作社示范章程》、1956年6月30日第一届全国人民代表大会第三次会议通过的《高级农业生产合作社示范章程》,1960年4月10日中华人民共和国第二届全国人民代表大会第二次会议通过的《全国农业发展纲要》,全国人大常委会批准的《国务院关于工人、职员退休处理的暂行规定》(1957)、《国务院关于工人职员退职处理的暂行规定》(1958)以及1951年2月23日国务院颁布的《中华人民共和国劳动保险条例》(1953年修改)。

"文革"十年,我国的法律制度遭受严重破坏,根据《关于撤销高检院、内务部、内务办三个单位,公安部、高法院留下少数人的请示报告》,内务部被撤销,整个民政事业遭到严重的挫折和损失,民政福利法制随之处于停滞和倒退状态。①

改革开放以后,民政救助福利才真正步入制度化、法制化轨道。

社会救助方面。1999年国务院颁布了《城市居民最低生活保障》,以法律的形式明确了救助原则、对象、标准、资金来源以及申请程序,随后,全国各地纷纷出台地方法律,31个省、自治区、直辖市先后制定了相关地方性法规或政府规章,有的地方虽然没有直接制定最低生活保障方面的地方性法规或政府规章,却制定了综合性救助法律,如《上海市社会救助办法》(1996)。

与城市相比,农村最低生活保障制度的建立,更多依赖的是政策文件,例如,1996年,民政部下发《关于加快农村社会保障体系建设的意见》和《农村社

---

① "文化大革命"期间,其主管的业务并没有随之消失,而是分解到财政部、卫生部、国家计委劳动局和国务院政工小组办公室,其中,财政部分管救灾、救济、优抚、拥军优属等工作,卫生部接管盲人、聋哑人、麻风病人、精神病人的安置、教育和管理工作,国家计委劳动局负责管理国家机关工作人员的待遇、退职退休和复员转业军人的安置等工作,原内务部主管的人事工作则由国务院政工小组办公室代管。

会保障体系建设指导方案》,2007 年 7 月国务院又发布《关于在全国农村建立最低生活保障制度的通知》。尽管如此,地方人大和政府,特别是省级人大和政府相继出台了很多法规、规章,如甘肃、江西、四川、广西、辽宁、湖南、宁夏等专门制定了农村最低生活保障制度的地方法性法律,也有省、自治区、直辖市还制定了城乡一体化的最低生活保障地方法规或规章,如《重庆市城乡居民最低生活保障条例》(2016 修订)、《厦门市最低生活保障办法》(2014 修正)、《南京市城乡居民最低生活保障条例》(2010 修订)、《安徽省最低生活保障办法》(2016)、《浙江省最低生活保障办法》(2001)、《天津市最低生活保障办法》(2001 失效)、《广东省城乡居(村)民最低生活保障制度实施办法》(1999),还有的地方制定了统筹城乡的综合性救助法规或规章,如《甘肃省社会救助条例》(2015)、《浙江省社会救助条例》(2014)、《海南省社会救助规定》(2015)、《陕西省社会救助办法》(2015)、《江苏省社会救助办法》(2014)、《山东省社会救助办法》(2014)、《上海市社会救助办法》(2010 修正)、《广东省社会救济条例》(2010)等。[①]《社会救助暂行办法》(2014)出台后,有的省、自治区、直辖市开始通过社会救助实施办法,如《天津市社会救助实施办法》(2016)、《辽宁省社会救助实施办法》(2016)、《河北省社会救助实施办法》(2016)、《四川省社会救助实施办法》(2014)、《湖北省社会救助实施办法》(2014)。

除此以外,我国在其他专项社会救助法制建设方面也取得了显著的成就。司法救助方面,2000 年,最高人民法院颁布《关于对经济确有困难的当事人提供司法救助的规定》,2003 年国务院颁布了《法律援助条例》;灾害救助方面,2000 年,国务院颁布实施《自然灾害救助条例》,2008 年全国人大制定《中华人民共和国防震减灾法》;住房教育救助方面,民政部于 2007 年出台了《廉租房住房保障办法》;临时救助方面,2003 年国务院与民政部先后制定《城市生活无着的流浪乞讨人员救助管理办法》和《城市生活无着的流浪乞讨人员救助管理办法实施细则》;教育救助方面,国务院早在 1993 年就已经颁布了《残疾人教育条例》,并于 2011 年进行修改;老年人福利方面,除了成功实施《中国老龄工作七年发展纲要(1994—2000 年)》《中国老龄事业发展"十五"计

---

① 国务院《社会救助暂行办法》(2014)出台,有的省、自治区、直辖市专门还制定了社会救助实施办法,如《天津市社会救助实施办法》(2016)、《辽宁省社会救助实施办法》(2016)、《河北省社会救助实施办法》(2016)、《四川省社会救助实施办法》(2014)、《湖北省社会救助实施办法》(2014)。

划纲要》《中国老龄事业发展"十一五"规划》《中国老龄事业发展"十二五"规划》之外,各级党委和政府出台了大量的法律政策文件;就法律法规层面而言,1996年,第八届全国人民代表大会常务委员会第二十一次会议通过了《中华人民共和国老年人权益保障法》,并于2012年进行修订。老年人权益保障法的颁布实施为我国老年人事业发展提供了基本原则和方向性指导,随后,全国大部分省、自治区、直辖市相继出台了地方法规规章(主要表现为老年人保护条例、办法或实施办法)(见表7-2)。为了保护困境老年人,特别是农村五保老人,国务院于1994年1月23日发布了《农村五保供养工作条例》,并于2006年进行修订,进一步规范了五保供养对象、供养内容、供养形式以及财产处理和监督管理等内容。为了鼓励、支持、规范机构养老,民政部还先后发布了《农村敬老院管理暂行办法》(1997,已失效)、《农村五保供养服务机构管理办法》(2013)、《养老机构设立许可办法》(2013)、《养老机构管理办法》(2013)等部门规章,有力地支持了老年事业的发展。

表 7-2　全国大部分省、自治区、直辖市相继出台的地方法规规章

地区	北京	天津	河北	山西	内蒙古	辽宁	吉林	黑龙江	上海	江苏	浙江	安徽	福建	江西	山东	河南
地方法规	1995	1994 失效	1988	1988 失效	1990 失效	2008	2015	1994 修改	2016	2011	1988 失效	1991 失效	1990	1991 失效	2014 修订	2010 修正
	无	1998	无	2003	2003	无	1998	1997	无	1999 失效	2009 修订	2016 修订	无	2002	无	无
政府规章	无	无	2014	无	无	2007	无	无	无	无	无	无	无	无	无	无

地区	湖北	湖南	广东	广西	海南	重庆	四川	贵州	云南	西藏	陕西	甘肃	青海	宁夏	新疆	
地方法规	无	1990	2005	2010 修正	无	1989	1990	2007 修订	无	2014 修订	2016	2002	1990	2004	1999 修改	
	2010 修订	2015	无	2006	2001	无	无	无	2005	2014 修订	1999 失效	无	无	无	无	
政府规章	2007 修订	无	2014	无	无	无	无	无	无	无	2012	无	无	无	2004	

表格说明:(1)这里的地方性法规规章只涉及省级层面;(2)目前,地方性法规大多是以老年人(权益)保障条例或实施老年人权益保护办法两种形式出现,前者如《湖南省老年人保护条例》,后者如《湖南省实施〈中华人民共和国老年人权益保障法〉办法》,地方性规章则主要是优待服务的规定,如,《湖北省关于老年人享受优待服务的规定》,所以,为了方便,表格中只显示法规规章制定时间而不再标明具体名称。

残疾人福利方面。改革开放以来,党和政府一直非常重视中国残疾人事业发展,从1988年开始,国家成功编制实施了《中国残疾人事业五年工作纲要

(1988—1992)《中国残疾人事业"八五"计划纲要》《中国残疾人事业"九五"计划纲要》《中国残疾人事业"十五"计划纲要》《中国残疾人事业"十一五"发展纲要》《中国残疾人事业"十二五"发展纲要》《中国残疾人事业"十三五"发展纲要》。与此同时,有关残疾人的立法工作也有序推进。早在1990年,全国人民代表大会常务委员会就通过了《中华人民共和国残疾人保障法》(2008年4月24日重新修订)。该法详细规定了残疾人康复、教育、就业、文化和社会保障等内容,在社会保障方面,鼓励残疾人参加社会保险,救助生活确有困难的残疾人,对特别困难的残疾人家庭,应当保障其生活,对"三无残疾人"应按照规定予以供养。1994年8月,国务院出台了《残疾人教育条例》,对残疾人学前教育、义务教育、职业教育、普通高级中等以上教育及成人教育做了详细规定。为了支持残疾人康复工作,有利于进口残疾人专用产品,1997年,国务院批准《残疾人专用品免征进口税收暂行规定》,规定对部分残疾人专用品免征进口关税和进口环节增值税、消费税。为了帮助残疾人解决就业问题,2007年,国务院颁布《残疾人就业条例》,确立了残疾人"集中就业与分散就业相结合"的方针,并规定任何用人单位(包括机关、团体、企业、事业单位和民办非企业单位)都有履行扶持残疾人就业的责任和义务。除此之外,各部委根据自己的主管业务范围也颁布了大量法律规章,其中由民政部门颁发的有《假肢和矫形器(辅助工具)生产装配企业资格认定办法》(2005)、《假肢和矫形器(辅助工具)制作师执业资格的注册办法》(2010)、《工伤保险辅助器具配置管理办法》(2016)。

在地方,截至目前,北京(1992)、浙江(2009)、山西(2009)、黑龙江(2011)、青海(2011)、重庆(2012)、安徽(2012)、天津(2012)、甘肃(2012)、云南(2012)、江苏(2013)、江西(2013)、贵州(2014)相继制定了保护残疾人权益的地方条例,全国31个省、自治区、直辖市都颁布了残疾人保障法实施条例以及残疾人就业条例,其中,河北、陕西、广西等省、自治区、直辖市还出台了《河北省残疾人教育实施办法》(2011)、《陕西省实施〈残疾人教育条例〉办法》(2011修改)和《广西壮族自治区实施〈残疾人就业条例〉办法》(2011)。另外,青海(2012)、河北(2012)、甘肃(2009)、湖南(2009)、山东(2009)、安徽(2007)、广东(2007)还制定了保护残疾人的地方规章。

儿童福利立法。儿童福利一直是党和政府的重要工作领域。改革开放以来,国家一方面通过编制儿童发展纲要,明确儿童发展计划和发展重点,如

《九十年代中国儿童发展规划纲要》《中国儿童发展纲要(2001—2010 年)》和《中国儿童发展纲要(2011—2020 年)》;另一方面积极制定以法律法规为核心的政策体系。1991 年 9 月 4 日第七届全国人民代表大会常务委员会第二十一次会议通过《中华人民共和国未成年人保护法》,确立家庭、学校、社会等责任主体,对于流浪乞讨等生活无着落未成年人以及"三无"未成年人,要求民政部门设立儿童福利机构收容抚养。与此同时,新疆、青海、内蒙古、宁夏、四川、北京、河北、山西、河南、重庆、贵州、湖南、江西、海南、广东、浙江、上海、安徽、江苏、山东、天津、黑龙江、吉林、辽宁 24 省、自治区、直辖市出台了未成年人保护条例,新疆、西藏、云南、甘肃、青海、内蒙古、宁夏、重庆、广西、海南、河北、山西、陕西、湖北、湖南、江苏、江西、福建、吉林、辽宁 20 个省、自治区、直辖市制定了实施未成年人保护条例的办法或规定。

社区服务方面。进入 21 世纪,社区服务工作越来越受到党和政府的重视,但是,就国家层面而言,截至目前,还没有一部部门规章以上的法律,即使在地方(省级层面),有关社区服务方面的立法工作远不如其他福利立法,真正具有社区服务性质的地方性法规只有《江苏省社区矫正工作条例》(2014)、《上海市社区公共文化服务规定》(2013)和《江苏省城市社区卫生服务条例》,还有部分相关的地方政府规章,如《贵州省社区戒毒社区康复人员就业促进办法》(2013)、《广西壮族自治区城市社区卫生服务管理办法》(2004、2010)、《北京市社区居民委员会办公用房管理若干规定》(2006 修改)、《黑龙江省城镇社区群众治安防范规定》(2002 失效)、《北京市社区服务设施管理若干规定》(1991、2002 修正)、《北京市社区居民委员会办公用房管理若干规定》(2001)、《吉林市社区服务暂行管理办法》(1991)。[①]

三、结论

总体而言,新中国成立以来,特别是改革开放以来,民政法制发展突飞猛进,已经基本形成以社会救助为核心,上有宪法保护,下有法规支撑,包括各类社会福利的法律法规体系,为社会权利的实现提供了良好的制度环境。但

[①] 其他规章如《广东省农村社区合作经济组织登记办法》(1997 修正)、《北京市社区服务设施管理若干规定》(1997 修正)、《海南省农村社区合作经济组织承包合同暂行规定》(1990 失效)、《海南省农村社区合作经济组织登记办法》(1990 失效)和《广东省农村社区合作经济组织暂行规定》(1990 失效)不是严格社区服务方面的法律。

是,与其他部门相比,民政法制相对薄弱。第一,法制数量规模偏小。民政业务纷繁复杂,内容庞大,包括20多个大项,100个小项,但是,与民政业务休戚相关的法律法规严重偏少,作为民政业务核心的社会救助和社会福利也不例外,截至目前,与民政救助福利相关的法律法规只有40部左右,绝大多数业务主要依赖有关政策文件。第二,缺少基本法律。民政工作是为民之政,与民生保障息息相关,尤其是社会救助与社会福利,直接关系救助福利对象的基本生存,理应由全国人大制定基本法予以调整,然而,涉及这个领域的基本法却少得可怜,包括2016年3月刚刚出台的《中华人民共和国慈善法》在内也只有7部(见表7-3),其中,《中华人民共和国预防未成年人犯罪法》仅仅是相关而已,三部基本法律——未成年人保护法、残疾人保障法和老年人权益保障法实际上涉及的福利内容也非常少。社会救助法虽然酝酿多年,但是最终胎死腹中。基本法缺失的直接后果是,既不能全面保障公民社会权,也没有做到对公民社会权的足够尊重。第三,民政法制整体层次偏低。目前,主要的40部法律法规体系里(不包括地方法规规章),7部属于法律,13部属于行政法规,其他20部属于部门规章(见表7-3)。法律位阶偏低必然导致权威性不足、系统性和整体性不够的现象。第四,法律滞后现象严重。法律应该具有稳定性,但是法律的生命力源于社会变迁。改革开放以来,我国经济社会发展日新月异,很多社会关系都发生重大变化,特别是国家与社会的关系,但是,民政救助福利领域中的很多法律却严重滞后于社会发展,如《社会团体登记管理条例》(1998)、《民办非企业单位登记暂行办法》(2010)等很多规定已经无法满足社会发展的需要。

针对上述问题,要进一步完善民政救助福利法制工作,必须做到以下几点。首先,建立完善违宪审查机制。建立违宪审查制度是对公民基本社会权利的最直接保障方式,也是国际上比较普遍的做法。党的十八届四中全会明确要求,"完善以宪法为核心的中国特色社会主义法律体系,加强宪法实施"。实际上,根据宪法第六十一、六十二条,立法法第九十、九十一条规定,我国早就有违宪审查的制度,只是过于粗线条的规定使得该制度一直处于"沉睡"状态。因此,现在的工作重点不是"应不应该建立",而是"怎么样运行"。其次,加快民政救助福利法律的立、改、废进程。未成年人保护法、残疾人保障法和老年人权益保障法虽然构成了保护未成年人、残疾人和老年人合法权益的基本框架,但是,具体到福利规定,总体失之过宽,缺乏可操作性,因此,在积极修订的基础上应适时出台相关领域的专门福利法律。最后,要积极做好《社会团体登记管理条例》和《民办非企业单位登记暂行办法》等法规的修订工作。

表 7-3 现行民政救助福利法律

序号	福利类型	名称	法律类型	序号	福利类型	名称	法律类型
1	儿童福利	《中华人民共和国未成年人保护法》(2012 年 10 月 26 日)	法律	21	社会救助	《中华人民共和国慈善法》(2016 年 3 月 16 日)	法律
2	儿童福利	《中华人民共和国预防未成年人犯罪法》(2012 年 10 月 26 日)	法律	22	社会救助	《救灾捐赠管理办法》	部门规章(民政部)
3	老年人福利	《中华人民共和国老年人权益保障法》(2012 年 12 月 28 日)	法律	23	社会救助	《城市居民最低生活保障条例》(1999 年 9 月 28 日)	行政法规
4	老年人福利	《养老机构设立许可办法》(2013 年 6 月 28 日)	部门规章(民政部)	24	社会救助	《廉租房住房保障办法》(2007 年 11 月 8 日)	部门规章(民政部等九部委)
5	老年人福利	《养老机构管理办法》(2013 年 6 月 28 日)	部门规章(民政部)	25	社会救助	《农村五保供养工作条例》(2006 年 1 月 21 日)	行政法规
6	老年人福利	《农村五保供养服务机构管理办法》(2010 年 10 月 22 日)	部门规章(民政部)	26	社会救助	《城市生活无着的流浪乞讨人员救助管理办法》(2003 年 6 月 20 日)	行政法规
7	残疾人福利	《中华人民共和国残疾人保障法》(2008 年 4 月 24 日)	法律	27	社会救助	《城市生活无着的流浪乞讨人员救助管理办法实施细则》(2003 年 7 月 21 日)	部门规章(民政部)
8	残疾人福利	《残疾人就业条例》(2007 年 2 月 25 日)	行政法规	28	社会组织管理	《社会团体登记管理条例》(1998 年 10 月 25 日)	行政法规
9	残疾人福利	《残疾人教育条例》(2011 年 1 月 8 日)	行政法规	29	社会组织管理	《外国商会管理暂行规定》(2013 年 12 月 7 日)	行政法规

序号	福利类型	名称	法律类型	序号	福利类型	名称	法律类型
10	残疾人福利	《残疾人专用品免征进口税收暂行规定》(1997年4月10日)	行政法规	30	社会组织管理	《社会组织登记管理机关行政处罚程序规定》(2012年8月3日)	部门规章（民政部）
11	残疾人福利	《假肢和矫形器（辅助工具）生产装配企业资格认定办法》(2005年10月12日)	部门规章（民政部）	31	社会组织管理	《社会组织评估管理办法》(2010年12月27日)	部门规章（民政部）
12	残疾人福利	《假肢和矫形器（辅助工具）制作师执业资格的注册办法》(2010年12月27日)	部门规章（民政部）	32	社会组织管理	《社会团体分支机构、代表机构登记办法》(2010年12月27日)	部门规章（民政部）
13	残疾人福利	《工伤保险辅助器具配置管理办法》(2016年2月16日)	部门规章（民政部等三部委）	33	社会组织管理	《社会团体印章管理规定》(2010年12月27日)	部门规章（民政部等两部委）
14	福利机构	《社会福利机构管理暂行办法》(1999年12月30日)	部门规章（民政部）	34	社会组织管理	《民办非企业单位登记管理暂行条例》(1998年10月25日)	行政法规
15	福利彩票	《彩票管理条例》(2009年5月4日)	行政法规	35	社会组织管理	《中华人民共和国民办教育促进法实施条例》(2004年3月5日)	行政法规
16	福利彩票	《彩票管理条例实施细则》(2012年1月18日)	部门规章（民政部等三部委）	36	社会组织管理	《民办非企业单位登记暂行办法》(2010年12月27日)	部门规章（民政部）
17	救灾救济	《中华人民共和国防震减灾法》(2008年12月27日)	法律	37	社会组织管理	《基金会管理条例》(2004年3月8日)	行政法规
18	社会救助	《中华人民共和国公益事业捐赠法》(1999年6月28日)	法律	38	社会组织管理	《基金会名称管理规定》(2004年6月23日)	部门规章（民政部）
19	社会救助	《自然灾害救助条例》(2010年7月8日)	行政法规	39	社会组织管理	《基金会信息公布办法》(2006年1月12日)	部门规章（民政部）

续 表

序号	福利类型	名称	法律类型	序号	福利类型	名称	法律类型
20	社会救助	《社会救助暂行办法》(2014 年 2 月 21 日)	行政法规	40	社会组织管理	《基金会年度检查办法》(2010 年 12 月 27 日)	部门规章(民政部)

第二节 以标准化推进民政法制建设

严格意义上说,标准不属于法制范畴,但是,民政法制化建设无法离开标准化。"法律是宏观的标准,标准是微观的法律",只有做好标准化工作才能使得法律真正落到实处,从而推进民政救助福利工作向专业化、精细化发展。

一、标准、标准化、社会管理和公共服务标准化

(一)标准

标准是标准化活动的成果,是现代社会政府处理其与市场、社会之间关系的重要规则,是政府管理经济和社会的重要手段和工具。

早在 1934 年,约翰·盖拉德在《工业标准化——原理与应用》是这样定义标准的:"标准是对计量单位或基准、物体、动作、过程、方式、常用方法、容量、功能、性能、办法、配置、状态、义务、权限、责任、行为、态度、概念或想法的某些特征给出定义、做出规定和详细说明。它以语言、文件、图样等方式或利用模型、标样及其他具体表现方法,并在一定时间内适用。"[①]约翰·盖拉德是最早对标准进行定义的学者,但是,他对标准的定义过于强调标准对象,而忽视了标准制定的主体和目的,随着人们对标准认识的不断深入和对标准运用的不断普及,对标准的定义逐渐趋于全面,例如,桑德斯在《标准化的目的与原理》(1972)一书中对标准的定义就突出主体资格的要求:"标准是公认的权威当局批准的一个个标准的工作成果。它可以采用下述形式:(a)文件形式,内容记述一整套必须达到的条件;(b)规定基本单位或物理常数,如安培、米、绝

---

① 赵全仁、崔壬午:《标准化词典》,中国标准出版社 1900 年版,第 12 页。

对零度等。"①持相似观点的还有世界贸易组织,WTO/TBT 的附件 1 指出,标准就是"经公认机构批准的、规定非强制执行的、供通用或重复使用的产品或相关工艺和生产方法的规则、指南或特性的文件。该文件还可包括或专门涉及适用于产品、工艺或生产方法的术语、符号、包装、标志或标签要求"②。与之差别较大的是国际标准化组织(ISO)和国际电工委员会(IEC),它们主要强调标准的制定宗旨和目的,在其发布的 ISO/IEC 第 2 号指南《标准化和相关活动的通用词汇》(ISO/IEC Guide 2:1996) 中,标准是"为了在一定范围之内获得最佳秩序,而对现实问题或者潜在问题制定共同使用和重复使用的条款的活动"③。实践中,对标准的定义最有影响力、最具权威的还是国际标准化组织,其标准化原理研究常设委员会(ISO/STA-CO)在 1981 年通过的 ISO 第 2 号指南认为,标准"适用于公众的、由有关各方合作起草并一致或基本上一致同意,以科学、技术和经验的综合成果为基础的技术规范或其他文件,其目的在于促进共同取得的最佳效益,它由国家、区域或国际公认的机构批准通过"④。

我国政府当局对标准的定义主要源于上述国际标准化组织的定义。例如,中国 GB/T 20000.1—2002《标准化工作指南第一部分:标准化和相关活动的通用词汇》认为,标准是"为了在一定的范围之内获得最佳秩序,经过协商一致制定且由公认机构批准,共同使用的和重复使用的一种规范性文件"⑤。

(二)标准化

标准的定义是标准化定义的基础,但是与标准的定义相比而言,对标准化的理解分歧相对要少得多,主要是指制定和实施标准的过程和活动。例如,国际标准化组织标准化原理研究常设委员会所发布的 ISO 第 2 号指南中,标准化是指"为了索取有关方面的利益,特别是为了促进最佳的全面经济并适当考虑到产品使用条件与安全要求,在所有有关方面的协作下,进行有

① 桑德斯:《标准化的目的与原理》,科学技术文献出版社 1974 年版,第 24 页。
② 沈其明:《WTO 概论》,北京理工大学出版社 2010 年版,第 144 页。
③ ISO/IEC 第 2 号指南:《标准化和相关活动的通用词汇》,中国标准出版社 2008 年版,第 1 页。
④ 赵全仁、崔壬午:《标准化词典》,中国标准出版社 1990 年版,第 12 页。
⑤ 《标准化工作指南第 1 部分:标准化和相关活动的通用词汇》,中国标准出版社 2009 年版,第 1 页。

秩序的特定活动所制定并实施各项规则的过程"①。在国际标准化组织(ISO)和国际电工委员会(IEC)发布的 ISO/IEC 第 2 号指南《标准化和相关活动的通用词汇》中,标准化被定义为:"为了在一定范围内获得最佳秩序,对潜在问题或现实问题制定重复使用和共同使用的条款的活动。"②《中华人民共和国标准化法条文解释》对标准化的解释是:"在经济、技术、科学及管理等社会实践中,对重复性事物和概念通过制定、实施标准,达到统一,以获得最佳秩序和社会效益的过程。"我国 GB/T2000 0.1—2002《标准化工作指南第 1 部分:标准化和相关活动的通用词汇》中同样认为,标准化是"为在一定范围内获得最佳秩序,对现实问题或潜在问题制定公共使用和重复使用的条款的活动"③。可见,标准化以标准为基础,包含标准制定、发布和实施等各个过程和阶段。

(三)社会管理和公共服务标准化

标准化是人类由自然人进入社会生活实践的必然产物,在不同的历史时期,由于生产力水平和生产方式的不同,标准化内涵和要求不尽相同。远古时期的标准化活动主要体现在文字创造和原始工具的制作上,古代标准化主要表现为以生产技术为客体的技术标准化。到了近代,随着工业革命和民主政治的兴起,标准化开始进入了以实验数据为依据的定量研究阶段,并开始通过民主协商的方式推广标准化在工业领域中的运用。标准化在工业生产过程中的广泛运用极大地推动了生产力的发展。自从人类进入 20 世纪以来,现代生产和管理日益专业化和综合化,这使得标准化的运用和推广开始进入新的阶段。一方面,标准化活动中大量运用现代方法论、系统论、控制论、信息论和行为科学的理论成果;另一方面,标准化被推广到企业管理和政府管理中,开始从传统工业标准化向服务标准化拓展,社会管理和公共服务的标准化就是在这一背景下应运而生的,其实质是标准化原理在社会管理和公共服务领域内的应用,"社会管理和公共服务的标准化范畴涉及政府和社会组织为促进社会系统协调运转,对满足公众普遍需求的事务进行组织、协

---

① 赵全仁、崔壬午:《标准化词典》,中国标准出版社 1990 年版,第 12 页。
② 李春田:《标准化概论》,中国人民大学出版社 2011 年版,第 10 页。
③ 《标准化工作指南第 1 部分:标准化和相关活动的通用词汇》,中国质检出版社、中国标准出版社 2009 年版,第 2 页。

调、监督和控制,提供公共产品和服务,为公众生活和参与经济、政治、文化等活动提供保障和创造条件的相关活动"①。"在提供公共服务过程中使用标准化原则和对公共服务标准的设定和使用,从而达到能够使公共服务质量变得很具体、公共服务方法很合规、公共服务过程变得程序化,获得优质公共服务的过程。"②

二、民政标准化的地位和作用

法律是宏观的标准,标准是微观的法律,它是保障个体权益、规范市场秩序的重要手段,是保证产品质量、服务质量、降低成本的基础条件,是政府部门进行行业管理、质量监督和认证的技术依据。

首先,标准化是保障民生的重要依据。民生保障离不开制定法律法规、出台政策措施、争取资金和实物,除此之外,还需要制定并贯彻执行统一的产品标准、管理标准和服务标准,将已有的政策付诸实施,把应然要求转化成实然的服务效果。法律是宏观的标准,标准是微观的法律,离开标准的法律往往会影响其实效性。

其次,标准化可以规范市场管理,提高服务效率。随着经济社会的发展和人民生活水平的提高,社会公众对包括公共服务在内的各种服务要求越来越高,政府有限的公共服务供给已经无法满足社会公众日益增长的服务需求,改革传统社会管理和公共服务供给模式已经势在必行。社会管理和公共服务标准化旨在通过规范服务流程、控制服务质量以提升政府服务水平和服务效率。国际经验表明,将标准化管理的理念和方式引入公共服务领域,不仅能够扩大公共服务产品的提供规模,而且还有利于提高公共服务管理水平,增强公共服务效益,提高公共服务产品质量。随着很多民生领域走向社会化和市场化,可以通过管理的标准化、服务的标准化加强对市场中介和社会组织的管理,提高管理水平和服务质量。"政府公共服务标准化可以重新确定政府内部各机构在提供公共服务过程中的职能和岗位职责,明确政府工作的具体标准,使得各机构、各部门的工作更加清晰,工作标准更加明确,一些具有重复性的常态性工作,都落实到具体的机构和人员,有效地减少相互

---

① 柳成洋:《社会管理和公共服务标准化概论》,中国质检出版社、中国标准出版社 2014 年版,第11 页。

② 胡税根等:《中国政府公共服务标准化建设的价值研究》,《甘肃行政学院学报》2009 年第 5 期。

推卸责任和工作脱节的现象。这样就排除了政府各部门在公共服务过程中的无序和混乱,推动了服务型政府建设中公共服务的规范化。"[1]

再次,标准化有利于政府职能的转型。民政工作业务广泛,任务繁重,既包括社会救助服务、减灾救灾服务、社会福利服务、优抚保障服务、社会工作服务、慈善志愿服务和社区服务,又包括殡葬服务、康复辅具服务、地名公共服务、婚姻登记和婚庆婚介服务等。仅仅依靠民政自身的力量是很难完成这些工作的,特别是有的民政工作不仅涉及面广、工作量大,而且业务性强、技术性高,如灾害评估、统计和灾后重建以及低保核查、评估、动态跟踪等工作。但是,一旦建立起民主标准化体系,有了相应的管理标准和服务标准后,民政部门可以将一些事务性、技术性的工作交由社会团体或中介机构承担,从而主要致力于民政政策的制定和宏观管理,最终促进民政部门职能转变。

最后,标准化有利于实现公共服务均等化。公共服务标准化不仅可以规范政府公共管理,更重要的是,它还可以最终实现公共服务均等化。其一,公共服务能力的提升为其均等化提供了基本前提。政府公共服务能力主要是指政府在提供公共服务和产品时拥有的资源和能量,其中包括财力资源、人力资源、权威资源和权力资源等,是政府提供公共服务和产品时应该具备的内在条件和可能性。政府社会管理和公共服务不仅取决于经济社会发展水平和可利用社会资源状况,还与政府自身管理能力及公共资源配置资源能力密切相关,同样的公共资源不一定能够产生相同水平的公共服务。公共服务标准化旨在通过公共服务标准的制定,规范政府管理,节约行政管理成本,提高公共服务能力,提高公共服务水平和效率,最大限度地保障公共资源投入效果的最大化,最终促进公共服务均等化的实现。其二,公共服务标准化可以提升公共服务品质。公共服务均等化不仅要求公共服务资源投入的均等化,还要求公共服务品质的均等化,所有这些都需要一个可测度的标准和依据,公共服务标准化的一个直接目的就是通过一系列规范、标准提高和改善公共服务品质。其三,公共服务标准化也有利于实现财政转移支付。一般来说,财政转移支付主要取决于地方政府收入水平及基本公共服务的范围和标准,公共服务标准的制定为转移支付数额提供了基本依据。

---

[1]　胡税根等:《中国政府公共服务标准化建设的价值研究》,《甘肃行政学院学报》2009 年第 5 期。

三、民政标准化的实践探索

自 1996 年国际标准化组织 ISO 提出"服务标准化"以来,西方发达国家纷纷开展标准化建设,将服务标准化纳入本国的发展战略,德国甚至将服务标准化与资本、人力资源一起,作为推动经济发展的三大动力。

在我国,民政领域作为公共服务领域的一个重要组成部分,在标准化工作上取得了显著成就。

(一)建立了较为完备的工作体系

经过 20 多年的发展,民政标准化机构在国家层面日臻完善,逐步形成了以标准化工作领导小组为领导、以标准化专家委员会为指导、以科研单位和标准化技术委员会为载体、民政行业积极参与的工作体系。

2005 年民政部成立了标准化工作领导小组,主要负责研究民政标准化的工作思路、发展规划、标准体系建设、专业技术委员会的组建等重大事项。1989 年,民政部第一个标准化技术委员会——全国残疾人康复和专用设备标准化技术委员会率先成立,主要负责残疾人康复和专用产品技术、服务、管理等方面的标准体系研究、标准制修订工作及标准的宣传贯彻实施,秘书处设在假肢研究所。1997 年,民政部成立了全国地名标准化技术委员会,主要负责地名术语标准、地名书写标准、地名译写标准、地名代码标准、地名标志标准等方面,秘书处设在地名研究所。2008 年,民政部标准化专家委员会、全国婚庆婚介标准化技术委员会、全国减灾救灾标准化技术委员会和全国社会福利标准化技术委员会同时成立,前者在标准化工作领导小组的领导下负责对各个标准化技术委员会进行技术指导,后者负责各自领域的标准化工作。2009 年,民政部又成立了全国殡葬标准化技术委员会。目前,民政部正积极筹建民政信息化、社会工作和社区建设等领域的标准化技术委员会(见表 7-4)。

表 7-4 民政部成立的标准化技术委员会

编号与名称	成立时间	负责专业范围	秘书处所在单位
TC148 全国残疾人康复和专用设备标准化技术委员会	1989 年	负责全国残疾人康复和专用设备等专业领域标准化工作	中国康复器具协会

编号与名称	成立时间	负责专业范围	秘书处所在单位
TC233 全国地名标准化技术委员会	1997 年	负责全国地名等专业领域标准化工作	民政部地名研究所
TC314 全国城市临时性社会救助标准化技术委员会	2007 年	社会求助机构管理、规范、技术服务	民政部社会事务司
TC307 全国减灾救灾标准化技术委员会	2008 年	减灾救灾、灾害救助等领域,不涉及各专业部门已开展的工作领域	民政部国家减灾中心
TC308 全国婚庆婚介标准化技术委员会	2008 年	婚庆婚介行业服务	中国社会工作协会
TC315 全国社会福利服务标准化技术委员会	2008 年	社会福利机构服务质量、环境	民政部社会福利和社会事务司
TC354 全国殡葬标准化技术委员会	2009 年	殡葬设备、服务	中国殡葬协会

(二)出台了一系列政策措施

1988 年 12 月 29 日,中华人民共和国第七届全国人民代表大会常务委员会第五次会议审议通过了《中华人民共和国标准化法》。这是我国首部关于标准化的法律,该法律第一次明确了标准化范围,主要包括:(1)工业产品的品种、规格、质量、等级或者安全、卫生要求;(2)工业产品的设计、生产、检验、包装、储存、运输、使用的方法或者生产、储存、运输过程中的安全、卫生要求;(3)有关环境保护的各项技术要求和检验方法;(4)建设工程的设计、施工方法和安全要求;(5)有关工业生产、工程建设和环境保护的技术术语、符号、代号和制图方法。同时,该法律对标准制定、标准组织实施和标准监督管理进行了详细的规定,为标准化推广、运用提供了法律支撑,随后,国务院和国家质量技术监督局先后制定了《国家标准化指导性技术文件管理规定》(1998)、《中华人民共和国标准化法实施条例》(1990)、《中华人民共和国标准化法条文解释》(1990)、《国家标准管理办法》(1990)、《行业标准管理办法》(1990)、《地方标准管理办法》(1990)、《采用国际标准和国外先进标准管理办法》(1993)、《采用国际标准产品标志管理办法(试行)》(1993)、《采用国际标准产品标志管理办法实施细则》(1994)、《关于强制性标准实行条文强制的若干规定》(2000)、《采用国际标准管理办法》(2001)、《国家标准委关于强制性国家标准通报工作的若干规定(试行)》(2002)等一系列有关标准化的法律法规,我国标准化建设开始迈向法制化轨道。

但是,标准化在社会管理和公共服务领域的采纳和使用,最早主要体现在民政领域。为了保障和推进民政领域的标准化工作,从 2003 年开始,民政部先后制定、出台了《民政部标准化工作管理暂行办法》《全国民政标准2006—2010 年发展规划》《关于在民政范围内推进管理标准化工作的方案(试行)》《全国民政标准化"十二五"发展规划》等政策文件。2012 年 7 月 20 日,国务院公布了《国家基本公共服务体系"十二五"规划》,它不仅对国家基本公共服务体系建设提出了系统要求,同时也标志着标准化在我国社会管理和公共服务领域开始普遍使用和推广(见表 7-5)。

表 7-5　保障和推进民政领域标准化工作的政策文件

政策文件名称	颁布时间	颁布部门	内容和意义
《民政部标准化工作管理暂行办法》	2003 年1 月	民政部	该办法对民政标准制定范围、民政管理机构的职权、民政标准计划的编制、民政标准的制修订、民主标准的审批和发布以及民政标准的复审和奖励都做了详细的规定,它是民政部为了贯彻执行《中华人民共和国标准化法》《中华人民共和国标准化法实施条例》以及相关法律,有效落实标准化在民政领域的推广使用而颁布的第一个标准化文件,标志着民政标准化开始步入制度化、规范化轨道。
《全国民政标准2006—2010 年发展规划》	2006 年9 月	民政部	总结民政标准化工作的成绩和问题,重点明确了民政标准化工作五年发展思路,具体包括民政标准工作的指导思想、主要目标、制定范围、重点领域和保障措施。规划还列出了五年内计划完成的 254 项目录清单,它是民政"十一五"期间制定、完善民政标准体系的主要依据。
《关于在民政范围内推进管理标准化工作的方案(试行)》	2011 年6 月	民政部	重点规定了等级评定、合格评定和标准示范建设等民政标准化管理的三种主要方式,并从必要基础、实施主体、适用范围和组织程序等几个方面对每一种方式做了详细规定。下发以后,全国各地高度重视民政范围管理标准化建设,积极组织标准化试点地区和单位的申报。

政策文件名称	颁布时间	颁布部门	内容和意义
《全国民政标准化"十二五"发展规划》	2011年7月	民政部	明确了"十二五"期间民政事业发展的总体目标、四大主要任务、五项重点工程以及具体保证实施措施。它是民政"十二五"期间制定、完善民政标准体系的主要依据。
《民政部标准审查暂行办法》	2011年11月	民政部	主要规定民政标准的制修订审查(包括国家标准和行业标准)程序,主要包括立项、征求意见、集中审查和报批等。
《国家基本公共服务体系"十二五"规划》	2012年7月	国务院	首次对国家基本公共服务体系建设提出了系统要求,明确了基本公共服务标准的地位、内涵和作用,规定了包括基本公共教育、劳动就业服务、社会保险、基本社会服务、基本医疗卫生等在内的基本公共服务领域的重点任务、基本标准和保障措施。
《全国社会管理与公共服务标准化"十二五"行动纲要》	2012年8月	国家标准委员会等	从国家层面全面部署了社会管理和公共服务标准化工作,为推进社会管理和公共服务的标准化明确了方向、目标和任务。

(三)制修订了一批基础性的民政标准

标准化工作主要包括标准的制修订、实施及监督实施,其中,标准的制修订是最基础环节,是标准化工作的前提。截至2015年上半年,民政部已完成制修订国家标准169项、行业标准75项,其中,康复辅具标准127项,减灾救灾标准45项,殡葬标准24项,区划地名标准17项,社会救助标准9项,社会福利标准7项,优抚安置标准4项,基层政权建设标准2项,婚庆婚介标准2项,社区建设、福利彩票、婚姻登记管理、民政公共服务设施建设、社会工作、民政信息标准各1项,其中大部分是在"十二五"期间完成的,基本涵盖了民政业务各领域,为这些领域的业务管理、服务提供了技术依据,对其科学化、规范化发展起到了非常重要的作用(见表7-6)。

与此同时,全国各省、自治区、直辖市根据各地的实际需要也编制了许多地方标准,例如,北京市现行民政标准一共有22项,仅2014年就制定了《养老服务机构质量星级划分与评定》《养老机构医务室服务规范》《养老机构服务标准体系建设指南》《养老机构老年人健康评估规范》《养老机构社会工作服务规范》《养老机构老年人健康档案技术规范》《儿童福利机构常见病患儿养护技术规范》《儿童福利机构儿童意外伤害防范技术规范》及《北京市行政区划代码》9项标准(见表7-6)。

表7-6　北京等四地编制的地名标准

类别\地域	康复辅具	社会福利标准	社区建设与服务	社会救助	殡葬管理	区划地名	民政公共服务设施	婚介	社会组织	社会工作	总数
北京	0	15	3		3	1					22
上海	1	5	1	2	1			1			11
浙江		3	4(废止)				2		1		6
广东			3			1					4

(四)积极推动标准化试点工作

为了加快标准化工作的深入开展,国家标准和行业标准在全国民政社会服务领域普遍实施。

在国家层面,国家标准化管理委员会联合国家发展和改革委员会等部委先后发布《关于推进服务标准化试点工作的意见》(国标委农联〔2007〕7号)和《服务业标准化试点实施细则》(国标委服务联〔2009〕47号),指导服务业范围内开展标准化试点工作,并于2009、2011、2012和2013年先后确定四批试点项目,其中涉及民政服务业的将近50项,主要集中在社区服务、养老服务及城市公共服务几个方面(见表7-7)。

表7-7　国家级服务业标准化试点项目

批次		试点项目数量	民政项目数量	试点的省、自治区、直辖市数量
第一批	2009年	132	11	31
第二批	2011年	113		29
第三批	2012年	资料缺失	资料缺失	资料缺失
第四批	2013年	164	资料缺失	资料缺失

四、民政标准化工作的启示和反思

(一)民政标准化意识不强

如前文所述,最初的标准是技术标准,它规范的是技术性内容,主要应用在工业产品范围内,随着社会管理的日益现代化,标准化开始日益超越技术范围而渗入社会管理和公共服务领域,例如,ISO9000 质量管理和质量保证系列标准,ISO17799 信息安全管理体系标准,ISO14000 环境管理系列标准以及OHSAS18000(GB/T28000)职业健康安全管理体系等日益成为衡量社会管理现代化的重要标准。

但是,在我国,标准化意识,特别是社会管理和公共服务的标准化意识非常淡薄,甚至很多人对标准化一直存在认识误区,仍然认为标准化只适用于环保、工程、生产和产品方面,至于服务、管理领域,只要有相关法律法规就足够了,即使一些规范性文件也存在这样的问题。例如,《中华人民共和国标准化法》规定,需要制定统一标准的技术应该包括:(1)工业产品的品种、规格、质量、等级或者安全、卫生要求;(2)工业产品的设计、生产、检验、包装、储存、运输、使用的方法或者生产、储存、运输过程中的安全、卫生要求;(3)有关环境保护的各项技术要求和检验方法;(4)建设工程的设计、施工方法和安全要求;(5)有关工业生产、工程建设和环境保护的技术术语、符号、代号和制图方法。《中华人民共和国标准化法实施条例》虽然增加了农业产品(含种子、种苗、种畜、种禽,下同)的品种、规格、质量、等级、检验、包装、储存、运输以及生产技术、管理技术的要求和信息、能源、资源、交通运输的技术要求。但是,在这两部法律中,标准化依然局限在工业产品范围内,并不包含社会管理和公共服务,直到在国家技监局颁布的《中华人民共和国标准化法条文解释》中,标准化才意味着"在经济、技术、科学及管理等社会实践中,对重复性事物和概念通过制定、实施标准,达到统一,以获得最佳秩序和社会效益的过程"(《中华人民共和国标准化法条文解释》在对标准技术范围内的解释依然是传统的,只是在对标准化概念定义时才将其拓展到社会管理和公共服务)。即使在《中华人民共和国标准化法实施条例》颁布实施十年后,很多地方政府对此认识还不是很充分,例如,《浙江省人民政府关于加强标准化工作的若干意见》(浙政发〔2007〕58 号)中有关公共领域地方标准的研制要求,只涉及食品安全、特种设备安全、消防安全、生产安全、核与辐射环境安全等公共安全领域地方标准建设,却没有提及社会管理和公共服务标准建设。实际上,如果离开执行标准的管理和监督,法律法规的管理职能就会陷入无法操作的尴尬局面。

(二)民政标准分布极不均衡

截至 2015 年上半年,民政领域的国家标准、行业标准共计 243 项,涵盖了民政绝大多数领域,远远超过《民政事业发展第十二个五年规划》和《全国民政标准化"十二五"发展规划》所规定的"不少于 100 项国家标准和 80 项行业标准",但是,标准的分布极不均衡。《全国民政标准化"十二五"发展规划》规定,要加强社会组织领域、优抚安置领域、社会救助领域、基层民主与社区建设和服务领域、区划地名领域、社会福利与慈善事业领域等重点领域标准制修订,但是,在现有的标准体系中,这些重点领域的标准制修订工作都不理想,最多的社会福利领域也只有 7 项标准,占总数的 2.9%,相比较而言,《全国民政标准化"十二五"发展规划》规定的特色领域标准中的康复辅具领域标准体系比较健全,共计 127 项,超过了总数的一半以上(见表7-8)。

表 7-8　民政领域现行国家标准、行业标准

种　类	数　量	占　比
社会组织管理标准	0	0
优抚安置标准	4	1.6%
减灾救灾标准	45	18.5%
社会救助标准	9	3.7%
基层政权建设标准	2	0.8%
社区建设与服务标准	1	0.4%
区划地名标准	17	7.0%
社会福利标准	7	2.9%
福利彩票标准	1	0.4%
康复辅具标准	127	52.3%
婚姻登记管理标准	1	0.4%
婚庆婚介标准	2	0.8%
收养管理标准	0	0
殡葬标准	24	9.9%
临时性社会救助标准	0	0
民政公共服务设施建设	1	0.4%

种　类	数　量	占　比
社会工作标准	1	0.4%
民政信息标准	1	0.4%
	243	

（三）民政标准化起步较迟

我国标准化工作总体起步较晚,直到 1998 年,第一部标准化法律——《中华人民共和国标准化法》才正式颁布。社会管理和公共服务中的标准化工作则更为滞后,民政也不例外,直到 2003 年,民政部才根据《中华人民共和国标准化法》《中华人民共和国标准化法实施条例》出台民政领域中的第一部规章——《民政部标准化工作管理暂行办法》。从此以后,民政标准化步伐明显加快,在"八五"和"九五"十年期间,民政国家标准和行业标准一共只有 12 项,"十一五"期间,制修订速度加快,民政标准增加了 122 项,到了"十二五"(截至 2015 年上半年),又增加了 90 项国家和行业标准(包括制修订)(见表 7-9)。

表 7-9　民政标准(包括国家标准和行业标准)时间分布

	数　量	占　比
"十二五"期间(截至 2015 上半年)	90	37%
"十一五"期间	122	50%
"十五"期间	19	8%
"九五"期间	7	3%
"八五"期间	5	2%

（四）民政标准化体系尚不健全

民政标准化体系尚不健全,这不仅表现在某些领域中标准缺失,而且还表现在组织体系和实施体系方面尚待完善。

1989 年以来,民政部先后成立了全国残疾人康复和专用设备标准化技术委员会、全国地名标准化技术委员会、全国减灾救灾标准化技术委员会、全国社会福利标准化技术委员会、全国城市临时性社会救助标准化技术委员会、全国殡葬标准化技术委员会和全国婚庆婚介标准化技术委员会七个标准化技术委员会,为其所在领域的标准化建设提供了组织保障。但是,在全国社会工作、社区建设等重点领域却依然没有组建标准化技术委员会。在地方,标准化技术委员会更是少之又少,甚至在一些将标准化确立为发展战略的省、自治区、直辖市也没有民政领域方面的标准化技术委员会。例如,浙江省早在 2007 年就已经确立了标准化发展战略,全省现有的 56 个省级专业标准化技术委员会中,却没有一个涉及社会管理和公共服务领域。

标准化是指"在经济、技术、科学及管理等社会实践中,对重复性事物和概念通过制定、实施标准,达到统一,以获得最佳秩序和社会效益的过程"(参见《中华人民共和国标准化法条文解释》)。它以标准为基础,包含标准制定、发布和实施等各个过程和阶段。应该说,我国现有的民政标准基本涵盖了民政绝大多数领域,但是,民政等级评定、合格评定以及示范建设等方面的管理标准却严重缺失,极大地制约了民政标准化的发展进程。

第八章 民政事业经费支出：政府社会福利责任的实证检验

　　"市场的失灵和对公平的关注提供了政府干预的经济学基础。"[1]但是，这并不意味着任何干预都可以改善社会福利。福利国家的教训是，超越国家财政负担"边界"的干预，往往会使社会福利走向反面。所以，福利类型表面上是福利水平之争，实际上，它反映的是国家对待市场的态度和政府承担社会责任的限度。制度型（普惠型）社会福利由政府负有对全体公民实施普遍性社会福利的责任，而补缺型社会福利则强调政府只对市场化进程中生活困难的居民实施最低限度的福利保障。按照世界银行组织的划分，补缺型社会福利是现代政府最起码的责任要求，制度型社会福利则是市场经济发展到较高阶段的政府职能要求，适度普惠型福利大致可以视为两种福利模式的过渡形式[2]（见表 8-1）。

表 8-1　政府在社会福利中的职能

职能分类	应对市场失灵			提高公平
小职能	提供纯粹的公共物品：国防、法律与秩序、财产所有权、宏观经济管理和公共医疗卫生			保护穷人：反贫穷计划、消除疾病
中型职能	解决外部效应：基础教育、保护环境	规范垄断企业：公用事业法规、反垄断政策	克服信息不完整问题：保险（医疗卫生、寿命、养老金）、金融法规、消费者保护	提供社会保险：再分配养老金、家庭津贴、失业保险
积极职能	协调私人活动：促进市场发展、集中各种举措			再分配：资产再分配

---

① 世界银行：《变革世界中的政府》，中国财政经济出版社 1997 年版，第 26 页。

② 同上，第 27 页。

如前文所述,我国官方早在 2007 年就已经确立了"适度普惠型"福利目标,从政府责任角度来说,实际上确立了政府在社会责任上的义务性和有限性。一方面,政府保护公民的社会权利不再是出于道义的"恩惠"而是责无旁贷的责任;另一方面,政府在履行社会职能时不是无限性的,要以不影响经济社会整体发展为原则,超越财政的"高福利"和忽视社会保障的"低福利"都不利于社会健康持续发展。现在的问题是,政府"有限性"责任边界在哪里? 中央和地方又是如何分担责任的? 本章试图以民政事业经费支出为视角来检视我国政府在社会福利中的责任。[①]

第一节　政府在社会福利中的财政责任

改革开放以来,特别是近十年来,我国社会福利水平有了很大提升,但是较一些发达国家的福利相比,国家对社会福利的财政投入还是相当有限,政府责任边界"内缩"严重。

一、从支出水平及支出结构看政府责任边界

"市场的失灵和对公平的关注提供了政府干预的经济学基础"[②],但是,这并不意味着任何干预都可以改善社会福利。福利国家的教训是,超越国家财政负担"边界"的干预,往往会使社会福利走向反面。面对适度普惠型福利目标[③],我们政府干预(财政投入)的"适度性"边界在哪里? 目前投入力度是否与我国财力相适应?

1. 民政事业经费总的支出水平

广义民政事业经费不仅包括国家财政预算安排的消费基金部分和积累基金中用于民政事业基本建设投资的部分,还包括民政部门向国内外企事业单位、社会团体和个人募集与接受捐赠的资金以及通过事业创收所得的其他

资金。狭义民政事业经费仅仅指国家财政预算中用于发展民政事业的专项资金，本书是在狭义上使用民政事业经费概念的，所以，民政事业经费和公共财政休戚相关。

改革开放前，我国民政事业经费投入不仅体量小，而且很不稳定，直到改革开放之后，民政经费投入才开始保持稳定增长。进入 21 世纪，随着社会改革步伐的加快，新的社会保障体制日趋完善，各级政府纷纷调整财政支出结构，加大对包括民政在内的基本公共服务的投入，民政经费支出速度和支出规模都有了显著提高。除了 1980、1987、1992、1993 和 2009 年之外，民政经费投入一直保持两位数的稳定增速（2008 年民政经费支出增速之所以突然上升到 76.6%，2009 年只有 1.7%，主要是汶川地震造成的特大灾害救助）（见图 8-1）。1978 年，民政事业经费总支出只有 13.7 亿元，到了2013 年民政事业经费总支出规模增加到 4276.5 亿元，较 1978 年增加了311 倍多。

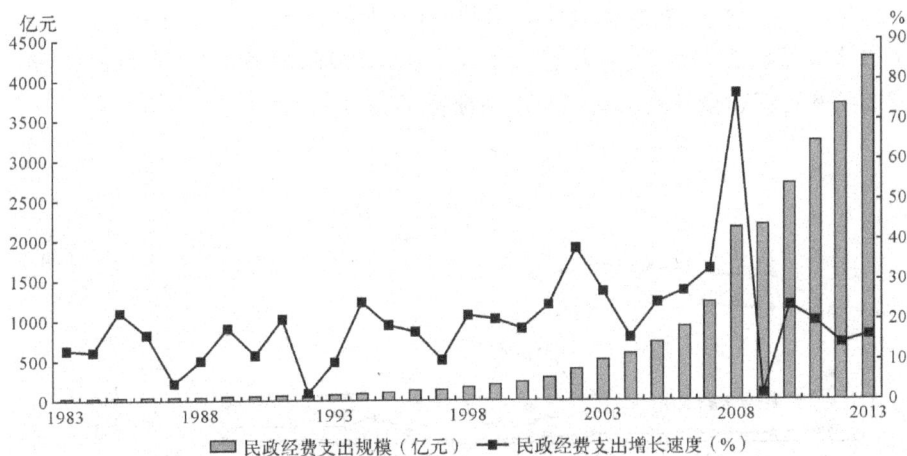

图 8-1　民政经费支出规模及速度

但是，如果剔除居民消费价格指数的影响，民政事业经费总支出实际只增加了不到 52 倍（见图 8-2），与此同时，民政业务却不断扩大，特别是"十一五"以来，民政在继续强化民生保障体系的同时，工作重点又向社区服务和非政府组织建设拓展，而且社区建设从 2006 年之前以城市为主，又发展到城乡社区一体化建设，民政承担的业务工作较之前有了很大扩张，加之老龄化和城市化进程导致的压力，急需财政资金的支持。

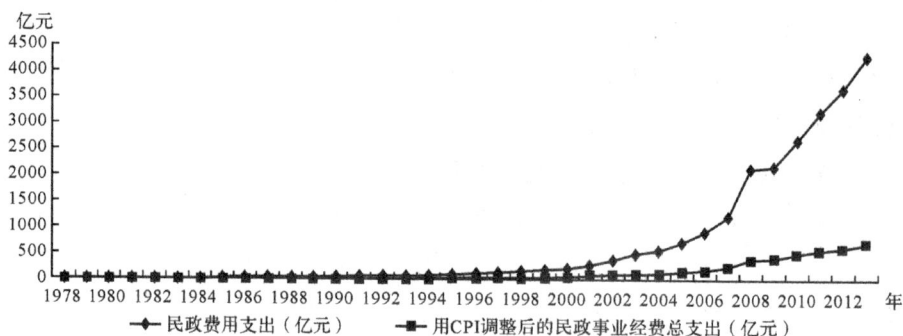

图 8-2　用 CPI 调整前后民政经费支出对比

2.民政各项事业支出水平

据近十年统计发现,在民政各项支出中,社会救助、优抚安置和社会福利所占比重最大,其中,社会救助比例一直居高不下,平均达到 44.09%,最后五年平均超过 50%;位居第二的是优抚安置,平均占比是 26.73%,不过后五年总体呈下降趋势;位居第三的社会福利支出,平均占比只有 7.73%。其他支出占比虽然超过 10%,但是却包含了民间组织管理、地名区划、人事教育、基层政权和社区建设及其他费用等多种项目(见图 8-3)。

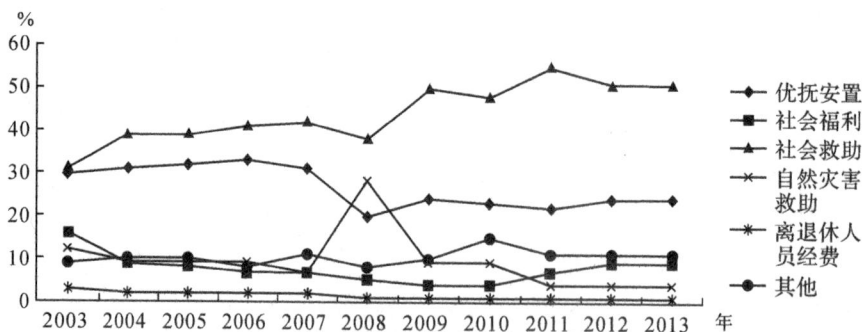

图 8-3　民政各项支出比例趋势(2003—2013)

随着"三个一部分"提出,民政的职能逐渐清晰,但是,从近十年民政各项支出所占比例可以看出,民政各项业务的发展和各项职能的发挥实际上是不均衡的。一方面,以城乡最低生活保障制度为核心的社会救助体系由于得到财政资金的支持,保证了民政"兜底"功能的发挥;另一方面,需要财政大力支持的与"基层政权和社区建设"休戚相关的社区公共服务功能却由于财政保障的缺失而无法有效发挥。

3. 民政支出在财政支出结构中的地位

改革开放以后，民政事业经费支出年平均增速为 17.30％，尤其是 2000 年之后，平均年增长率达到 25.64％，不仅远远高于国内生产总值平均 9.80％ 的增速，还比财政支出平均增速高 1.77 个百分点。

但是，民政在财政支出结构中的比例却很低，从 1978—2002 年，民政支出一直在 2％ 之下，大多时候，徘徊在 1.5％ 左右，从 2003 年开始，民政事业经费支出的比例才突破 2％，其中，2008、2010 和 2013 年三年超过 3％（见图 8-4）。

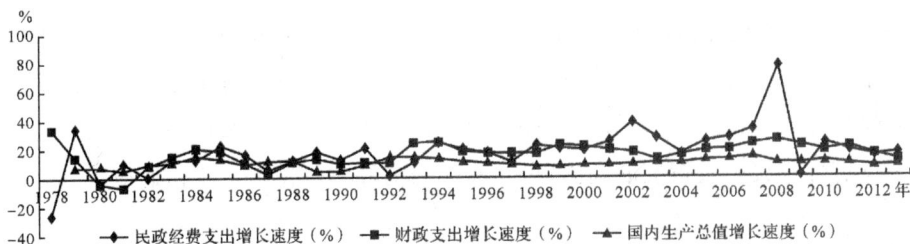

图 8-4　民政支出速度与财政支出、GDP 增长速度比较

进入 20 世纪以后，我国的社会体制改革被日益提上日程，从"和谐社会"到"全面小康社会"，从"科学发展观"到"社会治理"，社会建设的目标、方法和体制日趋清晰，社会建设经费支出比例逐年增加。但是，财政投入的重点依然是经济发展，社会保障投入经费比重远远不如经济事务投入，社会保障支出比例大多时候在 20％ 以下。

显然，这个数字远远低于西方发达国家，在现代西方发达国家，不管其采取的福利体制是社会民主主义福利体制，还是保守主义福利体制、自由主义福利体制，社会保障支出是财政支出中最主要的部分，即使是注重市场经济，强调个体保障能力的美国，社会保障支出比例也不低，以 2009 年 11 个国际货币基金组织成员国为例，社会保障支出比例无一不是最高的，超过 40％ 的国家有三个，乌克兰最高，为 45.55％，德国 43.13％，奥地利 41.67％（见图 8-5）[1]。

4. 民政支出占社会保障总支出的比例[2]

如图 8-6 所示，与社会保障总投入相比，民政经费投入的增长速度要略高

---

[1]　资料来源：*Government Finance Statistics Yearbook*（2011）。

[2]　与 IMF 成员国相比，我国社会保障支出在财政支出中比例过低，但是，这并不能说明民政经费支出比例一定很低，因此，必须进一步分析民政经费在整个社会保障支出中的比例关系。

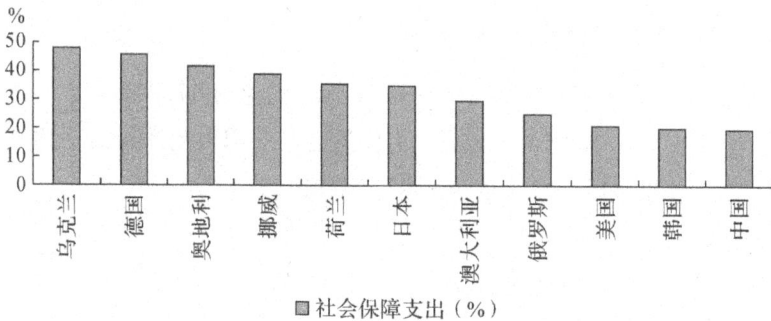

图 8-5　国际货币基金组织成员国社会保障占财政支出比例(2009 年)

一些(2008 年例外),但是,民政经费投入规模在社会保障体系中的比例却非常小,2003 年只占 18.79%,除了 2008 年由于汶川地震造成的民政经费投入大幅增加,民政经费投入规模在社会保障体系中比例一直都在 30%之下,①这不仅有悖于社会政策发展潮流,也与我们当前民政工作定位不相适应。

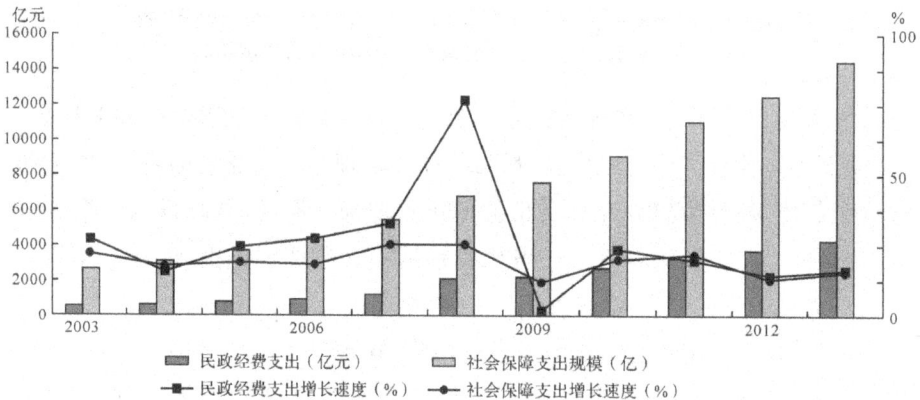

图 8-6　民政支出、社会保障支出比较

　　按照目前较为流行的福利多元主义观点,福利供给应该体现国家非垄断性原则,除了发挥国家、市场和家庭的作用外,志愿者机构作为非正式组织也应该发挥积极作用,向公民提供不同的社会福利需求。但是,福利供给的非垄断性并不意味着削弱国家在供给中的地位和作用,相反,在调动市场、社会、家庭积极性的同时,要确保国家在福利供给中的主导性。一方面,通过发挥国家(政府)筹资、引导、监督保障福利供给的有效性和持续性;另一方面,根据公共需求的轻重缓急,集中力量将财政投入最需要的基本公共服务领

①　本文之所以截取 2002 年为节点,是为了统一社会保障资金口径。

域。在我国，民政不仅可以改善民生，保障公民尊严体面的生活，提高社会成员的安全感和幸福感，而且更有利于维护社会公平正义，保障社会稳定，通过基本的"底线公平"，避免因阶层严重分化造成的社会危机。因此，我们在构建"大保障"体系的同时，要优先发展民政保障中的社会救助体系。习近平总书记在 2013 年 4 月 25 日召开的以"当前经济形势和经济工作"为主题的政治局常委会上指出，"宏观政策要稳住，微观政策要放活，社会政策要托底"[1]。

二、从中央转移支付看政府责任分担[2]

1994 年，分税制财政体制虽然明确了中央和地方之间的财权，但是，在财政支出责任上方面，特别是社会保障方面，地方支出项目中并没有明确的规定。实践中，民政经费继续沿袭传统做法，采取地方和中央共同负责的原则。直到 2012 年，国务院印发的《国家基本公共服务体系"十二五"规划》正式明确民政财政的共同支出责任（见表 8-2）。

表 8-2　民政财政的共同支出责任

	服务项目	目标群体	职责划分
社会救助	最低生活保障	家庭人均收入低于当地最低生活保障标准的城乡居民	地方政府负责，中央财政对困难地区适当补助
	自然灾害救助	因自然灾害致使基本生活困难的人员	中央和地方政府共同负责
	医疗救助	最低生活保障家庭、五保户以及低收入重病患者、重度残疾人、低收入家庭老年人等特殊困难群体	地方政府负责，中央财政对困难地区适当补助
	流浪乞讨人员生活救助	城市生活无着的流浪乞讨人员	县级以上政府负责（地方政府）
	流浪未成年人救助保护	流浪未成年人	县级以上政府负责（地方政府）

①　http://news.sina.com.cn/c/2013-04-28/081926976946.shtml。
②　1994 年分税制财政体制改革确定的转移支付制主要包括税收返还、一般性转移支付、结算补助和体制补助等，其中，一般性转移支付后来又分为一般性转移支付和专项转移支付。本文中的转移支付特指民政专项转移支付。

续　表

	服务项目	目标群体	职责划分
社会福利	孤儿养育保障	失去父母、查找不到生父母的未成年人	地方政府负责，中央财政按照一定标准给予补助
	农村五保供养	无劳动能力、无生活来源又无法定赡养、抚养、扶养义务人，或者法定赡养、抚养、扶养义务人无赡养、抚养、扶养能力的老年、残疾或者未满16周岁的村民	地方政府负责，中央财政对困难地区适当补助
	基本养老服务补贴	家庭经济困难且生活难以自理的失能半失能65岁及以上城乡居民	地方政府负责
优抚安置	优待抚恤	享受国家抚恤补助的优抚人员	中央和地方政府分级负担
	退役军人安置	退役军人	中央和地方政府共同负责

问题是，民政经费中央和地方共同负责也只是一个原则，它们的责任边界应该如何界定？现有的财政体制是否支持当下的运行方式？

1.中央转移支付民政经费规模

从比例占有来看，1982—1993年间，中央财政对民政事业补贴总体比较平稳，除了1991年受特大旱灾的影响，每年的中央财政补贴占民政总经费比例大约为35％，直到2002年之后，中央财政对民政的补贴有了明显提高，每年平均为47.9％，其中，2008、2009和2011年都超过了55％（见图8-7）。

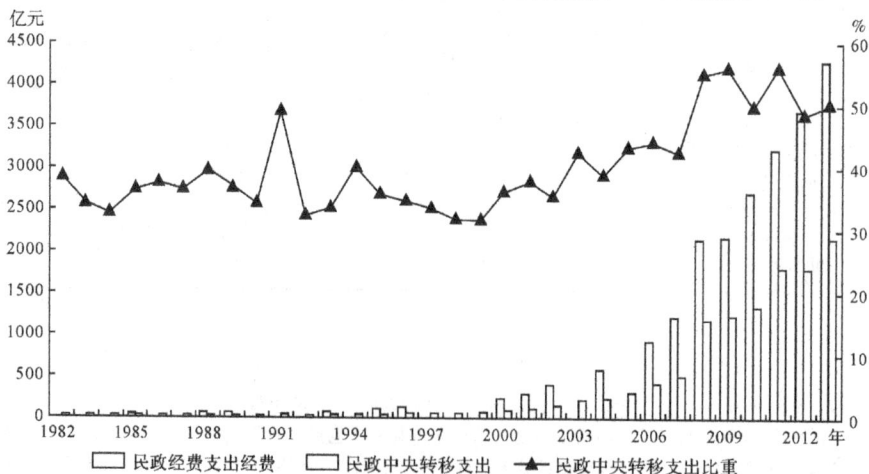

图8-7　民政中央转移支出规模及比重

从增速趋势而言,民政中央转移支付增长与民政经费支出增长率保持一致,但是,有的年份还是波动较大,既有分税制之前的波动,也有分税制之后的波动。分税制之前,1983、1984、1987、1990、1992 年增长率都低于 10%,1992 年甚至出现负增长;分税制之后,年增长率低于 10%的也有 6 次,其中2012 年是-0.7%(见图 8-8)。

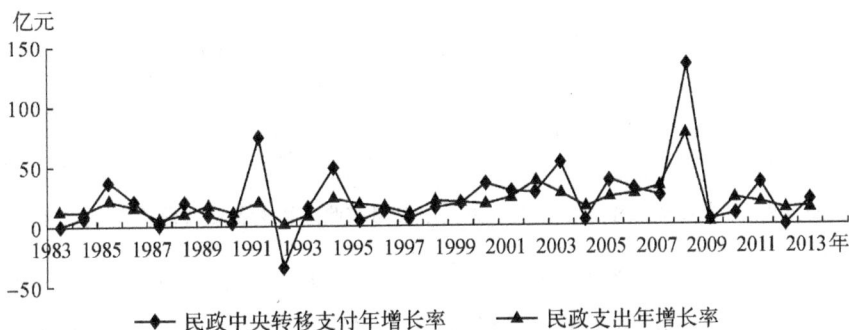

图 8-8　民政中央转移支出年增长率

从 2003 年开始,中央财政开始向民政倾斜是不难理解的,因为从党的十六届四中全会(2003 年)科学发展观的提出,到十六届六中全会(2004 年)和谐社会目标的确立,我国正式拉开了社会改革、社会建设的序幕。地方政府不仅加大了对基本公共服务的投入,中央财政也通过加大财政转移力度,旨在实现基本公共服务均等化目标。

但是,与西方发达国家相比,我国中央财政在社会保障总体经费支出中比例偏低,据国际货币组织统计[①],2009 年我国中央财政在社会保障支出中所占只有 5.1%,同期其他国际货币基金组织成员国,不管是联邦制国家,还是单一制国家都是在 60%以上,其中绝大部分国家比例都在 80%以上(见图 8-9)。

财政支出能力往往与财政收入能力成正比,上述国际货币基金组织成员国的中央财政收入占国家财政收入比例一般都比较高,一般都要超过 50%,其中,加拿大中央财政收入比例最低,也达到国家财政收入的 41.2%,法国最高达到 78.5%。

就财政能力而言,分税制之后,中央财政收入就开始由原来国家财政收

―――――――――

① 参见 *Government Finance Statistics Yearbook* 2011。

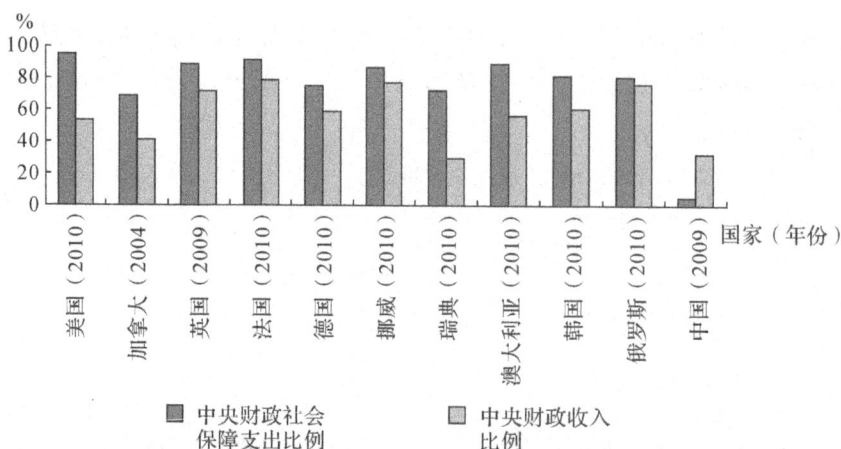

图 8-9　部分国际货币基金组织成员国中央财政收入比例及社会保障支出比例

入的 30% 左右一下子跃到 50% 之上[1]（见图 8-10）。但是,1994—2002 年间,中央对民政财政转移每年平均只有 35.3%,甚至低于 1982—1993 年 36.8% 的平均水平。显然,中央财政收入(财权)的提升只是为加大中央支出(事权)提供了可能性,加大中央财政对社会保护(社会保障)投入水平还要取决于主观意愿(发展战略)及是否有完备的公共财政制度及相应的税收和转移支付制度。[2]

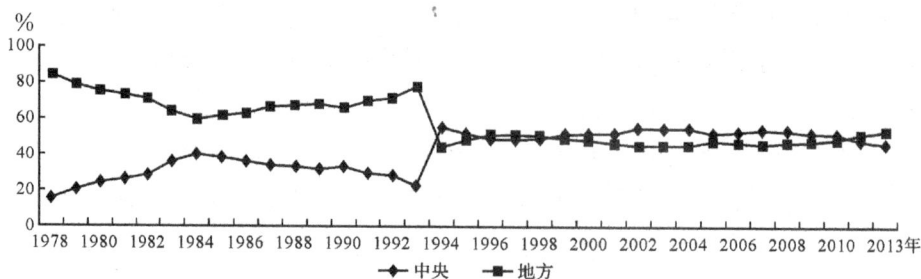

图 8-10　中央和地方财政收入比例(1978—2013)

2.民政各个领域中央转移支付差异

根据规定,从 1981 年开始,"抚恤和社会救济"由地方财政负责,中央只负

---

① 按照《中国统计年鉴》统计,2009 年中央财政收入占国家财政总收入的 52.4%,但是按照世界货币组织在 *Government Finance Statistics Yearbook* 2011 统计数据计算,2009 年中央财政收入占国家财政总收入为 32.5%,不过,两者统计差异不会影响数据比较。

② 1994 年,国务院颁布的《国务院关于实行分税制财政管理体制的决定》中明确指出,分税制改革要"逐步实行比较规范的中央财政对地方的税收返还和转移支付制度"。

责必要的财政补助,实际上,1981—2003年期间,社会福利救济经费都是由地方财政负担的,中央财政补助只限于抚恤、安置和救灾,直到1999年,随着城市最低生活保障制度的建立,中央才开始对中西部地区及东北老工业基地下岗及生活困难职工给予经费补贴。由于民政业务性质的差异,中央财政通过转移支付补助民政各个领域的数额和比例相差也很大。

首先,各个领域相差很大。用于社会救助的中央转移支付比例最高,平均占比为54.4%,最高的2011年达到63.9%;优抚安置比例相对也比较高,平均占比37.5%;与之形成鲜明反差的是社会福利,社会福利经费从1999年单列开始(之前包含在"社会福利救济事业费"中),一直由地方财政支出,直到2011年,中央财政才开始补助,且数额非常有限,2011、2012、2013年分别为25.2亿元、42亿元、54.4亿元,占当年中央转移支付民政经费总额的1.4%、2.3%、2.6%。

其次,前后变化很大。大体而言,中央转移支付社会救助经费,自1999年起,呈逐年上升态势。1999年中央转移支付社会救助经费只有4.0亿元,占当年中央转移支付民政领域经费总额的6.5%,随后一路上升,2004年突破100亿元,2011年突破1000亿元,比例也由原来的6.5%上升到2011年的63.9%。与之相反的是优抚安置,自1999年起,总体呈逐年下降趋势。1999年中央转移支付经费为35.6亿元,占当年中央转移支付民政领域经费总额的57.8%,随后一路下滑,2011、2012、2013年中央转移支付经费分别占当年中央转移支付民政领域经费总额的26.8%、33.4%、30.7%。

最后,民政事业财政支持受中央财政支持影响大。如前所述,在近十年的民政各项支出中,社会救助和优抚安置所占比重最大,社会救助经费支出占民政经费总支出年均达到44.09%,优抚安置平均占比26.73%,而这两类业务恰恰是中央财政支持最大的两类(见图8-11)。

财政分权是现代国家的普遍做法,从理论上来说,中央财政负责全国性的公共产品和公共服务,地方公共产品(取广义公共产品)一般由地方财政支出。但是,在我国,关于社会保障类事权在1994年财政分权改革中规定得并不明晰,本来应该划为全国性公共产品的优抚安置类业务不仅由地方管理,而且一部分财政支出也由地方财政负责,这无疑加剧了地方财政负担。

一般而言,民政业务中社会救助和社会福利属于地方公共产品,理应归口受益所在地的政府管理(包括财政支持)。早在1980年"划分收支、分级包

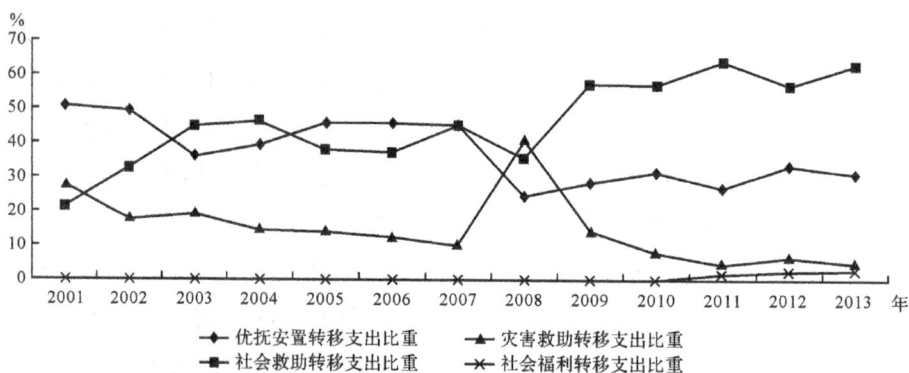

图 8-11　民政领域中各项中央转移支付比例(2001—2013)

干"财政体制改革中,就已经明确将"抚恤和社会救济费"事权划归地方,1994年的财政分权虽然对财权和事权做了很大调整,但是,社会救济的事权却承袭了原来的管理体制。问题是,在当下"财权上移,事权下放"的体制下,很多地方政府力不从心,特别是财政压力较大的中西部地区,很多地方最低生活保障补助都是来自中央转移支付,这在一定程度上又加剧了中央财政压力。

其实,困境最大的是社会福利。在适度普惠型目标下,中央和地方都希望加大财政投入扩大受惠群体,提高受惠品质,但是,在现有的财政体制下,地方政府一方面没有足够财力将社会福利放在支持重心上,另一方面,又无法像社会救助一样得到来自中央转移支付的补助力度。而且,在财权和事权关系不能彻底改变之前,这种境况很难在短期内得到有效改善。

三、小结

适度普惠型社会福利既是建设服务型政府的基本要求,也是政府有限财政能力的最佳选择,但是,民政支出结果显示,社会福利水平基本停留在政府"最小职能"阶段,距离适度"普惠型"福利目标要求还存在一定的差距,为此:

(1)要强化国家(政府)责任意识,继续加大民政投入力度。其一,改革开放以来,特别是最近十几年,我国财政对民政事业的支持力度不断加大,显示了国家和政府对社会建设的决心,与此同时,数据表明,政府财政支持民政的力度远比统计数据的强度要小(因为没有扣除 CPI 影响);其二,随着社会建设战略目标的确立,民政业务范围正急剧扩大,这也要求政府加大对民政经费投入;其三,国际对比数据表明,我国对社会保障领域的财政投入比例较小,远远低于西方发达国家,甚至低于一些发展中国家,这与我国目前世界第二大经济实体的经济地位和社会建设战略极不相称；其四，数据表明，我国财政收入足以支撑"普惠型"社会福利目标的实现，关键是，目前不合理的财政支出结构制约了民政经费的投入。

（2）厘定中央政府与地方政府责任边界，改革现有的财政分权体制，完善转移支付制度。民政事业经费投入不仅反映了政府和市场、社会之间的关系，还反映了政府之间事权和财权关系。不管从民政公共服务性质还是从现有的财政体制来看，地方政府都应该负民政经费支出的主要责任，但是，中央转移支付民政经费规模及领域分布表明，中央财政支持民政经费的规模已经超过了地方财政。从理论上说，中央转移支付有助于实现公共服务均等化，但是，现有转移支付制度的不足大大降低其均等化效果。所以，目前最有效的方法是在建立完善中央转移支付的基础上，改革现有的财政分权体制，真正做到"权随责走，费随事转"。

（3）充分发挥社会力量，完善多种筹资途径和筹资形式。据统计，现有的民政事业经费占民政支出总经费的80%以上，这就要求我们一方面强化政府在民政经费中的筹资主体地位，另一方面积极引导、支持社会力量参与民政公共服务领域，扩大民政公共服务筹资途径和筹资形式。

第二节　转变中的政府职能

第一节数据表明，我国民政经费支出总体呈上升趋势，但是，如果与世界银行1997年报告中所确立的政府职能标准及西方发达国家相比较，民政经费支出与适度"普惠型"福利目标还相差很大的距离。在此基础上，本节将通过对民政经费支出与财政支出相关性进行回归分析（样本数据见表8-3），进一步揭示我国政府公共职能的转型趋势。

表 8-3　财政支出与民政支出关系（1950—2013）

年　份	民政经费支出（亿元）	财政支出（亿元）	年　份	民政经费支出（亿元）	财政支出（亿元）
1950	1.32	68.05	1982	19.19	1229.98
1951	1.37	122.07	1983	21.61	1409.52

年　份	民政经费支出(亿元)	财政支出(亿元)	年　份	民政经费支出(亿元)	财政支出(亿元)
1952	2.83	172.07	1984	24.24	1701.02
1953	3.55	219.21	1985	29.58	2004.25
1954	6.04	244.11	1986	34.41	2204.91
1955	4.98	262.73	1987	35.93	2262.18
1956	5.69	298.52	1988	39.56	2491.21
1957	5.31	295.95	1989	46.65	2823.78
1958	3.27	400.36	1990	51.94	3083.59
1959	4.48	543.17	1991	62.54	3386.62
1960	7.24	643.68	1992	63.73	3742.20
1961	9.89	356.09	1993	69.87	4642.30
1962	7.45	294.88	1994	87.02	5792.62
1963	8.75	332.05	1995	103.45	6823.72
1964	16.15	393.79	1996	121.15	7937.55
1965	10.79	459.97	1997	133.52	9233.56
1966	8.81	537.65	1998	161.84	10798.18
1967	8.21	439.84	1999	194.70	13187.67
1968	5.61	357.84	2000	229.69	15886.50
1969	6.67	525.86	2001	284.75	18902.58
1970	6.53	649.41	2002	392.27	22053.15
1971	6.83	732.17	2003	498.92	24649.95
1972	8.15	765.86	2004	577.39	28486.89
1973	9.97	808.78	2005	718.41	33930.28
1974	9.04	790.25	2006	915.35	40422.73
1975	12.71	820.88	2007	1215.49	49781.35
1976	16.17	806.20	2008	2146.45	62592.66
1977	18.53	843.53	2009	2181.90	76299.93
1978	13.71	1122.09	2010	2697.51	89874.16

年　份	民政经费 支出(亿元)	财政支出 (亿元)	年　份	民政经费 支出(亿元)	财政支出 (亿元)
1979	18.33	1281.79	2011	3229.14	109247.79
1980	17.48	1228.83	2012	3683.74	125952.97
1981	19.23	1138.41	2013	4276.5	140212.1

一、模型设定

影响民政事业经费支出的因素有很多,但是,从理论和经验分析,财政支出应该是其最主要的因素。为了更好地说明财政支出对民政经费支出的影响程度,现以 1950—2013 年的财政支出与民政支出的样本为基础,分析两者之间的弹性关系,即以财政支出和民政经费支出为解释变量和被解释变量,说明财政支出每增加 1% 时,民政经费支出的百分比变化。

利用 EViews 6.0 软件制作民政经费支出相对量和财政支出相对量散点图,图示显示财政支出与民政经费支出呈现正相关性(见图 8-12)。

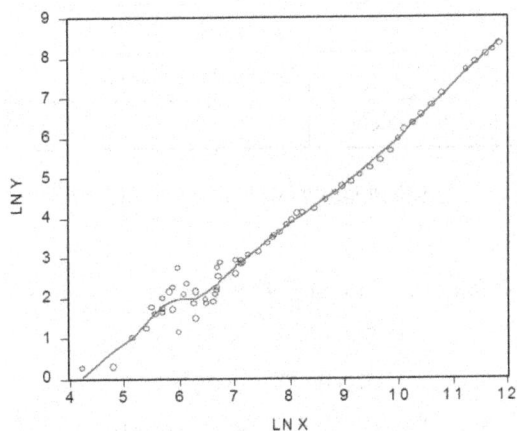

图 8-12　财政支出与民政经费支出的关系

从散点图可以看出,民政经费支出相对量和财政支出相对量大体呈线性正相关性,所以可以建立如下计量经济模型:

$$lny = a + blnx + u$$

其中 x 为财政支出,y 为民政经费支出,a,b 为回归参数,u 为随机扰动项。

二、估计参数

根据 1950—2013 年的样本观察值对回归方程模型进行参数估计,求得一元线性回归方程。EViews 软件回归结果为:

Dependent Variable:LNY
Method:Least Squares
Date:09/23/15   Time:13:25
Sample:1950   2013
Included observations:63

Variable	Coefficient	Std. Error	t-Statistic	Prob.
C	−4.519569	0.160853	−28.09745	0.0000
LNX	1.058229	0.020322	52.07415	0.0000
R-squared	0.978000	Mean dependent var		3.605565
Adjusted R-squared	0.977639	S. D. dependent var		2.075143
S. E. of regression	0.310307	Akaike info criterion		0.528720
Sum squared resid	5.873704	Schwarz criterion		0.596756
Log likelihood	−14.65467	Hannan-Quinn criter.		0.555479
F-statistic	2711.717	Durbin-Watson stat		0.674417
Prob(F-statistic)	0.000000			

如上述结果所示,得到回归参数估计,$a=-4.520$,$b=1.058$,所以可以写出样本回归方程为:

$$y=-4.520+1.058(x)+u$$
$$S=(0.161)\quad(0.020)$$
$$t=(-28.097)\quad(52.074)$$
$$R^2=0.978\quad F=2711.717\quad S.E=0.310$$

三、模型检验

1. 经济意义检验

斜率 1.058229 表示,在样本期里,财政支出每增加 1%,民政支出随之平均增加 1.058%。根据弹性原理,当弹性系数大于 1 时,y 对 x 富有弹性,当弹

178

性系数大于 0 小于 1 时，y 对 x 则缺乏弹性，在这里，1.058 大于 1，说明我国民政经费支出总体是有弹性的，政府财政支出基本可以满足民政事业的发展。

2. 拟合优度检验

$R^2 = 0.978$，表示拟合优度相对较高，表明民政经费支出中有 97.8% 可以被公共财政支出变量解释，其他随机扰动因素约占 2.20%，双对数模型拟合观测点较为理想，说明从 1950 年以来我国民政支出相对数变动与财政支出相对数变动之间存在很高的正相关。

3. 显著性检验

根据检验结果，在设定显著性水平为 5% 的情况下，lnx 的 t 检验的 p 值为 0，小于 0.05(5%)，拒绝原假设，变量 lnx 的估计参数通过 t 检验，解释变量 lnx 对被解释变量 lny 有显著性影响，即 1% 的财政支出对民政支出百分比有显著影响。

4. 异方差检验

上述统计量都是根据回归方程的残差得到的，假如残差存在异方差，可能导致统计量不可靠，据此做出的判断可能会存在错误，所以需要检验是否存在异方差，现用 White 检验进行检验。

Heteroskedasticity Test：White			
F－statistic	3.705064	Prob. F(2,60)	0.0304
Obs * R-squared	6.925340	Prob. Chi-Square(2)	0.0313
Scaled explained SS	8.258423	Prob. Chi-Square(2)	0.0161

Test Equation：
Dependent Variable：RESID^2
Method：Least Squares
Date：09/28/15   Time：00：44
Sample：1950   2013
Included observations：63

Variable	Coefficient	Std. Error	t-Statistic	Prob.
C	0.765251	0.321313	2.381638	0.0204
LNX	−0.153334	0.081158	−1.889322	0.0637
LNX^2	0.008065	0.004890	1.649233	0.1043

续　表

Variable	Coefficient	Std. Error	t-Statistic	Prob.
R-squared	0.109926	Mean dependent var		0.093233
Adjusted R-squared	0.080257	S. D. dependent var		0.149899
S. E. of regression	0.143758	Akaike info criterion		−0.994919
Sum squared resid	1.239987	Schwarz criterion		−0.892865
Log likelihood	34.33994	Hannan-Quinn criter.		−0.954780
F-statistic	3.705064	Durbin-Watson stat		1.290273
Prob(F-statistic)	0.030394			

当 White 统计量(Obs * R-squared)的 P 值小于给定显著性水平时,拒绝原假设,即误差存在异方差;当 White 统计量(Obs * R-squared)的 P 值大于给定显著性水平时,则接受原假设,不存在异方差。在本例检验中,P 值为 0.031,在设定显著性水平为 0.05 的情况下,拒绝原假设(P 值小于 0.05),不能通过显著性检验,存在异方差,无法保证估计参数的有效性。

为了保证估计参数的有效性,我们运用加权最小二乘法重新估计(WLS)：

Dependent Variable：LNY
Method：Least Squares
Date：09/28/15　　Time：01：30
Sample：1950　　2013
Included observations：63
Weighting series：W

Variable	Coefficient	Std. Error	t-Statistic	Prob.
C	−4.298491	0.034201	−125.6826	0.0000
LNX	1.039397	0.003383	307.2596	0.0000
Weighted Statistics				
R-squared	0.999354	Mean dependent var		5.941476
Adjusted R-squared	0.999344	S. D. dependent var		45.41365
S. E. of regression	0.023050	Akaike info criterion		−4.671062
Sum squared resid	0.032410	Schwarz criterion		−4.603026
Log likelihood	149.1385	Hannan-Quinn criter.		−4.644303
F-statistic	94408.43	Durbin-Watson stat		1.685950

续　表

Variable	Coefficient	Std. Error	t-Statistic	Prob.
Prob(F-statistic)	0.000000			

Unweighted Statistics

R-squared	0.976310	Mean dependent var		3.605565
Adjusted R-squared	0.975921	S. D. dependent var		2.075143
S. E. of regression	0.322006	Sum squared resid		6.324959
Durbin-Watson stat	0.618729			

根据上表所示,得到回归参数估计,$a=-4.298491$；$b=1.039397$,所以可以写出回归方程：

$$y=-4.298491+1.039397x$$

$$S=(0.034201)\quad(0.003383)$$

$$t=(-125.6826)\quad(307.2596)$$

$$R^2=0.999\quad F=94408.43\quad S.E=0.023050\quad F=94408.43$$

WLS 参数估计值都很显著,且与 OLS 估计结果比较,常数项与变量 x 系数估计结果变化不大,但是参数估计量的标准误差变得更小了,拟合优度也更加显著。White 检验显示,White 统计量 Obs * R-squared＝1.544930,相应的概率值 $P=0.4619$,明显大于检验水平 $\alpha(\alpha=0.05)$,因此不能拒绝原假设,WLS 估计得到的残差序列不存在异方差。

Heteroskedasticity Test：White

F-statistic	0.754175	Prob. F(2,60)	0.4748
Obs * R-squared	1.544930	Prob. Chi-Square(2)	0.4619
Scaled explained SS	14.18905	Prob. Chi-Square(2)	0.0008

Test Equation：
Dependent Variable：WGT_RESID^2
Method：Least Squares
Date：09/28/15　　Time：01：37
Sample：1950　　2013
Included observations：63
Collinear test regressors dropped from specification

Variable	Coefficient	Std. Error	t-Statistic	Prob.
C	0.000462	0.000297	1.554150	0.1254
WGT^2	0.002570	0.002129	1.207387	0.2320
LNX^2 * WGT^2	−2.51E−05	2.08E−05	−1.207459	0.2320

为了更好地反映政府在计划经济、计划经济转型及市场经济(社会建设阶段)三个阶段中的职能转型变化,现再截取这三个不同时期的数据进行回归分析。

第一阶段,计划经济时期(1950—1978)。

我们对 1950—1978 年民政经费支出相对量和财政支出相对量这两个变量之间的相关性关系进行回归分析。

模型设定同上不变,OLS 参数估计结果,$a=-3.009$,$b=0.813$,回归方程为:

$$lnY=-3.009+0.813lnX$$
$$S=(0.690)\quad\quad(0.114)$$
$$t=(-4.359)\quad\quad(7.153)$$
$$R^2=0.655\quad F=51.163\quad S.E=0.385$$

自变量系数 0.813,说明财政支出每增加一个百分点,民政经费支出增加百分之 0.813,由于 0.813 小于 1,说明在 1950—1978 年期间我国民政经费支出缺乏弹性,民政事业的发展总体缺乏政府提供的财政保障。$R^2=0.655$ 表明拟合优度并不高,民政经费支出与财政支出之间虽然存在正相关,但是民政经费支出变化中只有 65.5% 被财政支出解释,其他随机干扰因素占了 34.5%。常数项 C 的参数估计量的 P 值为 0.0002,解释变量 X 的参数估计量的 P 值为 0.0000,在设定 5% 显著性水平下,变量通过 t 检验。

White 检验显示,White 统计量 Obs * R-squared=0.5357,相应的概率值 $P=0.4619$,明显大于检验水平 $\alpha(\alpha=0.05)$,因此,通过 OLS 估计得到的残差序列不存在异方差,保证了本例估计参数的有效性。

第二阶段,计划经济转型时期(1979—2002)。

我们对 1979—2002 年民政经费支出相对量和财政支出相对量这两个变量之间的相关性关系进行回归分析。

模型设定同上不变,OLS 参数估计结果,$a=4.188$,$b=0.995$,回归方程为：

$$lnY = 4.188 + 0.995lnX$$

$$S = (0.068) \qquad (0.016)$$

$$t = (61.480) \qquad (61.525)$$

$$R^2 = 0.994 \quad F = 3785.308 \quad S.E = 0.073$$

自变量系数 0.995，说明财政支出每增加一个百分点，民政经费支出增加百分之 0.995，由于 0.995 小于 1，说明在 1979—2002 年期间我国民政经费支出仍然缺乏弹性。与改革开放前的 0.813 相比，民政支出弹性系数已经有了明显提高，但是，政府为民政事业提供的财政保障依然不足。

$R^2 = 0.994$ 表明拟合优度很高，民政经费支出与财政支出之间存在高度的正相关，民政经费支出变化中有 99.4％被财政支出解释，其他随机因素仅占 0.6％。

常数项 C 的参数估计量的 P 值和解释变量 X 的参数估计量的 P 值均为 0.0000，在设定 5％显著性水平下，变量通过 t 检验。

White 检验显示，White 统计量 Obs * R-squared = 0.534942，相应的概率值 $P = 0.7653$，明显大于检验水平 $\alpha(\alpha = 0.05)$，因此，通过 OLS 估计得到的残差序列不存在异方差，保证了本例估计参数的有效性。

第三阶段，社会建设时期（2003—2013）。

我们对 2003—2013 年民政经费支出相对量和财政支出相对量这两个变量之间的相关性关系进行回归分析。

模型设定同上不变，OLS 参数估计结果，$a = -6.565，b = 1.265$，回归方程为：

$$lnY = -6.565 + 1.265lnX$$

$$S = (0.577) \qquad (0.052)$$

$$t = (-11.385) \qquad (24.1864)$$

$$R^2 = 0.985 \quad F = 584.983 \quad S.E = 0.101$$

自变量系数 1.265，说明财政支出每增加一个百分点，民政支出增加百分之 1.265，由于 1.265 大于 1，说明在 2003—2013 年期间，我国民政经费支出弹性继续提高，较 1979—2002 年间的 0.995 提高了 27.14％，较改革开放前的 0.813 提高了 55.60％，政府财政职能进一步向公共服务、社会服务转移。

$R^2 = 0.985$ 表明拟合程度很高，民政经费支出与财政支出之间存在高度的正相关,民政经费支出变化中有 98.5% 被财政支出解释,其他随机因素仅占 1.5%。

常数项 C 的参数估计量的 P 值和解释变量 X 的参数估计量的 P 值均为 0.0000,在设定 5% 显著性水平下,变量通过 t 检验。

White 检验显示,White 统计量 Obs * R-squared=1.439993,相应的概率值 P=0.4868,明显大于检验水平 $\alpha(\alpha=0.05)$,因此,通过 OLS 估计得到的残差序列不存在异方差,保证了本例估计参数的有效性。

四、小结

政府职能的转型进一步验证了民政救助福利制度的转型。改革开放前,由于我国建立了"单位—公社"社会保障模式,国家通过民政救助福利只对漏在城市与农村两张安全网之外或挂在安全网边缘上的极少数人进行救助,民政救助福利"拾遗补阙"功能比较明显,相应地,政府在民政经费支出规模较小,也缺乏弹性。改革开放后,随着最低生活保障制度的建立以及适度"普惠型"福利目标的确立,国家在民政救助福利的财政投入明显增加,但是,受到政策执行及本身效果滞后性影响,民政经费支出弹性虽然较改革开放前有很大提高,但是总体还不能适应民政救助福利事业的发展。随着党的十六届四中全会(2003 年)提出科学发展观,十六届六中全会(2004 年)确立和谐社会目标,我国正式进入"社会政策时期"[1],政府职能进一步转型,各级政府开始加大对作为公共服务的民政救助福利的财政投入,民政经费支出弹性继续提高,这不仅有力地支持了民政救助福利事业的发展,同时也符合了社会福利改革的国际化潮流。[2]

---

① 王耀东:《政治与法律 2》上海社会科学院出版社 2011 年版。

② 当前,全球化福利改革正处于一个看似矛盾却又意涵深刻的现象,一方面,公共部门规模急剧收缩,另一方面,用于民生的社会支出水平却没有降低,甚至出现不降反升的趋势。([英]保罗·皮尔逊编,汪淳波、苗正民译:《福利制度的新政治学》,商务印书馆 2004 年版。)

参考文献

[1] 埃里奥特,阿特金森.不安全的时代[M].曹大鹏,译.北京:商务印书馆,2001.

[2] 艾德,克洛斯,罗萨斯.经济、社会和文化权利教程:修订第二版[M].中国人权研究会,译.成都:四川出版集团四川人民出版社,2004.

[3] 安德森.福利资本主义的三个世界[M].古允文,译.台北:巨流图书公司,1999.

[4] 安德森.公共政策[M].唐亮,译.北京:华夏出版社,1990.

[5] 奥菲.福利国家的矛盾[M].郭忠华,等,译.长春:吉林人民出版社,2006.

[6] 奥肯.平等与效率[M].王奔洲,译.北京:华夏出版社,1987.

[7] 巴巴利特.公民资格[M].谈谷铮,译.台北:桂冠图书股份有限公司,1991.

[8] 巴利.古典自由主义与自由至上主义[M].竺乾威,译.上海:上海人民出版社,1999.

[9] 鲍曼.个体化社会[M].范祥涛,译.北京:生活·读书·新知三联书店,2002.

[10] 贝尔.意识形态的终结[M].张国清,译.南京:江苏人民出版社,2001.

[11] 贝弗里奇.贝弗里奇报告[M].劳动和社会保障部社会保险研究所,译.北京:中国劳动社会保障出版社,2004.

[12] 彼彻姆.哲学的伦理学——道德哲学引论[M].雷克勒,郭夏娟,李兰芬,等,译.北京:中国社会科学出版社,1990.

[13] 波兰尼.大转型:我们时代的政治与经济起源[M].冯钢,李阳,译.杭州:浙江人民出版社,2007.

[14] 伯林.自由论[M].胡传胜,译.南京:译林出版社,2003.

[15] 陈新明.宪法基本权利之基本理论:上册[M].台北:元照出版公司,1999.

[16] 陈新明.德国公法学基础理论[M].济南:山东人民出版社,2001.

[17] 陈宜中.国家应维护社会权吗?——评当代反社会权论者的几项看法[J].人文与社会科学集刊,2013,15(2).

[18] 陈宜中.社会正义 VS 市场正义:论自由主义思想里的两种正义观点[A].社会正义全球化:福利与自由主义的反思[C].台北:桂冠出版社,2004.

[19] 陈银娥.社会福利[M].北京:中国人民大学出版社,2004.

[20] 楚成亚.农民社会权利的发展及其政治意蕴[J].当代世界与社会主义,2011(5).

[21] 川本隆史.罗尔斯——正义原理[M].詹献斌,译.石家庄:河北教育出版社,2001.

[22] 大须贺明.生存权论[M].林浩,译.北京:法律出版社,2001.

[23] 戴伊.理解公共政策[M].彭勃,等,译.北京:华夏出版社,2004.

[24] 德怀尔.理解社会公民身份:政策与实践的主题和视角[M].蒋晓阳,译.北京:北京大学出版社,2011.

[25] 德沃金.认真对待权利[M].信春鹰,等,译.北京:中国大百科全书出版社,1998.

[26] 邓炜辉.作为人权的社会权是如何炼成的——自由主义脉络下社会权理念的历史演进[J].山东科技大学学报,2015(3).

[27] 邓小平.邓小平文选:第2卷[M].北京:人民出版社,1994.

[28] 迪尼特.社会福利:政治与公共政策:第五版[M].何敬,葛其伟,译.北京:中国人民大学出版社,2007.

[29] 蒂特马斯.社会政策十讲[M].江绍康,译.北京:商务印书馆,2011.

[30] 丁建定.从济贫到社会保险:英国现代社会保障制度的建立(1870—1914)[M].北京:中国社会科学出版社,2000.

[31] 董保华.社会法原论[M].北京:中国政法大学出版社,2001.

[32] 董云虎.人权大宪章[M].北京:中共中央出版社,2010.

[33] 多吉才让.新时期中国社会保障体制改革的理论与实践北京[M].北京:中共中央党校出版社,1995.

[34] 多吉才让.中国最低生活保障制度研究与实践[M].北京:人民出版社,2001.

[35] 法利,史密斯,博伊尔.社会工作概论[M].隋玉杰,等,译.北京:中国人民大学出版社,2005.

[36] 范伯格.自由、权利和社会正义——现代社会哲学[M].王守昌,戴栩,译.贵阳:贵州人民出版社,1998.

[37] 弗里德里希.超验正义——宪政的宗教之维[M].周勇,王丽芝,等,译.北京:生活·读书·新知三联书店,1997.

[38] 弗里德曼.资本主义与自由[M].张瑞玉,译.北京:商务印书馆,1986.

[39] 福克斯.公民身份[M].郭忠华,译.长春:吉林出版集团有限责任公司,2009.

[40] 高夫.福利国家的政治经济学[M].古允文,译.台北:巨流图书公司,1995.

[42] 龚向和.经济、社会和文化权利国际公约中受教育权在中国的实现——兼论中国公民受教育权的立法保障[J].湖南大学学报:社会科学版,2005(4).

[43] 龚向和.社会权的概念[J].河北法学,2007(9).

[44] 龚向和.作为人权的社会权——社会权法律问题研究[M].北京:人民出版社,2007.

[45] 龚向和.论社会经济权利的可诉性——国际法与宪法视角透析[J].环球法律评论,2008(3).

[46] 龚向和.农民宪法权利平等保护的正当性[J].东南大学学报,2011(1).

[47] 顾柏,张秀兰.重构社会公民权[M].郭烁,译.北京:中国劳动社会保障出版社,2010.

[48] 顾柏,张秀兰.新风险,新福利——欧洲福利国家的转变[M].马继森,译.北京:中国劳动社会保障出版社,2010.

[49] 关信平.社会政策发展的国际趋势及我国社会政策的转型[J].江海学刊,2002(1).

[50] 关信平.社会政策概论[M].北京:高等教育出版社,2004.

[51] 哈贝马斯.作为"意识形态"的技术与科学[M].李黎,郭官义,译.上海:学林出版社,1994.

[52] 哈耶克.通往奴役之路[M].王明毅,冯兴元,译.北京:中国社会科学出版社,1997.

[53] 哈耶克.自由秩序原理[M].邓正来,译.北京:生活·读书·新知三联书

店,1997.

[54] 韩大元.比较宪法学[M].北京:高等教育出版社,2003.

[55] 何怀宏.公平的正义[M].济南:山东人民出版社,2002.

[56] 洪堡.论国家的作用[M].林荣远,冯兴元,译.北京:中国社会科学出版
社,1998.

[57] 洪朝辉.论中国农民工的社会权利贫困[J].当代中国研究,2007(4).

[58] 洪大用.机遇与风险:当前中国的社会政策议程[J].学术界,2004(2).

[59] 洪大用.转型时期中国社会救助[M].沈阳:辽宁教育出版社,2004.

[60] 胡传胜.自由的幻像[M].南京:江苏南京大学出版社,2001.

[61] 胡税根,等.中国政府公共服务标准化建设的价值研究[J].甘肃行政学
院学报,2009(5).

[62] 胡文木.论政府在社会福利中的财政责任——基于民政事业经费支出分
析[J].浙江学刊,2016(3).

[63] 怀科特,费德里科.当今世界的社会福利[M].解俊杰,译.北京:法律出
版社,2003.

[64] 黄安淼,张小劲.瑞典模式初探[M].哈尔滨:黑龙江人民出版社,1989.

[65] 黄晨熹.社会政策概念辨析[J].社会学研究,2008(4).

[66] 黄黎若莲.中国社会主义的社会福利:民政福利工作研究[M].北京:中
国社会科学出版社,1995.

[67] 黄黎若莲.边缘化与中国的社会福利[M].北京:商务印书馆,2001.

[68] 黄心川.世界十大宗教[M].北京:东方出版社,1988.

[69] 黄毅.对我国地方政府社会管理创新的理论考察[J].武汉科技人学学
报:社会科学版,201(6).

[70] 霍布豪斯.自由主义[M].朱曾汶,译.北京:商务印书馆,1996.

[71] 霍尔姆斯,森斯坦.权利的成本——为什么自由依赖于税[M].毕竞悦,
译.北京:北京大学出版社,2004.

[72] 吉登斯.超越左与右——激进政治的未来[M].李惠斌,杨雪冬,译.北
京:社会科学文献出版社,2000.

[73] 吉登斯.第三条道路:社会民主主义的复兴[M].郑戈,译.北京:北京大
学出版社、生活·读书·新知三联书店,2000.

[74] 吉登斯.第三条道路及其批评[M].孙相东,译.北京:中共中央党校出版

社,2002.

[75] 江亮演.社会救助理论与实务[M].台北:桂冠图书股份有限公司,1990.

[76] 江亮演.社会福利导论[M].台北:洪叶文化事业有限公司,2004.

[77] 景天魁.论底线公平[N]. 光明日报,2004-08-10.

[78] 景天魁.论中国社会政策成长的阶段[J].江淮论坛,2010(4).

[79] 景天魁,毕云天,等.当代中国社会福利思想与制度:从小福利迈向大福利[M].北京:中国社会出版社,2011.

[80] 卡斯特罗.全球化与现代资本主义[M].王玫,邓兰珍,王洪勋,等,译.北京:社会科学文献出版社,2000.

[81] 科恩.论民主[M].聂崇信,朱秀贤,译.北京:商务印书馆,2004.

[82] 科洛米采夫."苏联极权主义"——反共的意识形态花招[J].李国海,译.国外社会科学文摘,1999(7).

[83] 肯迪.福利的视角:思潮、意识形态及政策争论[M].周薇,等,译.上海人民出版社,2011.

[84] 雷洁琼.中国社会保障体系的建构[M].太原:山西人民出版社,1999.

[85] 李步云.论个人人权与集体人权[J].中国社会科学院研究生院学报,1994,6(6).

[86] 李春玲.中国当代中产阶层的构成及比例[J].中国人口科学,2003(6).

[87] 李春生.司法院大法官解释中关于制度性保障概念意涵之探讨[A].宪法解释之理论与实务(第2辑)[C].台北:中央研究院中山人文社会科学研究所,2000.

[88] 李春田.标准化概论[M].北京:中国人民大学出版社,2011.

[89] 李汉林.中国单位现象与城市社区的整合机制[J].社会学研究,1993(5).

[90] 李鸿禧.违宪审查论[M].台北:元照出版公司,1999.

[91] 李建良."制度性保障理论"探源——寻求卡尔·史密特学说的大义与微言[A]. 公法学与政治理论[C].台北:元照出版公司,2004.

[92] 李建良.论学术自由与大学自治之宪法保障[J].人文社会科学集刊,1996(1).

[93] 李明政.意识形态与社会政策[M].台北:洪叶文化事业有限公司,1998.

[94] 李培林.科学发展观的中国经验基础[J].中国社会科,2004(6).

[95] 李迎生.国家、市场与社会政策:中国社会政策发展历程的反思与前瞻

[J].社会科学,2012(9).

[96] 李迎生.论我国农民养老保障制度改革的基本目标与现阶段的政策选择[J].社会学研究,2001(5).

[97] 梁祖彬,颜可亲.权威与仁慈:中国的社会福利[M].香港:香港中文大学出版社,1996.

[98] 林显宗,陈明南.社会福利与行政[M].台北:五南图书出版公司,1997.

[99] 林毓铭.城市居民最低生活保障线制度研究[J].社会学研究,1998(4).

[100] 林蕴晖,顾训中.人民公社狂想曲[M].郑州:河南人民出版社,1995.

[101] 林喆.公民基本人权法律制度研究[M].北京:北京大学出版社,2006.

[102] 刘华珍,雷洪.失地农民的社会权利贫困[J].经济与社会发展,2006(2).

[103] 刘继同.由集体福利到市场福利[J].中国农村观察,2002(5).

[104] 刘继同.社会福利与社会保障界定的"国际惯例"及其中国版涵义[J].学术界,2003(2).

[105] 刘敏军.论社会政策主流化[J].湖南科技大学学报:社会科学版,2005(4).

[106] 刘少杰.西方社会学理论[M].北京:社会科学文献出版社,2001.

[107] 刘喜堂.建国60年来我国社会救助发展历程与制度变迁[J].华中师范大学学报:人文社科版,2010(4).

[108] 柳成洋.社会管理和公共服务标准化概论[M].北京:中国质检出版社,2014.

[109] 卢梭.社会契约论[M].何兆武,译.北京:商务印书馆,1980.

[110] 陆学艺,景天魁.转型中的中国社会[M].哈尔滨:黑龙江人民出版社,1994.

[111] 陆学艺.当代中国社会阶层研究报告[M].北京:社会科学文献出版社,2002.

[112] 陆学艺.当代中国社会结构与社会建设[N].学习时报,2010-08-30.

[113] 吕海英.论社会基本权利[J].宁夏党校学报,2010(3).

[114] 吕世伦,文正邦.法哲学论[M].北京:中国人民大学出版社,1999.

[115] 罗尔斯.正义论[M].何怀宏,何包钢,廖申白,译.北京:中国社会科学出版社,1988.

[116] 罗尔斯.政治自由主义[M].万俊人,译.南京:译林出版社,2000.

[117] 罗奇.重新思考公民身份——现代社会中的福利、意识形态和变迁[M].

郭忠华,等,译.长春:吉林出版集团有限责任公司,2010.

[118] 洛克.政府论[M].叶启芳,瞿菊农,译.北京:商务印书馆,1996.

[119] 马尔赛文,唐.成文宪法比较研究[M].陈云生,译.北京:华夏出版社,1987.

[120] 马克思,恩格斯.马克思恩格斯全集:第一卷[M].中共中央马克思恩格斯列宁斯大林著作编译局,译.北京:人民出版社,1995.

[121] 马克思,恩格斯.马克思恩格斯全集:第三卷[M].中共中央马克思恩格斯列宁斯大林著作编译局,译.北京:人民出版社,1995.

[122] 马歇尔,吉登斯,等.公民身份与社会阶级[M].郭忠华,等,编译.南京:江苏人民出版社,2008.

[124] 曼海姆.意识形态和乌托邦[M].艾彦,等,译.北京:华夏出版社,2001.

[125] 毛丹.赋权、互动与认同:角色视角中的城郊农民市民化问题[J].社会学研究,2009(4).

[126] 毛泽东.毛泽东文集:第6卷[M].北京:人民出版社,1999.

[127] 梅建明.社会发展与社会政策[J].天津社会科学,1999(4).

[128] 孟昭华,王明寰.中国民政史稿[M].哈尔滨:黑龙江人民出版社,1986.

[129] 米尔恩.人权哲学[M].王先恒,施青林,孔德元,等,译.北京:东方出版社,1991.

[130] 米尔斯.社会学的想象力[M].陈强,张永强,译.北京:生活·读书·新知三联书店,2001.

[131] 米勒.社会正义原则[M].应奇,译.南京:江苏人民出版社,2001.

[132] 米奇利.社会发展——社会福利视角下的发展观[M].苗正民,译.上海:世纪出版集团格致出版社、上海人民出版社,2009.

[133] 米什拉.社会政策与福利政策——全球化的视角[M].郑秉文,译.北京:中国劳动社会保障出版社,2007.

[134] 姆贝.组织中的传播和权力:话语、意识形态和统治[M].陈德民,陶庆,薛梅,译.北京:中国社会科学出版社,2000.

[135] 诺齐克.无政府、国家与无托邦[M].何怀宏,等,译.北京:中国社会科学出版社,1991.

[136] 欧爱民.德国宪法制度性保障的二元结构及其对中国的启示[J].法学评论,2008(2).

[137] 潘恩. 潘恩选集[M]. 马清槐, 等, 译. 北京: 商务印书馆, 1982.

[138] 潘荣伟. 论公民社会权[J]. 法学, 2003(4).

[139] 彭华民, 等. 西方社会福利前沿——论国家、社会、体制与政策[M]. 北京: 中国社会出版社, 2009.

[140] 彭华民. 中国组合式普惠型社会福利制度的构建[J]. 学术月刊, 2011(10).

[141] 皮尔逊. 福利制度的新政治学[M]. 汪淳波, 苗正民, 译. 北京: 商务印书馆, 2004.

[142] 钱宁. 社会正义、公民权利和集体主义[M]. 北京: 社会科学文献出版社, 2007.

[143] 乔东平, 邹文开. 社会救助理论与实务[M]. 天津: 天津大学出版社, 2011.

[144] 秦晖. 农民中国: 历史反思与现实选择[M]. 郑州: 河南人民出版社, 2003.

[145] 秦前红. 经济、社会、文化权利的保障路径及其选择——在立法裁量与司法救济之间[J]. 交大法学, 2013(1).

[146] 秦燕. 公民身份语境中的社会权利[M]. 北京: 人民日报出版社, 2015.

[147] 曲凯音, 马永清. 社会主义新农村建设与农村社会政策的实施[J]. 学术探索, 2006(5).

[148] 萨拜因. 政治学说史: 下册[M]. 盛奎阳, 崔妙因, 译. 北京: 商务印书馆, 1986.

[149] 桑德尔. 自由主义与正义的局限[M]. 万俊人, 等, 译. 南京: 译林出版社, 2001.

[150] 森. 贫困与饥荒[M]. 王宇, 王文玉, 译. 北京: 商务印书馆, 2001.

[151] 森. 以自由看待发展[M]. 任赜, 于真, 译. 北京: 中国人民大学出版社, 2012.

[152] 尚晓援. "社会福利"与"社会保障"再认识[J]. 中国社会科学, 2001, 3(3).

[153] 尚晓援. 中国社会保护体制改革研究[M]. 北京: 中国劳动社会保障出版社, 2007.

[154] 沈其明. WTO概论[M]. 北京: 北京理工大学出版社, 2010.

[155] 施米特. 宪法学说[M]. 刘锋, 译. 上海: 上海人民出版社, 2005.

[156] 施塔克. 宪法和法律中的社会权利[A]. 中德法学论坛: 第6辑[C]. 南京: 南京大学出版社, 2008.

[157] 施特劳斯, 克罗波西. 政治哲学史[M]. 李天然, 等, 译. 石家庄: 河北人民出版社, 1993.

[158] 史密斯.历史社会学的兴起[M].周辉荣,井建斌,赵怀英,等,译.上海人民出版社,2000.

[159] 世界银行.变革世界中的政府[M].北京:中国财政经济出版社,1997.

[160] 斯廷伯根.公民身份的条件[M].郭台辉,译.长春:吉林出版集团有限责任公司,2007.

[161] 苏力.道路通向城市——转型中国的法治[M].北京:法律出版社,2004.

[162] 孙光德、董克用.社会保障概论[M].北京:中国人民大学出版社,2000.

[163] 孙立平.改革以来中国社会结构的变迁[J].中国社会科学,1994(2).

[164] 孙亦军,等.公共财政与教育公平问题研究[J].中央财政大学学报,2005(5).

[165] 汤普森.意识形态与现代文化[M].高铦,文涓,高戈,译.上海:译林出版社,2005.

[166] 汤森,沃马克.中国政治[M].顾速,董方,译.南京:江苏人民出版社,1996.

[167] 唐钧.中国城市居民贫困线研究[M].上海:上海社会科学院出版社,1998.

[168] 唐纳利.普遍人权的理论与实践[M].王浦劬,张文成,燕继荣,等,译.北京:中国社会科学出版社,2001.

[169] 唐文慧,王宏仁.社会福利理论:流派与争论[M].台北:巨流图书公司,2000.

[170] 陶澄滨.建国前民政职事机构理念述要[J].中国民政,2013(3).

[171] 特纳.公民身份与社会理论[M].郭忠华,等,译.长春:吉林出版集团有限责任公司,2007.

[172] 田凯.关于社会福利的定义及其与社会保障关系的再探讨[J].上海社会科学院学术季刊,2001(1).

[173] 田凯.机会与约束:中国福利制度转型中非营利部门发展的条件分析[J].社会学研究,2003(2).

[174] 童之伟.用社会权利分析方法重构宪法学体系[J].法学研究,1994(5).

[175] 涂尔干.社会分工论[M].渠东,译.北京:生活·读书·新知三联书店,2000.

[176] 托克维尔.论美国的民主[M].董果良,译.沈阳:沈阳出版社,1999.

[177] 汪国华.调适社会权利与社会政策张力系统——新生代农民工社会权利研究论财产权的宪法保障模式,中国青年研究,2011(6).

[178] 汪国华.社会权利视野中我国医疗保险制度发展模式研究[J].南京社会科学,2011(11).

[179] 汪行福.分配正义与社会保障[M].上海:上海财经大学出版社,2003.

[180] 王春光.城乡一体化视野下的大陆社会福利问题研究[J].中共福建省委党校学报,2011(8).

[181] 王名.中国社团改革——从政府选择到社会选择[M].北京:社会科学文献出版社,2001.

[182] 王南湜.探求公平与效率的具体关系[J].哲学研究,1994(6).

[183] 王绍光.从经济政策到社会政策:中国公共政策格局的历史性转变[J].中国社会科学,2006(5).

[184] 王思斌.中国社会工作的经验和发展[J].中国社会科学,1995(2).

[185] 王思斌.社会工作导论[M].北京:北京大学出版社,1998.

[186] 王思斌.社会政策时代与政府社会政策能力建设[J].中国社会科学,2004(6).

[187] 王思斌.我国适度普惠型社会福利制度的建构[J].北京大学学报,2009(3).

[188] 王小章.公民权视野下的社会保障[J].浙江社会科学,2007(3).

[189] 王雅林.社会转型理论的再构与创新发展[J].江苏社会科学,2000(2).

[190] 王耀东.迈向社会政策时代[J].政治与法律,2011(2).

[191] 王振华,等.重塑英国:布莱尔与"第三条道路"[M].北京:中国社会科学出版社,2000.

[192] 魏宏森,曾国屏.系统论——系统科学哲学[M].北京:清华大学出版社,1995.

[193] 吴忠民.公正新论[J].中国社会科学,2000(4).

[194] 吴忠民.从平均到公正:中国社会政策的演进[J].社会学研究,2004(1).

[195] 吴忠民.社会公正论[M].济南:山东人民出版社,2004.

[196] 希尔.理解社会政策[M].刘升华,译.北京:商务印书馆,2003.

[197] 希特.何谓公民身份[M].郭忠华,译.长春:吉林出版社,2007.

[198] 希特.公民身份:世界史、政治学与教育学中的公民理想[M].郭台辉,等,译.长春:吉林出版集团有限责任公司,2010.

[199] 夏学銮.社会工作的三维性质[J].北京大学学报,2000(1).

[200] 夏勇.人权概念的起源[M].北京:中国政法大学出版社,2001.

[201] 夏正林.社会权规范研究[M].济南:山东人民出版社,2007.

[202] 肖滨.改革开放以来中国公民权利成长的历史轨迹与结构形态[J].广东社会科学,2014(1).

[203] 肖金明.政府权力重构论[J].文史哲,1994(6).

[204] 谢若登.资产和穷人——一项新的美国福利政策[M].高鉴国,译.北京:商务印书馆,2007.

[205] 熊跃根.论国家、市场与福利的关系:西方社会政策理念发展及其反思[J].社会学研究,1999(3).

[206] 熊跃根.社会政策:理论与分析方法[M].北京:中国人民大学出版社,2009.

[207] 徐道稳.以发展型社会政策构建发展型福利社会[J].深圳大学学报,2008(1).

[208] 徐振东.社会基本权理论体系的建构[J].法律科学,2006(3).

[209] 许庆雄.宪法入门[M].台北:元照出版公司,2000.

[210] 许志雄,陈铭祥,蔡茂寅,等.现代宪法论[M].台北:元照出版公司,2000.

[211] 雅诺斯基.公民与文明社会——自由主义政体、传统政体和社会民主政体下的权利与义务框架[M].柯雄,译.沈阳:辽宁教育出版社,2000.

[212] 亚里士多德.政治学[M].吴寿彭,译.北京:商务印书馆,1997.

[213] 杨翠迎.中国农村社会保障制度研究[M].北京:中国农业出版社,2003.

[214] 杨华.论社会权的双重价值属性[J].长春工业大学学报:社会科学版,2007(5).

[215] 杨立雄.我国农村社会保障制度创新研究[J].软科学,2003(10).

[216] 杨立雄.中国城镇居民最低生活保障制度的回顾、问题及政策选择[J].中国人口科学,2004(3).

[217] 杨生平.关于意识形态概念的理解问题[J].哲学研究,1997(9).

[218] 杨团.中国社会政策演进、焦点与建构[J].学习与实践,2006(11).

[219] 杨团,关信平.当代社会政策研究[M].天津:天津人民出版社,2006.

[220] 杨伟民.社会政策与公民权利[J].社会学,2002(9).

[221] 杨伟民.社会政策导论[M].北京:中国人民大学出版社,2004.

[222] 姚建平.中美社会救助制度比较[M].北京:中国社会出版社,2007.

[223] 姚洋.自由、公正和制度变迁[M].郑州:河南人民出版社,2002.

[224] 一番夕濑康子.社会福利基础理论[M].沈洁,赵军,译.武汉:华中师范大学出版社,1998.

[225] 伊辛,特纳.公民权研究手册[M].王小章,译.浙江人民出版社,2007.

[226] 余南平.市场经济制度与住房社会权利保护[J].毛泽东邓小平理论研究,2006(5).

[227] 余涌.道德权利研究[M].北京:中央编译出版社,2001.

[228] 俞可平.当代社群主义及其公益政治学评析[J].中国社会科学,1998(3).

[229] 俞可平.社群主义[M].北京:中国社会科学出版社,1998.

[230] 俞可平."第三条道路"与新的理论[M].北京:社会科学文献出版社,2000.

[231] 俞可平.权利政治与公益政治[M].北京:社会科学文献出版社,2000.

[232] 俞吾金.意识形态论[M].上海:上海人民出版社,1993.

[233] 郁建兴,楼苏萍.公民社会权利在中国:回顾、现状与政策建议[J].教学与研究,2008(12).

[234] 扎斯特罗.社会工作与社会福利导论:第七版[M].孙唐水,等,译.北京:中国人民大学出版社,2005.

[235] 张长伟,周义顺.从传统到现代:西方社会福利观的演变与转型[M].北京:中国社会出版社,2013.

[236] 张国庆.现代公共政策导论[M].北京:北京大学出版社,1997.

[237] 张建明,龚晓京.社会福利与社会保障关系刍议[M].北京:中国社会科学出版社,2001.

[238] 张健.从"农民"走向"公民":农民工符号的内涵及农民工问题的本质[J].社会科学辑刊,2008(2).

[239] 张金马.公共政策分析[M].北京:人民出版社,2004.

[240] 张敏杰.社会政策及其在我国社会经济发展过程中的取向[J].浙江社会科学,1999(6).

[241] 张世雄.西方社会福利思想的四个传承——当代社会救助政策思想脉络的探索[J].社会政策与社会工作学刊,2001,5(1).

[242] 张文桂.毛泽东思想与中国当代社会[M].东营:石油大学出版社,1993.

[243] 张小华,张小东,等.民政工作概论[M].兰州:敦煌文艺出版社,2009.

[244] 张秀兰.发展型社会政策:实现科学发展观的一个操作化模式[J].中国社会科学,2004(6).

[245] 张秀兰,徐月宾.建构中国的发展型家庭政策[J].中国社会科学,2003(6).

[246] 张秀兰,徐月宾,梅志.中国发展型社会政策论纲[M].北京:中国劳动社会保障出版社,2007.

[247] 张秀琴.马克思意识形态理论的当代阐释[M].北京:中国社会科学出版社,2005.

[248] 张彦军.国外社会救助经验对我国的启示[J].理论探索,2011(2).

[249] 张震.宪法上住宅社会权的意义及其实现[J].法学评论,2015(1).

[250] 赵全仁,崔壬午.标准化词典[M].北京:中国标准出版社,1990.

[251] 郑功成.中国社会保险制度变迁与评估[M].北京:中国人民大学出版社,2002.

[252] 郑功成.社会保障学[M].北京:中国劳动社会保障出版社,2007.

[253] 郑功成.中国社会保障改革与发展战略:理念、目标与行动方案[M].北京:人民出版社,2008.

[254] 郑广怀.伤残农民工:无法被赋权的群体[J].社会学研究,2005(3).

[255] 郑杭生.当代中国社会结构和社会关系研究[M].北京:首都师范大学出版社,1997.

[256] 郑杭生.社会学概论新修[M].北京:中国人民大学出版社 2003.

[257] 郑杭生.社会转型论及其在中国的表现[J].广西民族学院学报,2003(5).

[258] 郑杭生.现代社会与现代民政——一种社会学的领会[J].中国民政,2009(12).

[259] 郑贤君.基本权利原理[M].北京:法律出版社,2010.

[260] 郑玉歆.中国社会保障体制改革[M].北京:经济科学出版社,1999.

[261] 中华人民共和国民政部大事记编委会.中华人民共和国民政部大事记(1949—1986)[M].北京:中国社会出版社,2004.

[262] 钟月钊.社会保障法律制度研究[M].北京:法律出版社,2000.

[263] 周弘.福利的解析——来自欧美的启示[M].上海:上海远东出版社,1988.

[264] 周弘.国外社会福利制度[M].北京:中国社会出版社,2002.

[265] 周良才.中国社会福利[M].北京大学出版社,2008.

[266] 周沛.社会福利体系研究[M].北京:中国劳动社会保障出版社,2007.

[267] 周湘斌. 我国社会转型时期农民群体的社会权利与政策性排斥[J]. 北京科技大学学报：社科版，2004(3).

[268] 周怡. 寻求整合的分化：权力关系的独特作用——来自 H 村的一项经验研究[J]. 社会学研究，2006(5).

[269] 朱高正. 自由主义与社会主义的对立与互动[J]. 中国社会科学，1999(6).

[270] 朱浩. 我国救助工作中社会权利的发展困境[J]. 甘肃理论学刊，2010(1).

[271] 朱文兴. 社会政策的公正性：构建和谐社会的基石[J]. 国家行政学院学报，2006(5).

[272] ALCOCK P. Poverty and social security[A]. PAGE R M，SILBURN R. British social welfare in the twentieth century[M]. New York：Macmillan Press，St. Martins Press，1999.

[273] ALEXY R. A theory of constitutional rights[M]. Translated by RIVERS J. New York：Oxford University Press，2002.

[274] BARBALET J M. Citizenship[M]. Milton Keynes：Open University Press，1988.

[275] BARBER R L. The social work dictionary 4th edition[M]. Washington D. C. ：NASW Press，1999.

[276] BASINGSTOKE. Social welfare in the twentieth century[M]. New York：Macmillan Press，St. Martins Press.

[277] BEVERIDGE W H. The pillars of security[M]. New York：Macmillan，1943.

[278] BEVERIDGE W H. Full employment in a free society[M]. London：George Allen & Unwin，1944.

[279] BOTTOMORE T. Citizenship and social class forty years on[A]. MARSHALL T H，BOTTOMORE T. Citizenship and social class[M]. London：Pluto Press，1992.

[280] BROWN I. English political theory[M]. London：Methuen & Co，Ltd，1920.

[281] BURDON T. Social policy and welfare：a clear guide[M]. London：Pluto Press，1998.

[282] DEACON A. Titmuss 20 years on[J]. Journal of social policy，1993，

22(2).

[283] DEBORAH S. Art and organisation: making Australian cultural policy. Queensland: University of Queensland Press, 2000.

[284] DELANTY G. Citizenship in a global age: social culture and politics [M]. Buckingham: Open University Press, 2000.

[285] DINITTO D M. An overview of American social policy[A]. MIDGLEY J, TRACY M B, LIVEMORE M. The handbook of social policy[M]. Thousand Oaks: Sage Publications Inc, 2000.

[286] DONALD P K. The Constitutional jurisprudence of the Federal Republic of Germany[M]. Durham: Duke University Press, 1997.

[287] DOYAL L, GOUGH I. A theory of human need[M]. Baingstoke: Macmillan, 1991.

[288] ESPADA J C. Social citizenship rights: a critique of F. A. Hayek and Raymond Plan[M]. Oxford: St. Martins Press in Association with St. Antonys College,1994.

[289] ETZIONI A. The new golden rule[M]. London: Profile Books, 1997.

[290] FAULKS K. Citizenship[M]. London: Routledge, 2000.

[291] FRIEDMAN M. Capitalism and freedom[M]. Chicago: University of Chicago Press, 1962.

[292] FRIEDMAN M, FRIEDMAN R. Free to choose[M]. London: Penguin, 1980.

[293] GALBRAITH J K. The affluent society, 2nd edition[M]. Harmondsworth: Penguin, 1970.

[294] GAMBLE A. Thatcherism and conservative politics[A]. HALL S, JACQUES M. The politics of Thatcherism[M]. London: Lawrence & Wishart, 1983.

[295] GIDDENS A. The third way: the renewal of social democracy[M]. Cambridge: Polity Press, 1998.

[296] GOODMAN R. The east Asian welfare Model: welfare orientalism and the state[M]. New York: Routledge, 1998.

[297] GOUGH I. The political economy of the welfare state[M]. New York:

Macmillan, 1979.

[298] HARRIS R, SELDON A. Overruled on welfare[M]. London: Institute of Economic Affairs, 1979.

[299] HARRIS S E. John Maynard Keynes[M]. New York: Scribners, 1995.

[300] HAYEK F A. Individualism and economic order[M]. London: Routledge & Kegan Paul, 1949.

[301] HAYEK F A. The Constitution of liberty[M]. London: Routledge & Kegan Paul, 1960.

[302] LEES D S. Health through choice[M]. London: Institute of Economic Affairs, 1961.

[303] LEWIS J. Gender and the development of welfare regime[J]. Journal of European social policy, 1993, 2(3).

[304] LISTER R. Citizenship: feminist perspectives[M]. Basingstoke: Macmillan, 1997.

[305] MANNHEIM K. Ideology and Utopia[M]. London: Routledge & Kegan Paul, 1936.

[306] MEEHAN E M. European integration and citizens' rights: a comparative perspective[J]. Federalism and the European Union, 1996, 26(4).

[307] MIDGLEY J. Social development: the developmental perspective in social welfare[M]. London: SAGE Publication, 1995.

[308] MIDGLEY J. Social welfare in global context[M]. London: Sage Publication, 1997.

[309] MIDGLEY J, TANG K L. Social Policy, Economic growth and developmental welfare[J]. International journal of social welfare, 2001, 10(4).

[310] MILIBAND R. The state in capitalist society[M]. London: Weidenfeld & Nicolson, 1969.

[311] MURRAY C. The emerging British underclass[A]. LISTER R. Charles Murray and the underclass: the developing debate[M]. London: Institute of Economic Affairs Health and Welfare Unit, 1986.

[312] MURRAY C. Loosing ground (tenth anniversary edition)[M]. New

York: Basic Books, 1994.

[313] NASW. Encyclopedia of social work, 19th edition[M]. Washington D. C: NASW Press, 1999.

[314] NOZICK R. Anarchy, state and Utopia[M]. Oxford: Blackwell, 1980.

[315] OFFE C. Some contradiction of the modern welfare state[J]. Critical social policy, 1982, 12(2).

[316] PINK R. The idea of welfare[M]. London: Heinemann Educational, 1979.

[317] RAWLS J. A theory of justice[M]. New York: Oxford University Press, 1971.

[318] ROCHE M. Citizenship, social theory and social change[J]. Theory and society, 1987, 16.

[319] ROCHE M. Rethinking social citizenship[A]. Proceeding of the XIIth world congress of sociology, new classes and social movement section [C]. Madrid: International Sociological Association, 1992.

[320] SAUNDERS P, SHANG X Y. Social security reform in china's transition to a market economy[J]. Social policy & administration, 2001, 35(3).

[321] SELBOURNE D. The principle of duty [M]. London: Sinclair Stevenson, 1994.

[322] SELDON A. Wither the welfare state[M]. London: Institute of Economic Affairs, 1981.

[323] TURNER B S. Outline of a theory citizenship[J]. Society, 1990, 24.

[324] TWINE F. Citizenship and social rights: the interdependence of self and society[M]. London: Sage Publication, 1994.

[325] van BERKEL R, MOLLER I H. Active social policies in the EU: inclusion through participation[M]. Bristol: The Policy Press, 2000.

[326] VICTOR G, WILDING P. Ideology and social welfare[M]. London: Routledge & Kegan Paul plc, 1985.

[327] VICTOR G, WILDING P. Welfare and ideology[M]. London: Harvester and Wheatsheaf, 1994.

[328] WINTER J M, JOSLIN D M. R. H. Tawery's commonplace book [M]. New York: Cambridge University Press, 1972.